3.1운동 100주년 기념 연구서

1930년대 이후
항일무장투쟁 연구
I

3.1운동 100주년 기념 연구서

1930년대 이후
항일무장투쟁 연구
I

박경순 지음

머리말

　'조선독립만세!'를 외치며 일제의 식민지 통치를 반대하고 일어섰던 3.1운동이 발발한 때로부터 100년이 흘렀다. 우리 사회 곳곳에서는 3.1운동 100주년을 기념하기 위한 다양한 활동들이 펼쳐지고 있다. 3.1운동을 기념한다는 것은 화석화된 그 어떤 것을 숭배하는 행위일 수 없으며, 3.1운동의 정신을 오늘의 현실에서 계승 발전시키는 것이어야 한다. 1919년 3월 1일, 2천만 동포가 들고일어나 외친 것은 이 땅에서 일제를 몰아내고 민족이 하나 되는 자주독립국가를 건설하자는 것이었다. 그러나 해방이후 펼쳐진 역사는 3.1운동에 떨쳐나선 선열들의 뜻과 다르게 외세에 의한 민족분단의 역사가 지속되어 3.1운동의 정신이 제대로 구현되지 못하고 있었다.

　그러나 다행히 지난해 '4.27 판문점선언'이 발표되어, 3.1운동 100주년을 맞는 우리 민족에게 새로운 희망과 꿈을 갖게 해 주었다. 그것은 3.1운동에 떨쳐나선 선열들의 뜻을 이제는 이룰 수 있게 됐다는 희망이며, 자유롭고 평화로운 통일된 조국에서 살 수 있겠구나 하는 꿈이다. 그러나 새로운 꿈과 희망은 저절로 실현되지 않는다. 오로지 칠천만 민족의 단결된 힘과 힘찬 투쟁에 의해서만 비로소 실현된다. 그러므로 3.1운동 100주년 기념사업은 화석화된 그 어떤 것이 아니라, 바로 4.27 판문점 선언을 이행해 자주적 통일독립국가를 세우기 위한 투쟁에 온 국민이 떨쳐나서는 것이다. 3.1운동 100주년을 맞는 오늘 우리들은 4.27판문점 선언 이행 투쟁에 온 민족이 떨쳐나서야 한다. 그리고 4.27 판문점선언 이행 투쟁은 다양한 영역에서 다채로운 방식으로 진행되어야 한다.

그중에서 하나가 3.1운동 이후 펼쳐진 우리나라 항일 독립운동의 역사를 바로 세우는 것이다. 3.1운동 이후 항일 독립운동의 역사는 분단의 직격탄을 맞아 뒤틀리고 왜곡되어 신음하고 있다. 특히 1930년대 이후 중국 동북지역(만주)과 국내에서 펼쳐졌던 항일무장투쟁의 역사는 금단의 영역으로 꽁꽁 갇혀버려 대중들이 접근할 수조차 없게 되어버렸다. 이제 이 금단의 벽을 허물고 갇혀 있던 역사의 진실들을 해방시켜야 한다. 그리하여 절반의 독립운동사를 온전한 독립운동사로 복원해 내야 한다. 이것이 3.1운동의 정신을 살리는 길이며, 4.27 판문점 선언의 정신을 이행하는 길이다. 그리고 참다운 통일의 길도 열린다.

이 책은 이러한 취지에서 지금까지 대중들에게 금단의 영역으로 남아 있었던 1930년대 이후 항일 독립운동, 그것도 항일무장투쟁의 역사를 정면으로 다룬 책이다. 본 저자가 이 책을 집필해야겠다고 결심한 것은 4.27 판문점선언이었다. 4.27 판문점선언이 발표되고, 온 민족이 통일의 꿈에 부풀어 있을 때였

다. 통일은 민족의 마음을 하나로 모아가는 과정이다. 역사의 분단이 남아 있
는 한 민족의 마음은 하나로 모아지지 않는다. 역사의 분단을 극복해 민족의
마음을 하나로 모으는 데에 있어서 가장 시급한 것은 항일 독립운동의 역사
를 바로 세우는 일이다. 그 첫걸음은 우리에게 금단의 영역으로 남아 있었던
1930년대 이후 항일무장투쟁의 역사를 해방시키는 일일 것이다.

　우리 사회에서는 1930년 이후 항일무장투쟁의 역사를 놓고 치열한 연구와
토론, 논쟁이 존재할 수 없었다. 물론 상아탑 내에서는 일정한 연구와 토론이
있었겠지만, 상아탑 밖으로까지 확산되지 못했다. 그러다 보니 왜곡되고 뒤틀
린 정보들이 난무하고, 폄하와 일방적 매도가 횡횡했다. 이제 이러한 분단의
시대를 마감해야 한다. 왜곡되고 뒤틀린 정보를 하나하나 바로잡고, 폄하와
일방적 매도에서 벗어나야 한다. 그 위에서만 과학적인 연구와 치열한 토론과
논쟁이 유의미하고, 광범한 대중들이 참여하는 하나 되는 항일독립운동사를
정립해 나갈 수 있다. 이러한 입장에서 1930년대 이후 항일무장투쟁사를 정
리하였다. 본 책은 본격적인 연구서로 보기에는 부족함이 너무 크다. 1930년
대 이후 항일무장투쟁사에 대한 국내 연구 자료가 거의 없다 보니 불가피하게
북측의 연구 자료들을 참고하지 않을 수 없었다. 그런데 북의 연구 자료에 대
한 국내 전문적인 연구와 토론이 부족했던 탓에 치밀한 분석과 평가의 산물이

라기보다, 기존의 연구 결과물들을 정리 소개하는 데 그쳤다. 그럼에도 불구하고 1930년대 이후 항일무장투쟁의 역사를 연구하려는 연구자들이나 대중들에게 이 책은 많은 구체적 정보를 제공해 줄 것이다.

이제부터가 시작이다. 분단이데올로기의 포로에서 벗어나, 1930년대 이후 항일무장투쟁의 역사에 대한 치밀한 분석과 평가를 시작해야 한다. 그리고 남과 북이 함께하는 통일된 항일독립운동의 역사를 정리해내야 한다. 그럴 때 비로소 항일 독립운동의 역사가 우리 민족의 발전과 번영의 귀중한 토대로 될 것이다. 이 책은 이러한 작업을 하는 데 조금이나마 도움이 되는 자료로 활용되었으면 바랄 나위 없다. 이 책을 출판해 주신 출판사에 깊은 감사 인사를 드린다.

● 목차

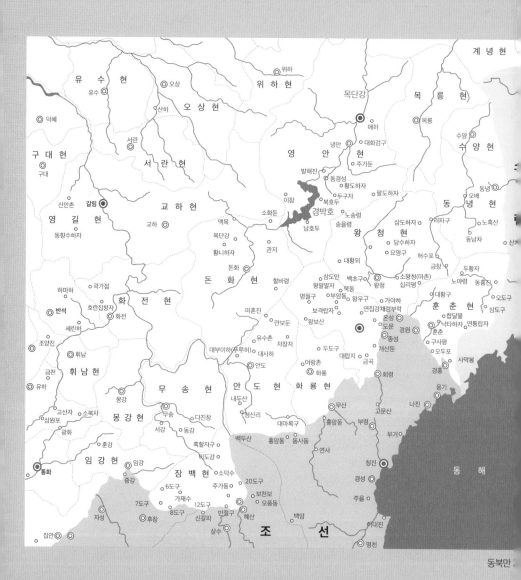

계녕현

유 수 현
유수
오상
위하
위 하 현
목단강
목 릉 현
목릉
덕혜
산하
오 상 현
애하
녕안
대화검구
수양
수 양 현
구 대 현
서란
서 란 현
발해진
동경성
주가둔
영 안 현
동녕
오배
동 녕 현
구대
신안촌 갈림
교 하 현
이참
황도하자
두구자
팔도하자
노흑산
영 길 현
교하
소화둔
경박호
북호두
송을령
남호두
노송령
삼도하자
란자구
동남차
동향수하자
액목
목단강
관지
왕 청 현
당수하자
산
황니하자
대황외
요영구
허수포
금창
두화자
하마하
곽가점
돈 화 현
할바령
삼도만
백초구
왕팔발자
북동
소왕청(마촌)
십리평
노야령
동흥진
반석
호란집창자
미혼진
명월구
부암동
왕우구
가야하
대황구
오도구
세린하
화전
화 전 현
만보둔
왕보산
보격랍자
연집강채령부락
훈 춘 현
삼도구
조양진
대부이하(루루히)
유수촌
차창자
온성
합랍물
낙타하자 연통랍자
금천
휘남
대사하
두도구
도문
구사평
훈춘
유하
안도
어랑촌
화룡
대랍지
송성
개산둔
금곡
오두포
휘 남 현
몽강
무 송 현
안 도 현 화 룡 현
회령
경흥
사막봉
고산자
소북차
무송
다진창
내두산
무산
고문산
나진
삼원포
서강
동강
청산리
대마록구
홍암동
부령
웅기
광화
몽 강 현
흑활자구
백두산
홍암동
동사동
부거
훈강
이도강
연사
청진
동 해
통화
임 강 현
임강
장 백 현
소덕수
20도구
경성
중강
6도구
주가동
보천보
주을
가재수
오풍동
백암
7도구
12도구
혜산
이대진
자성
8도구
신갈파
반절구
조
선
후창
삼수
명천

동북만

01장

항일민족해방운동의
새로운 노선의 확립

✷

시대와 민중의 절박한 요구
새로운 역사의 시작
민중주체의 자주노선의 확립

1

시대와 민중의 절박한 요구

일제의 식민지 수탈의 강화와 민중생존권 악화
노동자 농민의 대중투쟁 격화
새로운 민족해방운동의 출현은 시대와 민중의 절박한 요구

1
일제의 식민지 수탈의 강화와
민중생존권 악화

3.1 운동은 비록 실패했지만, 조선 민중의 자주독립 지향과 의지를 과시했고, 일제식민지 통치 질서에 커다란 타격을 주었다. 조선 민중의 격렬한 반일투쟁에 깜짝 놀란 일제는 총칼을 앞세웠던 무단통치방식을 포기하고, 소위 문화통치방식으로 바꾸지 않을 수 없었다. 하지만 일제의 소위 문화통치방식이란 민족주의세력 상층을 체제내로 포섭하기 위한 교활한 술책에 불과할 뿐 본질적으로는 무단통치와 하나도 다를 바 없었다.

본질이 바뀌기는커녕 식민지 약탈체제는 더욱 강화되었고, 이에 항거하는 민중들에게는 더욱 교활하고 악랄한 탄압이 가해졌다. 그 대표적인 예가 오늘날 국가보안법의 전신인 치안유지법이다. 이 법의 제 1조는 '국체를 변혁하고 또는 사유재산제도를 부인하는 것을 목적으로 하여 결사를 조직하거나 그 점을 알고서 이에 가입한 자는 십 년 이하의 징역 또는 금고에 처한다'고 되어 있으며, 후에는 무기 사형으로 그 형량이 높아졌다. 일제는 이 법을 사회주의 공산주의 운동과 민족해방운동을 탄압하는 전가의 보도로 사용했다.

1910년대에 식민지 약탈경제체제를 확립한 일제는 1920년에 들어서 온갖 수단과 방법을 가리지 않고 식민지 약탈에 광분했다. 이로 인해 경제적 처지가 더욱 악화된 조선 민중들은 궁핍과 빈곤 나락에 더욱 더 깊이 빠져들게 됐다. 1920년 3월 회사령을 철폐하고 일본 상품에 대한 관세를 철폐하자 일본 자본이 물밀 듯이 들어왔다. 1920년 2087개였던 공장 기업소가 1928년에는 5342개로 급증했고, 198개이던 광산은 365개로 급증했다. 이처럼 공장, 광산, 교통, 운수시설에 일본 자본이 급속히 침투했다. 이 때문에 민족자본은 성장의 싹이 싹둑 잘려버렸고, 식민지 노예 상태의 노동자 대중들이 양산됐다.

일본 자본과 매판자본이 지배하던 당시, 노동자의 생활 처지는 그야말로 비참 그 자체였다. '전차금('전차금'이란 근로계약을 체결할 때 임금에서 갚기로 하고 사용자에게 빌린돈) 모집제' 등에 의한 고용으로 노동자들은 장시간 신분적 예속상태에 놓였다. 그 결과 일상적으로 감시를 당하고 외출 외박도 금지되고 외부와의 통신 연락도 금지당하는 일들이 비일비재하게 벌어졌다. 이것은 말이 자유로운 노동자이지 실질적으로는 전근대적인 노예 상태와 다를 바 없었다. 평균노동시간은 12시간에 달하고 토목 광산 분야는 14~16시간까지 강제노동을 당했다. 이런 장시간의 노예노동에도 불구하고 반노예적인 기아임금이 강요됐다. 당시 조선 노동자들의 임금은 똑같은 일을 하는 일본인 노동자들 임금의 절반에도 미치지 못했다.

농업 분야에서도 식민지 수탈이 강화됐다. 일제는 1차 세계대전 이후 더욱 심각해진 자국의 식량 위기를 해결하고 농업 분야에서도 식민지 초과이윤을 획득하기 위해 '산미증식계획'이라는 농업약탈정책을 실시했다. 산미증식계획이란 식민지 조선을 식량기지로 삼아 쌀을 수탈해가려는 식민지약탈정책이었다. 당시 일본은 만성적인 식량부족국가였다. 그들은 부족한 식량을 해결할 방도를 식민지 조선에서 찾았다. 조선의 쌀 생산량을 늘려 일본으로 모두 보내 자국의 식량부족 사태를 해결하자는 것이다. 일제는 이 계획에 따라 증대된 쌀 생산량의 몇 배에 달하는 쌀을 일본으로 약탈해 갔다. 예컨대 쌀 생산량은 10여 년 동안 30% 정도밖에 늘어나지 않았는데, 일본으로 빼내 간 쌀의 양은 무려 500%나 늘어났다. 이로 인해 조선 민중의 쌀 소비량은 급격히 감소했다. 10년 동안 식민지 조선 땅에서 쌀 소비량은 40% 가까이 줄어들어, 조선 민중들은 연명조차 어려운 지경에 처하게 됐다. 그뿐만 아니라 산미증식계획은 조선사람 토지의 강제약탈과 일본인 지주와 매판 대지주로의 토지집중을 초래했다. 이로 인해 자작농의 급속한 몰락, 소작농의 증가, 영세농가 급증으로 농민들의 생활처지는 비참한 상황에 처하게 됐다. 1920년대 농촌의 계급관계를 살펴보면 지주 3%, 부농 3.5%, 중농 18.5%, 빈농 70%였다.

1920년대 말에 접어들면서 조선의 정세는 매우 복잡하고 긴장되게 돌아갔다. 일제는 사회주의 소련의 위력이 강화되고 피압박 민중들의 혁명투쟁이 확대 발전되고 있는데 놀라, 그것을 말살하려고 갖은 악행을 다 벌였다. 특히 세계적 공황으로 인한 심각한 내부 정치·경제적 위기에서 벗어나기 위한 탈출구를 식민지 조선에 대한 착취와 수탈의 강화, 대륙 침략의 길에서 찾았다. 일제는 20년대 말부터 전쟁 준비를 다그치면서 조선에 대한 식민지적 폭압과 약탈을 무분별하게 벌여 나갔다. 이로부터 식민지 조선 민중들은 아비규환 상태에 빠져들었다.

2
노동자 농민의
대중투쟁 격화

일제의 식민지 약탈 강화는 조선 민중과 일제의 민족적 계급적 모순을 극도로 첨예화시켰다. 노동자 농민들을 비롯한 조선 민중들은 자신들에게 노예적 삶을 강요하는 일제 식민지 통치체제를 분쇄하기 위한 다양한 투쟁의 전선으로 진출하였다. 당시 노동자계급은 1920년대에 들어서 전 산업에 걸쳐서 끝없이 성장하는 계급이었다. 그리고 그 절대다수는 일제의 공장, 기업소에 집중돼 있었다. 이로부터 일제와 직접 대립하고 있을 뿐 아니라 가혹한 착취와 억압으로 고통을 당하고 있어 민족해방운동에 절실한 이해관계를 갖고 있었다. 이러한 사회정치적 배경으로 1920년대에 접어들면서 노동운동이 발생 발전해 갔다. 우리나라 노동운동의 발생과 발전에는 당시 급속히 보급된 사회주의 영향도 매우 컸다.

1920년대에 들어서 급속히 보급됐던 마르크스 레닌주의 사상이 노동운동과 결합하여 노동운동에 목적의식성과 조직성을 부여했다. 이 영향으로 노동자 대중들은 민족자본가 계급과는 비교할 수 없을 정도로 독자적인 정치세력으로 우뚝 서면서 민족해방운동의 주도세력으로 부상했다. 전국각지에서 수많은 노동단체가 출현했으며, 노동자의 파업도 늘어났다. 1920년부터 1922년까지 3년간 만해도 163건의 파업이 일어났으며, 8,862명의 노동자들이 파업에 참여했다. 비록 당시 파업의 요구는 임금인하 반대였지만, 투쟁 형태는 상당히 조직적이고 그 규모도 컸다. 당시 대표적인 파업은 1921년 9월 부산부두노동자 총파업이었다. 5,000여명의 노동자들이 이 파업에 참여해 부산항의 기능을 완전히 마비시키고 10~15%의 임금인상을 쟁취하고 파업을 성공리에 마무리했다. 노동운동은 노동운동 단체의 발전과 함께 더욱 상승 발전했다. 1923년부터 1925년 사이에는 172건의 파업이 발생했고 18,492명의 노동자가 파업에 참여함으로써, 그 이전 3년보다 파업 수가 늘었을 뿐만 아니라 파업 건당 참여인원수가 54명이었던 것이 107명으로 늘어났다. 파업의 요구조건도 임금 문제 외에 단체협약권 체결, 8시간 노동제 확립, 악질 일본인감독추방 등 보다 다양해지고 높은 수준으로 올라섰다. 이 시기 대표적 파업투쟁으로는 1923년 7월 서울고무공장여성노동자들의 파업, 8월 평양신발공장노동자 2,000명의 파업, 1924년 3월 군산정비공장 노동자들의 파업투쟁 등이 있다. 노동운동의 성장발전으로 1924년 4월에 조선노농총동맹이 건설되었다. 노농총동맹의 활동에 힘입어 1925년에 접어들면서 노동자들의 파업투쟁은 한층 격렬하게 전개됐다.

이러한 고난에 찬 투쟁을 통해 조선 노동자계급은 항일민족해방운동의 지도계급으로 성숙해 갔다. 그리고 농민계급과의 연대를 강화해 갔다. 또한 초기 공산주의 운동 발전의 기본토양으로 되었고, 공산주의운동과 결합하면서 혁명운동으로 발전해 나갔다. 노동운동이 민족해방혁명운동으로 고양 발전해 나가자, 일제는 온갖 수단과 방법을 다 동원해 노동운동을 악랄하게 탄압에 나섰다. 그 대표적인 예로 앞에서 설명한 1925년도에 제정된 치안유지법이다. 치안유지법에서 금지하고 있는 '자본주의 부정', '국체의 변경'(조선민족의 독립)을 목적으로 하는 모든 행위란 한마디로 노동운동 자체를 부정하는 것 외에 다름이 아니었다. 이처럼 일제는 1920년대 초 소위 문화통치의 허울아래 그나마 허용해주었던 노동자 대중들의 합법적 권리들을 모두 불법화하고, 노동운동 자체를 말살하기 위한 중세기적인 야수적 탄압에 나섰다.

더구나 1920년대 말에 접어들면서 발생한 심각한 내부 정치·경제적 위기 탈출의 활로를 식민지 조선에 대한 착취와 수탈의 강화, 조선을 병참기지로 한 대륙침략에서 찾았다. 이로부터 식민지 조선 민중에 대한 수탈과 착취를 더욱 강화했고, 이에 저항하는 조선 민중들을 무자비한 총칼로 야수적으로 탄압해 나섰다.

합법적 투쟁으로서는 아무것도 쟁취할 수 없는 상황에서도 조선노동자계급은 위축되거나 주눅 들지 않고, 더욱더 완강하고 높은 투쟁으로 맞받아쳐 나갔다. 1929년 원산 총파업과 1930년 신흥탄광노동자 파업, 1930년 평양 고무공장노동자들의 파업 등에서 당시의 시대상과 노동운동의 절박한 요구를 읽을 수 있다. 원산 총파업 투쟁은 완강한 투쟁에도 불구하고 결국 실패로 끝나버렸다. 노동자 대중들은 이를 통해 합법적 투쟁노선의 한계를 절감하기 시작했다. 이러한 흐름을 반영해 1930년 신흥탄광노동자들의 파업은 이전과 다르게 폭동으로 발전해 갔다. 신흥탄광노동자들은 합법적 파업투쟁으로 노조의 합법화를 쟁취해냈다. 하지만 이후 기업주가 이런저런 이유를 내세워 이를 무시하자 더욱 강력한 투쟁으로 대응했다. 신흥탄광 노동자 파업 투쟁은 당시 노동자 대중들의 절박한 요구를 담고 있었다. 그것은 합법적 투쟁만으로는 아무 것도 쟁취할 수 없다는 것, 강도적인 식민지지배체제를 타도하지 않고서는 노동자들의 삶의 개선도 공염불이 될 것이라는 것이다. 그리고 식민지지배체제를 타도하려면 일제의 폭력에 맞서 싸워 이길 수 있는 혁명적 폭력이 필요하다는 것이었다. 또한 노동운동을 올바로 이끌어줄 새로운 사상과 지도노선, 지도조직이 없다면 노동운동의 지속적 발전이 불가능하리라는 것을 노동자대중들은 깨달아갔다. 이제 개별투쟁, 합법 투쟁만으로서는 아무것도 얻을 수 없는 야수적 파쇼시대에 접어들게 됐고, 이에 맞서 민족해방운동도 새로운 높은 단계로 발전해 나가야 했다. 강도 일제에 맞서 싸워 힘으로 일제를 몰아내고 민족해방과 노동해방을 달성할 수 있는 그러한 새로운 전략, 지도조직이 절박한 과제로 제기됐다.

　노동운동뿐만 아니라 농민운동도 마찬가지였다. 1920년에 접어들면서 노동운동의 발전과 함께 농민운동도 급속히 발전했다. 1924년 4월 3일부터 8개월간에 걸쳐 진행된 전라남도 무안군 암태도 농민들의 투쟁은 부당한 고율 소작료를 강요하는 지주에게 소작료를 인하할 것을 요구하는 투쟁으로부터 시작됐다. 암태도 악질 지주는 농민들의 요구를 묵살하고 깡패들을 동원해 투쟁하는 농민들을 폭력적으로 탄압했다. 이에 격분한 농민들은 악질 지주의 집을 포위 습격했으며, 악질 지주는 경찰대를 동원해 이를 또다시 탄압해 나섰다. 소작인회 간부들은 야만적인 경찰에 체포돼 목표경찰서로 압송됐다. 하지만 농민들은 조금도 굴하지 않고 바다를 건너 목포까지 몰려가 시위를 전개했으며, 목포경찰서를 에워싸고 간부구출투쟁을 벌였다. 이에 전국 각지의 노동자 농민단체들의 적극적인 지지 성원과 연대투쟁이 펼쳐졌고, 일제 경찰의 만행을 규탄하는 항의의 목소리가 높아져 갔다. 이러한 영웅적 투쟁으로 장기간에 걸친 투쟁을 승리로 이끌었고 구속된 간부를 구출해냈다. 이렇듯 농민운동이 성장함으로써 노동자 농민들의 연대도 한층 강화되어 갔다.

　노동자 농민운동의 발전뿐만 아니라 청년학생운동도 활발히 전개됐다. 선진적인 청년학생들은 마르크스-레닌주의 영향을 받으면서 청년학생단체를 조직하고 민족해방투쟁에 뛰어들었다. 1925년 말에는 전국 각지에 875개의 청년단체와 185개의 학생단체가 결성되어 활발히 활동했다. 청년학생들은 일제의 식민통치에 반대하고 학원자유를 쟁취하기 위한 대중투쟁을 활발히 벌여 나갔다. 1920년부터 1925년 사이에 전개된 학생들의 동맹휴교 사건은 234건이나 된다. 이러한 동맹휴교는 조선 민중에 대한 일제의 민족적 억압과 식민지노예교육제도에 반대한 항일애국투쟁이었으며, 일제는 청년학생들의 항일운동을 잠재우기 위해 악랄한 탄압을 자행했다. 그러나 일제의 어떠한 야만

적 탄압도 발전하는 청년학생운동을 말살하지는 못했다.

이처럼 노동자, 농민, 청년학생 등 조선 민중들은 3.1민족해방투쟁의 실패에도 불구하고 절대 좌절하지 않았으며, 완강하게 투쟁을 펼쳐나갔다. 오히려 3.1 민족해방투쟁의 실패를 교훈 삼아 참다운 민족해방투쟁의 길을 모색해 나갔다. 하지만 참다운 민족해방의 길은 저절로 찾아오지 않는다. 대중투쟁은 그 자체만으로 혁명의 길로 나가지 않는다. 민족해방투쟁의 승리를 이룩하고 민족적 독립과 민중해방의 새 세상을 달성할 혁명의 승리를 위해서는 올바른 지도이념과 지도노선이 있어야 하고, 혁명 투쟁을 올바로 이끌어 나갈 수 있는 정치적 참모부가 있어야 한다. 민족해방투쟁의 새로운 주도세력으로 등장한 노동자, 농민, 청년학생 등 조선 민중들에게 이것들이 더욱 절박한 과제로 대두됐다.

3
새로운 항일민족해방운동의 출현은
조선민중의 절박한 요구

1920년대 항일민족해방운동은 민족주의운동 진영과 초기공산주의운동진영으로 양분돼 있었다. 양 진영은 각기 역사적으로 긍정적 역할을 담당하였지만, 자체의 근본적 결함으로 인해 항일민족해방운동에 오히려 독소를 낳고 말았다.

부르주아민족주의운동의 퇴락

우선 민족주의운동세력부터 살펴본다. 우리나라 민족해방운동을 처음 이끌었던 지도세력은 민족주의운동세력이었다. 1920년대에 이르러 민족주의운동은 자체의 계급적 정치적 한계로 인해 쇠퇴 몰락의 길을 걸어갔다. 민족주의운동세력은 출발부터 근본적 결함을 갖고 있었다. 민족주의운동세력의 대표자들이라 할 수 있는 3.1운동을 지도한 상층인물들의 동향을 보면 그것을 즉각 간파할 수 있다. 3.1운동은 한일합병 후 비밀결사운동과 독립군운동, 애국문화계몽운동으로 부단히 힘을 축적해온 우리민족이 일제무단통치의 암흑시대, 수탈시대를 그대로 감내할 수 없어 분연히 궐기한 것이다. 3.1 운동을 준비하고 주도한 세력은 천도교, 기독교, 불교를 비롯한 종교계 인사들과 애국적인 교원들과 학생들로서 주로 민족주의운동세력에 속해 있던 사람들이었다. 이 투쟁은 갑신정변과 위정척사운동, 갑오농민전쟁, 애국문화계몽운동, 의병투쟁을 통해 줄기차게 이어지고 승화되어온 조선민중의 민족정신의 폭발이요 분출이었다.

3.1운동은 전체 조선 민중이 총궐기한 민중항쟁으로 일제의 식민지통치체제에 커다란 타격을 주었다. 하지만 일제는 결코 조선 땅을 호락호락하게 포기할 그런 종자들이 아니었다. 그것은 일본과 우리나라의 역사적 관계들이 충분히 보여주고 있다. 시위나 하고 만세나 불러서는 침략자들이 절대로 물러가지 않는다.

　　이러한 역사의 교훈을 망각하고 민족주의운동의 상층부들은 조선 민중의 뜨거운 투쟁 기세에 걸맞지 않게 처음부터 운동의 성격을 비폭력적인 것으로 규정했으며, '독립선언서'를 작성해 조선민족의 독립의지를 내외에 천명하는 데 그치고 말았다. 그들은 투쟁이 그 이상 확대되어 민중주도의 대중투쟁으로 발전하는 것을 바라지 않았다. 즉 그들의 안중에는 민중들이 없었다. 또 일부 민족주의운동세력의 지도자들은 '청원'의 방법으로 조선의 독립을 달성하려는 헛된 꿈에 빠져, 구차스러운 청원운동을 벌이기도 했다. 그들은 '독립청원서'를 들고 파리강화회의 열강들의 숙소를 찾아다니면서 호소도 하고 애원도 했지만 돌아온 것은 싸늘한 냉대와 무관심밖에 없었다. 민족주의상층부가 헤이그 밀사사건의 교훈을 명심하지 않고 또다시 미국과 '민족자결론'에 헛된 기대를 건 것은 그들의 머릿속에 사대주의사상이 그만큼 뿌리 깊게 남아 있었기 때문이었다. 그것은 조선시대부터 있어온 뿌리 깊은 병폐였다. 무능한 봉건 통치 세력들은 나라가 위험에 처할 때마다 큰 나라들을 쳐다보면서 그들의 힘을 빌려 국난을 타개해보려고 획책했었다. 이러한 낡은 사상들이 민족주의운동세력의 상층에도 그대로 각인돼 있었다.

　　일부 양심적인 민족주의자들은 중국 동북지방을 비롯한 해외의 여러 지역들에서 '조선독립군', '대한국민회군', '군무도독부', '북로군정서' 등의 독립군 부대들과 '한족회', '독립단', '대한광복단' 등 여러 독립운동단체들을 조직하고 반일독립운동을 벌였다. 의병투쟁을 벌이다 만주지방으로 망명했던 홍범도를 비롯한 민족주의 세력들은 3.1운동이 발발하고, 국내외 조선민중들의 반일항쟁이 격렬하게 전개되어 나가자, 이에 고무되어 무장투쟁의 기치를 다시 들었다. 그 대표적인 사례가 홍범도의 대한독립군과 김좌진의 북로군정서를 들 수 있다. 이 밖에도 30~40개의 독립운동단체들이 우후죽순처럼 나타나 무기를 들고 무장투쟁의 기치를 높이 올렸다. 홍범도가 지휘하는 대한독립군은 1919년 8월 국내진공작전을 대담하게 감행, 함경남도 혜산(오늘날 자강도 혜산시)에 진입해 일본군 수비대를 섬멸하고, 10월에는 강계, 만포, 자성 등을 기습해 일본군을 타격했다. 이에 고무된 여러 독립군부대들이 그해 겨울부터 크고 작은 일제와의 무장투쟁을 펼쳐 나갔다. 1920년 3월에는 최진동이 거느린 독립군부대가 온성과 무산 등지에 8차례나 진출하여 일제에게 타격을 주었다.

일본군들은 독립군들의 무장공격에 대해 국경을 넘어 만주지역까지 추격하는 작전을 펼쳤다. 이러한 과정에서 삼둔자전투, 봉오동전투, 청산리전투가 발발했으며, 이 전투에서 독립군부대들을 일본군에 결정적 타격을 가해 참패를 안겨주었다. 그 당시 죽은 일본 병사의 숫자가 얼마인지 정확히 보고되고 있지 않지만, 수천 명에 이르리라는 것이라는 것이 정설로 전해진다. 그러나 청산리 대첩 이후 독립군 부대들의 대규모 승전소식은 전해지지 않고 있는데, 이 까닭은 무엇일까? 이것은 김좌진 독립군부대와 홍범도 독립군부대가 1921년 우수리강을 건너 소련 땅으로 들어갔다는 사실을 통해 어느 정도 유추해 볼 수 있다. 민족주의 계열의 독립군 주력부대들은 청산리대첩이후 일본군의 야수적 탄압에 겁을 먹고, 생사고락을 함께 했던 민중들을 내팽개치고 투쟁의 현장에서 벗어나 안전한 북만 땅으로 도피해 갔던 것이다. 그 이후 만주지역에 남아 있던 다양한 민족주의계열 독립군들은 뚜렷한 투쟁 강령과 목표를 갖지 못하였고, 통일 단결되지 못함으로써 항일무장투쟁의 양적 질적 발전을 이루지 못하고 급속히 와해되기 시작했다. 이것은 독립군이 자산계급의 군대였고 부르주아민족주의를 사상적 바탕으로 하는 군대였으며, 활동에서 분산성과 산만성을 갖고 자파 중심으로 서로 배척하고 질시한 데 있었다.

3.1운동의 교훈은 이상과 같이 부르주아 민족주의 상층은 더 이상 항일민족해방운동의 지도세력으로 될 수 없다는 것을 보여주었다. 그들의 계급적 제한성은 일본의 식민지지배질서를 전면적으로 부정하는 데까지 도달하지 못했다는 점이다. 그들은 일본의 통치 질서를 인정하고 그 틀 안에서 자신들의 협소한 계급적 이익을 보장받을 수 있는 약간의 양보만을 꿈꾸었다. 이러한 계급적 제한성으로 인해 그들 중 적지 않은 사람들이 개량주의자로 굴러 떨어지거나 일제와 타협하면서 '민족적 자치'를 부르짖는 민족배신자로 전락했다. 또한 일제와의 비타협적인 노선을 내걸고 항일무장투쟁에 떨쳐나섰던 민족주의운동세력들 역시 반일민족해방운동의 지도세력으로 될 수 없었던 것은 마찬가지였다. 그들 역시 조선 민중의 혁명적 힘을 믿지 못하고, 민중 위에 군림하는 자산가계급의 군대에 불과했다. 민족해방운동을 승리로 이끌어 나갈 수 있는 올바른 지도사상도 없었으며, 주동적 투쟁방략도 갖추지 못했다. 적극적인 투쟁을 회피하였고, 특히 조선 민중들과 깊숙이 결합하여 있지 못했다.

초기 공산주의운동의 근본적 약점과 결함

그렇다면 1920년대 이후 항일민족해방운동의 주도세력으로 부상한 초기 공산주의운동은 어떠했는가? 3.1 운동 실패의 교훈 속에서 조선민중들은 낡고 결단성 없는 부르주아민족주의사상으로는 사회적 해방은커녕 조선의 독립마저도 불가능하다는 것을 깨닫고, 점차 새로운 사조에 대한 관심이 높아져 갔다. 1917년 10월 러시아 사회주의혁명 승리로 마르크스-레닌주의가 급속히 퍼져나갔다. 특히 이 새로운 사상은 노동자계급의 급속한 성장에 힘입어 매우 놀랄만한 속도로 퍼졌다. 전국 각지 주요 도시에서 선진노동자, 농민, 청년학생과 지식인 사이에서 마르크스-레닌주의 서클이 광범히 조직됐는데, 이 서클들은 마르크스-레닌주의를 연구하고 선전함으로써 근로민중의 계급의식을 고취하고 공산주의 운동과 노동운동, 농민운동의 발전을 촉진했다.

  마르크스-레닌주의 서클활동이 확산됨에 따라, 노동자, 농민, 청년학생들 속에서 공산주의자들이 나타나기 시작했다. 이들은 이 새로운 사상으로 근로 민중을 지도하기 위해 혼신의 노력을 다했다. 분산적 서클형태로 시작된 공산주의운동은 점차 노동운동, 농민운동 영역으로 침투하기 시작했고, 그 운동에 조직성과 목적의식성을 부여하기 시작했다. 이렇게 마르크스-레닌주의가 항일민족해방운동의 전면에 부상했고, 항일민족해방운동은 공산주의운동과 결합돼 갔다. 공산주의운동은 조선 민중의 계급적 단련을 심화시켰고, 투쟁에 목적의식성과 전투성을 강화시켜주었다. 이러한 노력의 결실로 드디어 1925년 4월 17일 서울에서 조선공산당이 창당됐다. 갓 태어난 조선공산당은 그 미숙성에도 불구하고 국제 공산주의운동과 연대하기 위해 1926년에 코민테른(국제공산당)에 가입했다. 조선공산당은 조성된 정치경제 정세와 계급관계 분석에 기초해 "민족해방투쟁에서 조선 민중의 가장 중요한 과제는 일제를 타도하는 것이며, 이를 위해 노동자 농민을 중핵으로 한 각계각층 애국적인 혁명세력을 규합해 투쟁에 나서야 한다"는 것을 당면 행동강령으로 삼았다.

  조선공산당의 창건은 애국적인 조선 민중들을 크게 고무시켰으며, 조선 민중들의 항일민족해방운동을 급속히 발전시키는 추진력으로 작용했다. 마르크스-레닌주의 혁명사상이 민중 속으로 더 깊이 더 빠른 속도로 침투 보급되었으며, 노동운동 농민운동이 더욱 힘 있게 전개되었다. 조선공산당이 직접 지도해 전개했던 가장 커다란 반일투쟁은 6.10 만세운동이었다. 1926년 4월 말 순종이 사망하자, 각계각층 민중들 속에서 일제에 대해 쌓이고 쌓인 반일 감정이 폭발되기 시작했다. 조선공산당은 전국각지에서 분산적으로 진행되던 투쟁을 묶어세워 전국적 범위에서 반일시위투쟁을 벌이기 위한 준비를 비밀리에 추진했다. 하지만 비밀이 누설돼 공산당의 지도를 받으며 활동했던 시위비밀지도부는 6월 초 대부분 검거 투옥되고, 각종 선전물들은 대부분 압수됐다. 투쟁지도부를 잃어버린 애국적 민중들은 조선공산당의 지도를 받으면서 완강한 투쟁을 벌여 6월 10일 장례식날 만세시위투쟁을 성사시켰다. 1926년 6월 10일 순종의 상여가 서울 종로를 지나갈 때 수만 명의 서울시민들은 '조선독립만세', '일본군대는 물러가라!' '조선독립운동자들은 단결하라!' 등의 구호를 외치면서 대중적인 반일시위를 벌였다.

이처럼 1920년대에는 기존의 부르주아 민족주의운동 대신 초기 공산주의운동이 항일민족해방운동의 새로운 주류로 등장해, 조선 민중들의 기대를 한 몸에 받았다. 하지만 초기 공산주의운동은 자체의 심각한 결함과 모순으로 근로민중과 조선민족의 기대에 부합되게 발전해 나가지 못하고, 1928년 12월 코민테른의 결정에 따라 조선공산당이 해체되고 말았다. 이것은 우리나라 초기 공산주의운동 내부에 뿌리 깊게 깔려 있었던 자체 약점의 필연적 귀결이었다.

우리나라 초기 공산주의운동은 골방식운동에 매몰됐다. 골방식운동이란 무엇인가? 마르크스-레닌주의는 노동자계급의 혁명철학이며, 생동하는 계급투쟁의 현장에서 생명력이 빛나는 투쟁의 철학이다. 따라서 공산주의자들은 생동하는 노동자 농민의 삶의 터전, 투쟁의 현장으로 깊이 들어가는 데서부터 혁명 활동을 시작해야 한다. 근로대중의 생활현장을 떠나 술집이나 골방에 모여 앉아, 마르크스-레닌주의 학습과 토론에 그친다면, 그것은 아무런 쓸데없는 공리공담에 그치고 말 뿐이다. 그런데 우리나라 초기 공산주의운동의 상층은 대중을 떠나 상층부 몇몇 사람끼리 골방이나 술집에 모여 앉아 말공부나 싸움질에 빠져 실제 혁명투쟁에 광범한 대중을 불러일으키는 활동을 소홀히 했다. 물론 이 당시에도 견실한 공산주의자들은 노동의 현장, 삶의 현장에 깊숙이 들어가 노농대중의 혁명의식과 혁명투쟁을 불러일으키려는 헌신적인 노력을 펼쳤다. 하지만 안타깝게도 초기 공산주의운동의 상층부인사들은 골방식운동에 매몰됨으로서 공산당의 대중적 기초를 확립하는 데 실패하였다.

이것보다 더욱 심각한 것은 우리나라 초기 공산주의운동 상층 부내에 뿌리 깊게 깔려 있었던 종파주의 경향이었다. 종파주의란 혁명의 이익은 안중에도 없이 파벌을 조장해 오로지 자신들의 공명과 출세만을 앞세우는 반혁명적 사상경향이다. 우리나라에서 종파주의는 1920년대 초부터 나타나기 시작했다. 종파분자들은 부르주아, 소부르주아, 몰락 양반 지식인 출신들로 마르크스주의 가면을 쓰고 노동운동 대열내로 기어들어 와 온갖 분파조장과 파벌싸움을 벌여 노동운동대열의 통일단결을 좀먹는 원흉들이었다. 그들은 5인 1당, 3인 1파로 이합집산을 거듭하면서 화요파, 엠엘파, 서울파, 이르쿠추크파 등 형형색색의 파벌을 만들어 자파세력 확장과 영도권 쟁탈전에 광분하였다. 그들은 심지어 자파세력의 확장을 위해 상대파를 적에게 밀고하는 반역행위를 숱하게 벌이기도 했다. 종파주의는 결국 노동계급 혁명운동 내에서 발생해 노동계급 혁명사상을 반대해 나서는 반혁명적 사상경향이다. 종파분자들은 비록 소수이긴 하지만 그들이 우리나라 공산주의운동의 상층을 틀어쥐고 앉아 그 해악성은 엄청났다.

종파분자들은 노동자 농민을 비롯한 근로민중 속에 마르크스- 레닌주의를 보급해 민중의 혁명투쟁을 지도하려는 공산주의자들의 활동을 심각하게 방해했다. 그들은 스스로 진정한 공산주의자라고 위장해 마르크스-레닌주의를 왜곡해 설파하고, 각종의 사이비 사상을 유포해 노동자 농민 대중 속에서 공산주의가 뿌리내리는 것을 방해했다. 그들은 마르크스 – 레닌주의의 혁명적 정수에는 관심도 없고, 반대파를 공격하기 위한 수단으로 마르크스-레닌주의 명제들을 악용했다. 또한 노동자 농민 등 기층 대중운동의 발전을 가로막고, 기층 대중운동의 조직적 통일과 단결을 훼손했다. 종파분자들은 조선공산당 창건을 둘러싸고 한층 더러운 파벌투쟁을 벌였다. 이 때문에 혁명적 당 창건

활동이 심각하게 왜곡 변질되어 버렸다. 이들의 방해책동에도 불구하고 조선 공산당이 창건돼 조선민중들의 투쟁을 크게 고무시켰지만, 종파분자들의 파벌싸움은 한층 더 노골적으로 되고 추악해졌다. 추악한 파벌투쟁은 당을 조직 사상적으로 교란시키고 당 규율을 약화시켜 당에 대한 일제 군경의 추적을 용이케 만들었다. 그 결과 조직의 비밀이 누설되고 다수의 당원이 체포되어 당 역량이 심대하게 약화되는 사태에 이르게 됐다. 파벌투쟁에 대한 민중들의 거센 항의에도 불구하고 그들은 제 버릇을 버리지 못하고 교묘한 형태로 파벌투쟁을 계속해 나갔다. 그 결과 조선공산당은 수차례의 검거선풍에 휩싸이다, 1928년 12월 코민테른의 권고에 따라 완전히 해산되고 말았다.

이상에서 본 바와 같이 초기 공산주의운동은 3.1운동 후 새로운 항일민족해방투쟁을 지도할 수 있는 정치세력으로 부상하면서 조선 민중의 반일투쟁을 고양시켰으나, 마르크스-레닌주의를 우리나라의 실정에 올바르게 적용하지 못하고 교조주의 사대주의에 물젖고, 종파주의의 침습으로 새로운 항일민족해방운동의 지도세력으로서 역할을 다하지 못했다. 이렇듯 공산주의운동을 한다고 하던 사람들이 분열돼 자기나라 민중의 힘을 믿지 않고 남의 인정과 힘에 따라 종파적 목적부터 앞세웠으니, 혁명을 망칠 것은 당연한 일이었다. 결국 우리나라 초기 공산주의운동은 공산주의의 간판을 든 행세꾼들, 종파분자들에 의하여 농락됨으로써 더 이상 헤어나지 못할 일대 혼란에 빠지게 되었다.

시대와 민중의 절박한 요구
이리하여 조선 민중은 항일민족해방운동을 올바르게 이끌어 줄 수 있는 참다운 지도세력을 한층 절실히 갈구하였다. 이 문제가 해결되지 않고서는 조선의 혁명, 항일민족해방 투쟁은 한 치도 앞으로 나아갈 수 없는 막다른 지점에 놓였다. 수많은 참 운동가들은 조선혁명을 구원해 줄 새로운 지도자와 지도노선을 찾아 헤맸으며, 노동자 민중들은 조국독립의 새로운 구세주를 절절하게 원하였다. 모든 배는 나침판이 있어야 항로를 개척해 앞으로 전진 해 나갈 수 있듯이, 조선혁명 역시 올바른 항로를 제시해 줄 혁명의 나침판이 있어야 앞으로 전진해 나갈 수 있었다. 당시 조선 민중들이 갈망했던 혁명의 나침판은 첫째 사대와 교조에서 벗어나 조선 혁명의 현실에 발을 딛고 있고, 둘째 종파주의의 독소를 철저히 청산해 노동계급을 비롯한 혁명운동의 통일단결을 이룩할 수 있어야 하며, 셋째 이 땅의 민중들 속에 깊이 뿌리 내릴 수 있는 것이어야 했다.

2

새로운 역사의 시작

1
타도제국주의동맹 결성

"낡은 것을 털어내고, 새로운 길을 개척해 나가야 한다. 하지만 새로운 길은 어디에서 찾아야 할 것인가?" 이것이 당시 참다운 조선혁명가들의 가장 절실한 고민이었다. 기존의 것들이 낡았다는 것은 이미 드러났다. 그것은 코민테른의 조선공산당 해산결정으로 명확히 입증됐다. 하지만 무엇이 새로운 것이며, 그것을 또 어떻게 개척해 나가야 할 것인가 하는 해답은 결코 저절로 주어지지 않는다. 당시 시대와 민중의 절박한 요구를 체득한 많은 조선의 혁명가들은 이 화두를 부여잡고 괴로워하고 안타까워하고 있었다. 이러한 항일민족해방운동의 사활적 과제는 휘발하 기슭에서 새세대청년공산주의자들에 의해 해결되었다.

화성의숙에 모여든 새 세대 청년들

길림성 화전현시내 휘발하 기슭에는 화성의숙이라는 학교가 있었다. 이 학교는 1925년 초 정의부(남만지역의 민족주의운동단체)에서 필요한 군사정치 간부를 양성하기 위해 세운 2년제 군사학교로서 입학생들은 정의부 간부들이 지명 선발했다. 이 학교의 초대 숙장(교장)은 열렬한 천도교도이자 독립운동가인 최동오였다. 당시 민족재생의 출로를 실력배양에서 찾은 독립운동자들과 애국적인 계몽활동가들은 일반학교의 설립과 함께 군사인재의 육성을 목적으로 하는 무관학교 설립에도 적극적인 노력을 기울였다. 그들의 노력으로 만주각지에는 신흥강습소(류하현), 십리평사관학교(왕청현), 소사하훈련소(안도현), 화성의숙(화전현)을 비롯한 여러 개의 무관학교들이 설립됐다. 이러한 무관학교 설립운동

화성의숙터전

화성의숙기숙사와
그 내부

당시 숙감 강제하

김시우와 그의 집.
이 집에서 <ㅌ, ㄷ>
성원들은 비밀독서
모임을 자주 가졌다.

당시 숙창 최동오

에서는 양기탁, 이시영, 오동진, 이범석, 김규식, 김좌진과 같은 독립운동 거두
들이 중심적 역할을 담당했다.

　화성의숙에서는 민족주의독립운동 단체가 설립한 학교이니만큼 독립군
간부양성을 목표로 조선의 역사와 지리, 생물, 수학, 체육, 군사학, 세계 혁명
사 등의 교과목을 가르쳤다. 김성주(훗날 김일성), 최창걸, 김리갑, 이제우, 강병선,

김원우, 박근원, 이종락, 박차석등 새세대청년들이 풍운의 꿈을 안고 이 학교에 다니고 있었다. 새세대청년들은 곧바로 이 학교의 고루한 교육에 실망하고 말았다. 의숙의 교육에는 그동안 민족주의 계열의 독립운동을 집대성하고 총체적으로 분석 평가하고 발전방향을 정리해 놓은 변변한 이론 하나 없었다. 독립만을 부르짖을 뿐 '혁명역량을 어떻게 편성하고, 대중은 어떻게 동원시키며, 독립운동대열의 통일단결은 어떻게 실현해야 하는가.'에 대한 아무런 방법도 없었고, 무장투쟁의 교범이나 전술 같은 것도 거의 없다시피 했다. 조선역사도 왕조사 중심으로 짜여 있고, 세계혁명사 역시 부르주아혁명사가 기본을 이루고 있었다.

이처럼 화성의숙에서 거루쳐주는 민족주의사상과 구한말냄새가 나는 낡은 군사훈련은 풍운의 큰 뜻을 품고 이 학교에 들어온 새세대청년들에게 커다란 실망을 낳았다. 민족주의사상에 깊숙이 물젖은 선생들은 비록 반일과 민족적 독립에 대해 말은 많이 하고 있었지만, 민족적 독립에 대한 뚜렷한 방략도 없었으며, 투쟁방법 역시 매우 낡고 뒤떨어진 것들뿐이었다. 이런 것들보다 새세대청년들을 더욱 더 실망과 좌절에 빠뜨린 것은 이 학교의 사상적 낙후성이었다. 학교당국은 민족주의 사상 외에는 다 경계했으며, 특히 당시 시대적 추세로 되고 있었던 마르크스-레닌주의 사상의 학습을 엄금했다. 이 학교에서는 레닌 이야기도 할 수 없고, 공산주의 서적도 읽지 못하도록 했다. 당시는 민족주의운동으로부터 공산주의운동으로의 방향전환 문제가 항일민족해방운동 상에서 주된 흐름으로 되고 있었던 상황임에도 불구하고, 이 학교에서는 이런 문제를 아주 외면하고만 있었다. 화성의숙의 제한성은 당시 민족주의운동 자체 제한성의 발현이었다. 당시 독립군들도 항일무장투쟁을 거의 포기한 채 세력다툼에만 매달리고 있었다. 실제적인 군사 활동은 포기한 채 관할구역을 틀고 앉아 군자금이나 거두며 돌아다니는 상황이었다. 상해임시정부인사들도 파벌을 이루고 서로 치열한 감투싸움을 벌렸다. 또한 민족주의운동내부에는 민족개량주의 사조가 침습해 들어왔다.

풍운의 꿈을 안고 화성의숙에 찾아왔던 선진적인 새세대청년들은 곰팡이 냄새가 나는 교육방식에 회의를 품고, 새로운 길을 독자적으로 탐구해 나갔다. 이 길의 맨 앞에는 김성주 청년이 있었다. 그는 낡은 방식으로는 민족의 독립을 실현할 수 없다고 깨달았다. 총 몇 자루를 갖고 소규모 무장단 성원으로 압록강은 넘나들면서 왜놈 순사나 몇 놈 처단하고 군자금이나 모으러 다니는 것과 같은 투쟁방법으로는 나라의 독립을 이룩할 수 없다는 생각을 더욱 더 굳히고, 새로운 길을 찾기 위한 피나는 노력을 벌여 나갔다. 그는 마르크스-레닌주의 서적들을 찾아 열심히 탐독했다. 책을 읽으면서도 그대로 받아들이지 않고 고전에 나오는 혁명원리들을 조선의 현실과 결부시켜 사색해 나갔다. 그는 일제를 타도하고 나라를 찾아야 하겠는데, 어떤 방법으로 그 목적을 달성할 수 있겠는가, 조국을 광복시키는 투쟁에서는 어떤 대상을 적으로 규정하고 어떤 계층과 손을 잡아야 하는가, 나라를 독립시킨 다음에는 어떤 노정을 거쳐 사회주의 공산주의를 건설해야 하는가 하는 문제들에 대해 창조적인 사고를 집중했다. 특히 고전에 우리나라와 같은 식민지 문제에 대한 것들이 나오면 그런 문제에 대한 해답을 찾기 위해 끈기 있게 파고들고 또 파고들었다.

또 혼자만 공부하고 파고들지 않았다. 그 주위에는 새것을 지향하는 새세대청년들이 모여들기 시작했다. 같은 학교에 다니던 그들은 그에게 이것저것 물으면서 새로운 사조에 대해 점차 관심을 확대해 나갔다. 김성주와 그 주위의 새세대청년들은 새로운 사조와 소련에 대해 수없이 많은 토론을 벌였다. 그런 이야기들을 나누는 날에는 저마다 착취와 압박이 없는 새 세계를 눈앞에 그리며 흥분으로 좀처럼 자리를 뜨지 못했다. 새것에 대한 관심과 열정이 더욱 높아져 갔다. 이러한 학습의 나날을 거쳐 김성주는 새로운 방법으로 조국

광복의 길을 개척해야겠다는 확고한 결심을 품게 되었다. 이 결심에 그 주위의 청년들은 모두 찬성했다.

타도제국주의동맹의 결성

새로운 방법으로 조국광복의 길을 개척해야겠다는 결심을 세운 김성주는 뜻을 같이하는 동지들을 규합해 나갔다. 좋은 동지들이 주위에 많이 결집되자, 어떻게 이들을 조직적으로 잘 결집해 판을 크게 벌일 수 있겠는가를 고민하고 또 고민했다. 그리하여 이들과 함께 우리 혁명을 이끌고 나갈 참다운 전위조직을 결성해야겠다고 결심했다. 1926년 9월 말 그는 화성의숙의 청년 핵심들을 휘발하 강가로 불렀다. 휘발하 강가에서 열린 모임에서 그는 조직의 필요성에 대하여 강조하면서, '나라를 해방하고 근로민중이 잘사는 세상을 세우자면 멀고도 험난한 길을 개척해야 한다, 우리가 대오를 늘리고 완강하게 혈전을 벌려나간다면 능히 승리할 수 있다, 조직을 내온 다음 대중을 그 둘레에 묶어세우고 각성시켜 그들의 힘으로써 나라를 해방해야 한다.'는 요지의 연설을 했다. 모임에 참석한 새세대청년들은 새로운 전위조직을 건설하자는 그의 제의에 모두 쌍수를 들어 환영했다. 하지만 몇몇 동지들은 장차 새로운 조직을 건설하면 또 다른 파가 생기는 것은 아닌가 하는 의구심을 나타냈다. 이에 대해 그는 "우리가 만들려는 조직은 민족주의자들이나 초기공산주의운동자들의 분파와는 전혀 다른 새 형의 혁명조직이다, 그것은 파쟁을 하자는 조직이 아니고 오직 혁명을 하자는 조직이다, 우리는 자신을 혁명에 깡그리 바쳐 싸우고 또 싸우는 것으로써 만족할 것이"라고 명백히 밝히었다. 그 후 1926년 10월 10일 새 형의 전위조직을 결성하기 위한 핵심성원들의 예비회의가 김성주 주도로 열렸다. 이 회의

타도제국주의 동맹 결성을 소개한 출판물

휘발하기슭과 화전시가전경

에서는 조직의 명칭과 성격, 투쟁강령, 활동규범 등에 대한 토론이 진행됐다. 이러한 준비과정을 거쳐 드디어 1926년 10월 17일 타도제국주의동맹이 결성되었다.

이 결성모임에서 김성주는 '제국주의를 타도하자'라는 보고를 했다. 이 보고에서 그는 "반일투쟁의 역사적 경험과 교훈은 민족주의운동자들이 걷고 있는 길과는 전혀 다른 새로운 투쟁의 길로 나가야 한다는 것을 가르쳐주고 있다, 우리는 반일투쟁의 역사적 교훈에 비추어 상층 몇몇 사람에 의해서가 아니라 대중운동으로, 그 어떤 외부세력에 의존해서가 아니라 우리 인민자체의 힘으로 일본제국주의를 때려 부수고 조선의 진정한 독립을 달성하여야 한다, 인민대중을 조직 동원하여 일본제국주의를 타도하고 조선의 독립을 달성하자면 우리 청년혁명가들이 혁명조직을 먼저 내와야 한다, 조직의 명칭은 그 사명에 맞게 타도제국주의동맹으로 하며 약칭은 「ㅌ. ㄷ」로 하는 것이 좋겠다."고 제의했다.

타도제국주의동맹은 제국주의를 타도하는 것을 자기 사명으로 하고 있는 혁명적 전위조직으로 그 강령은 크게 당면강령과 최종강령을 나눠서 정했다. 당면강령으로는 조선민족의 철천지원수인 일본 제국주의를 타도하고 조선의 해방과 독립을 달성하는 것이었으며, 최종강령으로는 조선에 사회주의 공산주의를 건설하며, 나아가 모든 제국주의를 타도하고 세계에 공산주의를 건설하는 것으로 결정했다. 타도 제국주의 동맹은 반제, 독립, 자주의 이념 밑에 민족해방, 계급해방을 실현하기 위해 사회주의 공산주의를 지향하는 새세대청년들이 역사의 진통 속에서 창조한 순결하고 참신한 새 형의 혁명조직이었다. 이 조직결성에 참여한 새세대청년들은 김성주(훗날 김일성), 최창걸, 김리갑, 이제우, 강병선, 김원우, 박근원, 이종락, 박차석 등등 새세대청년들이었다. 이날 회의에서는 김성주를 조직의 책임자로 선출했다.

타도제국주의 동맹에 관해서는 해방 이후 서울에서 발간된 최일천의 『해외혁명운동소사』(동방문화사, 1946, 서울, 28~30p)에 그 일단이 잘 정리돼 있다. 그 책에서는 "1926년이다. ... 사회적 의식이 싹트기 시작한 김일성의 순진한 심리에는 고민의 파동이 일어났다. 당시 민족주의운동선상에는 과거의 애국주의적 경향에서 혁명적 단계에로 취향하는 기운이 농숙하였을 뿐 아니라 모든 민족주의운동단체는 단일전선결성의 촉진에 마력을 가하여 정의부(…)를 중심으로 협의회, 촉성회의 이론적 대립은 이 전선의 결성에 발전을 의미하였다. 타방 사회주의운동도… 대두하였다. 소년 김일성의 머리는 ...이 두 가지 사회적 경향(민족주의자 운동과 사회주의자운동-인용자주)에서 비판을 요구하게 되었고 자기의 독자적 발전이 있음으로서 장래의 목적달성을 기할 수 있음을 깨달았다. .... 좌우익의 소아병적 경향을 배제하고, 「ㅌ. ㄷ」즉, 타도제국주의 동맹을 결성했다."고 타도제국주의동맹의 결성과정을 써놓았다.

타도제국주의동맹의 사상적 기초와 역사적 의의

타도제국주의 동맹(ㅌ. ㄷ)은 빈터에서 출발하지 않았다. 「ㅌ. ㄷ」의 강령에는 '지원의 사상'이 담겨 있었다. 새로운 사상은 결코 빈터에서 나오지 않는다. 그것은 해당 시대의 혁명실천의 요구를 반영하면서도 이미 이룩된 사상 정신과 이론을 계승하고 혁신하는 과정 속에서 창시되는 법이다. 타도제국주의 동맹(「ㅌ.ㄷ」)의 강령에는 새로운 사상이 담겨 있었는데, 그것은 「지원의 사상」을 사상 정신적 원천으로 하고 있었다.

「지원의 사상」이란 무엇인가? 그것은 김형직 선생의 혁명사상을 가리킨다. 김형직 선생은 독립운동 과정에서 획득한 자신의 이상과 염원, 사상과 정신을 지원(志遠) 이라는 두 글자에 담았다. '지원'이란 말 그대로 뜻을 원대하게 가져야 한다는 말이다. 「지원의 사상」은 한평생 자신의 신념으로 간직하고 있었던 고귀한 혁명사상이며 고결한 혁명정신으로 총체적으로 개인의 안락과 명예에 목적을 둘 것이 아니라 나라와 민족을 위한 혁명의 큰 뜻을 가져야 한다는 사상이다.

「지원의 사상」은 민중중시사상, 무장투쟁에 관한 사상, 숭고한 혁명정신을 정수로 하고 있다. 김형직 선생은 혁명은 결코 개별적인 사람들의 힘으로는 수행할 수 없으며, 오직 광범한 대중이 각성되어 궐기할 때에만 승리할 수 있다고 봤다. 광범한 민중이 혁명의 주인 주체라는 진리를 밝힌 것이다. 김형직 선생의 이러한 민중중시사상은 민족해방운동을 광범한 대중의 힘에 의거하는 전 민족적 투쟁으로 전환시켜 나갈 수 있는 새로운 길을 열어주었다. 타도제국주의동맹의 강령에는 바로 이러한 김형식선생의 민중중시사상이 담겨져 있었다. 또한 김형직 선생의 「지원의 사상」에서 중요한 자리를 차지하는 것은 무장투쟁사상이다. 김형직 선생은 무장투쟁만이 나라의 독립을 달성할 수 있는 유일하게 올바른 길이라는 신념을 갖고 있었다. 그는 김성주에게 두 자리 권총을 혁명의 유산으로 물려주어, 무장투쟁노선을 계승하도록 이끌어 주었다. 「지원의 사상」은 개인의 영달이나 입신양명을 염두에 둔 세속적인 인생교훈이 아니라 조국과 민족을 위한 투쟁의 길에서 참된 보람과 행복을 찾는 혁명적 인생관이며 대를 이어가며 싸워서라도 기어이 나라의 해방을 이룩해야 한다는 백절불굴의 혁명정신이다.

이처럼 「지원의 사상」은 결국 총칼을 들고 민중의 힘, 민족자체의 힘으로 나라의 독립을 달성할 데에 대한 원대한 사상이었으며, 새세대청년지도자 김성주는 이 사상을 계승 발전시켜 항일민족해방운동의 새로운 사상, 새로운 길을 열어나갔다. 그리고 그 첫 출발점이 바로 타도제국주의 동맹의 결성이었다. 훗날 김일성 주석은 자신의 회고록에서 이에 대해 "「지원의 사상」, 3대 각오, 동지 획득에 대한 사상, 두 자루의 권총, 이것이 내가 아버지한테서 물려받은 유산의 전부였다. 그것은 모진 고생과 희생을 전제로 하는 유산이었다. 그렇지만 나에게는 그보다 더 훌륭한 유산이 없었다."라고 술회하였다.

　타도제국주의동맹은 이처럼 「지원의 사상」을 사상 정신적 원천으로 삼고, 노동자계급의 혁명철학인 마르크스-레닌주의를 조선혁명 현실과 밀접히 결부시켜 탐구해 새로운 혁명의 길을 찾고, 이 새로운 길을 개척해 나가기 위해 결성한 첫 전위조직이었다.

　그렇기 때문에 북의 역사학계에서는 「ㅌ. ㄷ」의 결성을 우리나라에서 새형의 혁명적 당, 주체형의 당 건설의 출발점으로 보고 있다. 그에 따르면 「ㅌ. ㄷ」의 강령은 우리나라 사회경제상황과 계급관계, 조선민중의 절절한 염원을 반영해 조선혁명의 최종목적과 당면과업, 그 수행방도를 역사상 처음으로 옳게 밝혀 놓은 자주적인 혁명 강령이었다.　이때부터 우리나라 민족해방운동은 자기의 영도자를 내세우고 자주의 궤도를 따라 확신 있게 전진해 나갈 수 있게 됐으며, 자기의 독자적인 혁명조직을 갖고 뚜렷한 목표를 향해 굽힘없이 싸워나갈 수 있게 됐다. 또한 「ㅌ. ㄷ」의 결성은 새 세대 혁명가로 이루어진 참다운 혁명조직의 첫 탄생이었으며, 반제민족해방투쟁의 새로운 출발을 알리는 역사적 선언이었다. 「ㅌ. ㄷ」가 결성됨으로써 우리나라 반제민족해방투쟁은 사대주의 교조주의를 비롯한 온갖 낡은 사조와 결별하고 자주의 원칙에 따라 전진하는 새로운 시대를 맞게 됐으며, 정확한 투쟁 목표와 전략전술을 갖고 힘차게 전진해 나갈 수 있었다.

「ㅌ. ㄷ」의 특징은 새세대청년공산주의자들을 중핵으로 하는 혁명조직이라는 점이다. 「ㅌ. ㄷ」는 어느 파에서 갈라져 나온 조직도 아니고, 또 거기에 망라된 구성원들로 말하면 어떤 종파에 가담했거나 망명단체에 속해 있다가 떨어져 나온 사람들도 아니었다. 또한 그 어떤 잡것도 섞이지 않고 문자 그대로 백지처럼 깨끗하고 순결한 세세대들이었다. 그들은 대부분 노동자 농민 출신으로서 파벌과 상관없이 종파주의를 반대하는 투쟁 속에서 검열되고 단결된 견실한 공산주의자들이었다.

새로운 혁명의 씨앗을 뿌리기 위해

조직결성 이후 「ㅌ. ㄷ」의 전사들은 새로운 혁명의 씨앗을 각계각층 민중 속으로 뿌리내리기 위해 각지로 흩어져 갔다. 그들은 우선 청년학생들을 교양하는 데서부터 시작했다. 일반적으로 청년학생들은 정의감이 강하고 선진사상과 시대적 추세에 민감하기 때문에 누구보다 조국해방의 혁명대열에 앞서고자 했다. 특히 식민지 청년학생들은 어느 계급계층보다 먼저 반제의식과 민족자주의식을 높이 체현하고 실천투쟁에서도 주도적 역할을 담당하는 적극적인 부대이다.

「ㅌ. ㄷ」의 책임자로 선출되어 우리나라 반제민족해방의 중추적 지도자로 등장한 김성주는 선진적인 청년학생들을 다수 조직에 받아들였다. 또한 최창걸, 김원우, 계영춘, 백신한, 이제우, 강병선, 박근원을 비롯한 동맹의 성원들을 남만과 동만, 그리고 국내의 여러 지역으로 보내 광범한 대중 속에 조직을 박아 넣고 그것을 끊임없이 확대해 나가도록 이끌었다. 「ㅌ. ㄷ」의 전사들은 책임자의 뜻에 따라 남만과 동만 각지에 파견되어 민중 속에서 새로운 혁명의 씨앗을 뿌리기 위해 헌신 분투해 나갔다. 「ㅌ. ㄷ」 성원들은 화전과 길림일대에서 그리고 이통과 장춘, 유하와 흥경 일대를 비롯한 남만과 동만 각지의 조선인거주지역에서 선진적인 청년들 속에 조직을 급속히 확대해나갔으며 수많은 애국청년들을 「ㅌ. ㄷ」에 망라시켰다. 조선 민중들은 '독립운동'과 '프롤레타리아혁명'의 간판을 내걸고 사리사욕과 파쟁에만 몰두하는 부르주아민족주의자들이나 행세식공산주의자들과는 전혀 다른 「ㅌ. ㄷ」의 혁명적인 활동에 커다란 기대를 갖게 되었다. 「ㅌ. ㄷ」는 탄생 첫날부터 조선 민중의 기대와 사랑 속에 자기의 활동을 힘차게 벌려나갔다. 그리하여 타도제국주의동맹은 날로 그 대오가 늘어나고 활동범위가 넓어져갔다. 「ㅌ. ㄷ」 성원들은 조선혁명이 어려운 국면에 처할 때마다 항상 육탄이 되어 그 출로를 열어나갔다. 그들은 조선혁명의 핵심부대로서 어디에서나 선도적 역할을 수행하였다. 김혁, 차광수, 최창걸, 김리갑, 강병선, 이제우를 비롯하여 「ㅌ. ㄷ」의 산아들 중 많은 사람들은 투쟁의 앞장에서 영웅적으로 싸우다가 고결하게 생애를 마치였다.

「ㅌ. ㄷ」의 청년지도자 김성주는 새로운 활동의 무대를 길림으로 정하고, 그곳에서 청년학생들 속으로 들어가기로 했다. 이러한 결단에 따라, 그동안 다니던 화성의숙을 중퇴하고 어머니가 있는 무송지역으로 갔다. 무송에 가서 보니 그곳에는 초등학교에 다닐 때부터 알고 있던 동무들이 살림이 구차해 상급학교에 가지 못하고 갈 길을 찾지 못하고 있었다. 김성주는 그 소년들을 선진사상으로 교양하고 혁명의 길로 이끌어야겠다고 생각하고, 1926년 12월 15일에 무송시내와 그 일대의 애국적인 소년들을 묶어세워 새날소년동맹을 조직했다. 새날소년동맹은 일제를 타도하고 조국을 광복할 새날을 위하여, 낡은 사회를 짓부수고 새 사회를 건설할 새날을 위해 투쟁하는 공산주의 소년조직이었다. 이 조직은 일제를 반대하여 투쟁하는 조직으로서, 조직원들은 선진 사회사상과 군사지식을 습득하고 새로운 선진사상을 따르며, 동포들 속에서 반일선전과 계몽 사업을 하도록 규정해 놓았다. 새날소년동맹은 적정탐지, 비밀통신연락, 선전물배포, 대중교양을 위한 문예선전활동 등을 통해 동맹원들을 단련시켜 나갔다. 또 1928년 1월 15일에는 신문 『새날』을 발간하기도 했다.

2
조선공산주의청년동맹의 결성

조선혁명의 새로운 진로 확립

1927년 「ㅌ. ㄷ」의 젊은 지도자 김성주는 길림에서 청년학생 운동을 펼쳐 나가기 위해 길림 육문중학교에 입학했다. 길림 육문중학교는 길림시내를 가로지르는 송화강변 경치 좋은 곳에 자리 잡고 있는 사립학교로서, 지금도 있다. 이 학교 정문을 지나 신식건물을 뒤로하고 뒤로 돌아가면 고색창연한 기와를 얹은 고풍스러운 건물이 있고, 그 가운데에 동상이 하나 있다. 이 동상이 바로 북의 김일성주석의 동상이다. 김일성 주석이 이 학교에 다닌 것을 기념하기 위해 그 당시 도서관 건물을 기념관으로 만들고 그 가운데에 동상을 세워놓은 것이다. 김일성주석이 김성주라는 이름으로 이 학교에 다닐 때에는 매우 혁신적인 학풍을 자랑하는 사립학교였다. 그 혁신적인 학풍이 김성주를 이 학교로 이끌었다. 당시 이 학교에는 진보적인 선생님들이 많이 있었다. 당시 교장은 이광한 선생님으로 오랫동안 중화인민공화국 총리로 재임했던 주은래 총리의 중학교 동창생으로 양심적인 지식인이었다. 그는 김일성 주석이 이

길림육문중학교 당시의 모습과 현재의 모습: 현재 당시 도서관을 기념관으로 만들어 놓고 김일성 주석을 기리고 있다.

학교에 다닐 때에 여러모로 많은 도움을 주었다. 또한 훗날 김일성 주석이 감옥에 갇힐 뻔한 일이 있었을 때 앞장서서 구출활동을 펼치기도 했다. 다음으로 상월 선생은 중국공산당원으로서 김성주에게 많은 도움을 주었다. 당시 길림은 1920년대 후반기 만주지역에서 우리나라 독립운동자들의 중심거점이었다. 우리나라 민족주의운동의 기본세력이었던 정의부, 참의부, 신민부의 수뇌들의 집결지였으며, 엠엘파, 화요파와 같은 파벌들이 자파세력 확장을 위해 설치고 다녔던 곳이기도 했다. 한마디로 길림은 형형색색의 조류들이 집결된 곳이라고 할 수 있다. 민족주의자, 공산주의자, 종파분자, 망명자 등 별의별 사람들이 다 여기로 모여들었다. 새것을 지향하고 진리를 찾으려고 애쓰는 청년학생들도 이곳으로 찾아들었다.

길림 육문중학교에 적을 둔 새세대청년지도자 김성주는 두 가지 목표를 두고 활동을 벌여 나갔다. 첫째는 마르크스-레닌주의를 본격적으로 연구하기 시작했다. 「ㅌ.ㄷ」의 강령에서는 민족주의 이념은 이미 낡았으며, 사회주의 공산주의 이념으로 나가야 한다는 것을 선포했다. 하지만 아직 조선혁명과 마르크스-레닌주의의 상호관계에 대해 깊이 있는 연구 분석과 그에 따른 조선혁명의 총체적 전략노선을 세우지는 못했다. 화성의숙에 다닐 때 마르크스-레닌주의 서적을 탐독하면서 많은 실천적 연구 활동을 벌여왔지만, 아직 사상적 체계가 확고하게 세워지지는 않았다. 바로 이러한 한계를 극복하기 위해 본격적으로 마르크스-레닌주의를 더 깊이 연구하기 시작했다. 학교에서 가르쳐 주는 학과목보다 마르크스, 엥겔스, 레닌, 스탈린의 저작들을 깊이 있게 탐독해 나갔다. 당시 길림에는 소련이나 일본에서 발간되는 좋은 책들이 많이 번역 출간되어서 마음껏 좋은 책들을 구해서 읽을 수 있었다. 「ㅌ.ㄷ」의 청년지도자 김성주 학생은 책을 읽을 때 항상 실천 활동의 요구와 밀접히 결부시켜 탐구해 나갔다. '어떻게 하면 일제를 물리치고 나라를 찾을 것인가? 어떻게 하면 사회적 불평등을 없애고 근로민중들을 잘 살게 할 수 있겠는가?'하는 문제들을 종자로 틀어쥐고 책에서 그 해답을 찾으려 했다. 이 과정에서 마르크스- 레닌주의를 교조로서가 아니라 실천의 무기로 대하게 되고, 진리의 기준을 추상적인 이론에서가 아니라 항상 조선혁명이라는 구체적인 실천에서 찾으려는 자세가 확립되었다.

마르크스-레닌주의를 탐독하고 연구하는 과정에서 가장 큰 의문으로 떠오른 것은 노동계급의 계급적 해방과 민족적 해방의 상호관계 문제였다. 마르크스- 레닌주의 고전들에서는 노동계급의 계급적 해방이 선차이고 민족적 해방은 후차라고 밝혀져 있었다. 그런데 우리나라와 같이 일제의 식민지 상태에 있는 나라들에서는 식민지 지배로부터 벗어나야 노동자 농민이 계급적으로도 해방될 수 있지 않겠는가 하는 의문에 대한 답을 주는 이론서들은 없었다. 마르크스-레닌주의 고전들에서는 일반적으로 종주국에서 혁명과 식민지 나라들에서의 혁명이 유기적으로 연결돼 있다고 하면서 종주국에서의 혁명승리가 가지는 의의만을 강조하고 있을 뿐이었다. 그렇다면 우리나라와 같은 식민지 나라들에서는 일본 노동계급이 혁명에서 승리해야 나라가 독립될 수 있다는 말로 된다. 그렇다면 우리는 일본 노동계급이 승리할 때까지 가만히 있어야 한다는 말인가? 노동계급의 계급적 해방을 민족적 해방에 앞세우고 종주국 노동계급의 투쟁을 식민지 나라의 민족해방보다 중시하는 것은 당시 국제공산주의운동의 공인된 노선이었다. 이러한 기존 노선이 갖고 있는 문제점과 한계를 김성주 학생은 날카롭게 파고들었다. 또한 러시아와는 달리 낙후한 반봉건국가인 조선과 같은 식민지 나라들에서 무산혁명을 어떻게 해야 하는가 하는 문제 역시 중요한 연구주제였다. 이러한 집중적인 탐구활동을 통해 마르크스- 레닌주의의 혁명적 진수를 이해하게 됐으며, 이 학설의 도움으로 조선의 독립과 민중해방에 관한 실천적 진리를 더 깊이 파악할 수 있게 됐다. 이러한 과정을 통해 주체의 혁명적 세계관이 완벽히 확립되고 흔들리지 않는 것으로 굳어졌다. 또한 조선혁명의 전략 전술적 문제들에 대한 완벽한 해명을 할 수 있게 됐으며, 마르크스- 레닌주의를 조선 혁명의 현실에 맞게 구현하는 과정에서 자주의 새 사상을 창시해낼 수 있었다.

길림의 새 바람

새세대청년지도자 김성주는 마르크스- 레닌주의 연구에만 몰두한 것이 아니었다. 그는 한편으로는 연구를 하고 다른 한편으로는 새로운 사조를 전파하기 위한 실천 투쟁을 열정적으로 벌여 나갔다. 「ㅌ. ㄷ」의 성원들은 「ㅌ. ㄷ」의 이념을 전파하고, 새로운 독립운동의 토대를 구축하기 위해 무송현, 반석현, 홍경현, 유하현, 안도현, 장춘현, 이통현 등 만주일대의 조선인 거주 지역들로 떠나갔다. 또 일부는 독립군 출신중대로 돌아가 독립군 모자를 쓴 사람들도 있었다. 그중에서 몇몇 동맹원들은 청년학생운동을 펼치기 위해 만주지역의 정치적 중심지이며, 조선 청년학생들이 밀집돼 있었던 길림지역에 먼저 와 있었다. 자신들의 지도자가 길림에 나타났다는 소식을 듣자마자 먼저 길림에 와 있던 「ㅌ. ㄷ」의 성원들이 그가 있던 집으로 몰려들었다.

길림처럼 크고 복잡한 도시에서 몇몇 되지 않은 핵심들을 갖고 「ㅌ. ㄷ」의 이념을 실현하기 위해 투쟁한다는 것은 쉬운 일이 아니었다. 하지만 각자가 한 점의 불씨가 되어 백 사람을 불러일으키고, 그 백 사람이 다시 천 사람, 만 사람의 심장을 달구어 세계를 변혁시키자는 굳센 결의로 차 넘쳤다. 새세대청년지도자 김성주는 「ㅌ. ㄷ」의 이념을 전파하기 위해 우선적으로 필요한 것은 선진 사상의 보급 전파라고 판단하고, 1927년 2월 하순 경 「ㅌ. ㄷ」의 성원들, 선진적인 노동자 청년들과 비밀회합을 갖고 그 방법을 토의했다. 토의결과 새로운 사상을 보급전파하기 위해 비밀독서조를 꾸려나가기로 결정했다. 이 결정에 따라 육문중학교에서 먼저 비밀독서조를 꾸리고, 이를 다른 학교로 확산시켜 나갔다. 그리하여 얼마 지나지 않아 문광중학교와 제1중학교, 제5중학교, 여자중학교, 사범학교를 비롯한 길림시내 여러 학교에서 비밀독서조가 결성되어 활발히 활동하게 되었다.

비밀독서조 활동으로 청년학생들 속에서는 선진사상을 배우려는 열의가 급속히 확대되었다. 비밀독서조의 역할을 한층 높이는 한편, 더 많은 사람들 속에 선진사상을 보급하기 위해 도서실을 직접 운영하기로 하고, 독립운동자들이 경영하는 정미소에 방 한 칸을 얻어 자그마한 도서실을 꾸렸다. 또 토요일과 일요일에는 청년학생 의식수준에 맞게 학자, 교원들을 초청해 흥미로운 자연과학 강연을 조직하거나, 독서발표회, 독서토론회, 웅변대회를 마련하는 등 다양한 방법으로 선진사상을 적극 보급 전파해 나갔다. 새세대청년지도자 김성주는 토론회와 웅변대회들에서 '제국주의의 본질과 모순에 대해', '우리는 조선 혁명을 어떻게 할 것인가?', '조선혁명의 현 단계' 등 우리나라 혁명투쟁의 당면한 이론 실천적 문제들을 대회 주제로 선정해 광범한 논쟁을 벌이도록 이끌어 나갔다. 이렇게 광범한 청년학생들이 선진사상으로 무장되어 갔다. 그리고 혁명의식도 역시 그만큼 빨리 높아져 갔다. 길림의 혁명운동 상에서 일어난 이 새로운 바람은 소문에 소문을 타고 경향 각지로 퍼져 나갔다. 그리하여 민족해방의 새로운 길을 꿈꾸는 많은 젊은 혁명가들이 길림으로 향했다. 그 중 대표적인 사람이 바로 차광수와 김혁이었다.

조선공산주의청년동맹 결성

「ㅌ. ㄷ」성원들과 비밀독서조 성원들의 활동으로 선진사상이 빠른 속도로 퍼져갔으며, 선진적인 청년학생들의 의식에는 질적인 변화가 일어나기 시작했다. 청년학생들은 조국과 민족에 대한 역사적 사명을 자각하기 시작했고, 민족해방혁명투쟁에 뛰어들었다. 「ㅌ. ㄷ」성원들은 청년학생들의 의식화사업을 계속하면서 그들을 여러 가지 형식의 조직에 묶어 세워 나갔다. 조직이 있어야 마르크스-레닌주의사상을 더 빨리 보급할 수 있을 뿐 만 아니라, 핵심역량들을 키워낼 수 있다. 의식화 없는 조직화는 사상누각이며, 조직화 없는 의식화도 모래성에 불과하다. 청년학생들을 다양한 조직에 묶어 세워나가는 데서 여러 가지 문제점들이 나타났다. 그중에서 가장 큰 난점은 민족주의자들과 종파분자들에 의해 이미 만들어져 있던 기성 청년조직이 있는 조건에서 어떤 방법과 형식으로 새로운 조직을 건설할 것인가 하는 문제였다. 길림에는 당시에 길림청년회, 조선인여길학우회와 길림소년회를 비롯한 여러 가지 기성조직들이 있었다. 이 문제에 대한 토론 끝에 이미 있는 조직들 가운데서 간판만 있고 활동하지 않는 조직은 무시하고 새롭게 꾸리며, 미약하게나마 움직이는 조직은 그대로 두고 이용 개편하는 방법을 취하기로 했다.

이러한 결정에 따라 1927년 4월 손정도 목사의 예배당에서 조선인길림소년회를 합법적 조직형태로 결성했다. 소년회는 노동자, 농민, 중소상공인, 민족주의자의 자제들을 비롯하여 길림 시내 조선인 소년들을 다 망라시켰다. 조선인 길림소년회의 목적은 소년들을 반일사상으로 교양하여 그들을 혁명의 믿음직한 후비대로 키우는 데 있었다. 조선인 길림소년회는 강령에서 회원들이 새로운 선진사상을 학습하고 그것을 광범한 군중 속에 널리 해설 선전하는 것을 중요한 과업으로 내세웠다. 그리고 1927년 5월에는 조선인 여길학우회를 조선인유길학우회로 개편했다. 일부 사람들은 조선인여길학우회가 민족주의자들이 주관하는 순수 친목단체라는 점을 문제로 내세워 아예 무시하고 새로운 단체를 만들자고 주장했다. 이에 대해 새세대청년지도자 김성주는 "만일 종파분자들이 하는 식으로 조선인여길학우회를 무시하고 길림에 새로운 청년조직을 또 내온다면, 민족주의자들과의 관계에서 복잡한 문제가 생길 수 있으며, 청년학생들의 대열을 분열시킬 수 있다. 그렇게 될 경우 어느 모로 보나 백해무익하다."고 설득했다. 그리하여 「ㅌ. ㄷ」성원들은 조선인여길학우회에 들어가 본래의 합법성을 그대로 유지하면서 점차 그 조직을 순수 친목단체로부터 혁명적 조직으로 개편해 나갔다. 그리하여 조선인유길학우회는 겉으로는 조선인 청년학생들의 친목을 도모하는 단체를 표방했지만, 실제로는 「ㅌ. ㄷ」의 이념을 실현하는 혁명적인 청년학생조직으로 활동했다. 이 조직은 강연회, 독서회, 토론회, 웅변대회, 노래보급, 연예공연, 도서실 운영 등을 통해 청년 학생들의 선진사상 습득과 정치적 각성을 높이는 데 커다란 역할을 했다.「ㅌ. ㄷ」가 만든 조직들이 움직이게 되면서 길림 시안의 풍조가 달라지기 시작했다.

조선인길림소년회, 조선인유길학우회, 마르크스-레닌주의 독서조의 활동이 활발해지자 길림 일대에서는「ㅌ. ㄷ」성원들을 핵심으로 하는 새 세대의 혁명역량이 급속히 성장했다. 길림에 주재하고 있던 일본총영사까지도 이것을 간파하고「ㅌ. ㄷ」성원들의 활동에 주의를 돌리게 되었다. 일본 총영사는 자기나라에 보낸 공식보고문에서 길림의 새로운 대오가 조직력이 강하며 장차 무서운 존재로 될 위험성이 있으니 특별한 주의해야 한다고 경고했을 정도였다. 길림에 새로운 운동선이 나타났다는 소문이 만주각지는 물론, 국내와 중국관내에까지 퍼져갔다. 이 흐름에 합류하려고 국내와 일본, 연해주, 만주 각지에서 수많은 청년들이 길림으로 모여들었다. 독립군에 관계했던 청년들, 일본에 가서 고학하던 청년들, 백파들과 싸우던 청년들, 황포군관학교를 졸업하고 광주폭동에 참가했던 청년들, 국민당반동들의 추격을 피해 여기저기 숨어 다니던 청년들, 레닌의 숭배자, 손문의 숭배자, 루소의 숭배자 등 정견과 소속, 생활경로가 서로 다른 천태만상의 청년들이 길림으로 찾아왔다. 김혁, 차광수, 김준, 채수항, 안붕 등도 그 시기에 길림의 새로운 운동선을 쫓아 길림으로 찾아왔다.「ㅌ. ㄷ」는 그들을 교양해 조직에 받아들이는 한편, 조직을 시내 여러 학교들에 확대해 나갔다.

이 과정에서 선진사상으로 무장한 다수의 핵심성원들이 자라났다. 이제는 기존의「ㅌ. ㄷ」보다 더 큰 그릇을 만들어 광범한 청년학생들을 지하혁명조직에 망라시킬 필요성이 대두되었다. 이러한 필요성으로부터 1927년 8월 27일에「ㅌ. ㄷ」를 반제청년동맹으로 개편했다. 그리고 그다음 날 연이어「ㅌ. ㄷ」의 정수분자들로 조선공산주의청년동맹을 창립했다. 반제청년동맹은

「ㅌ.ㄷ」의 구호를 그대로 내세우고 그 강령을 그대로 계승한 반제적이고 대중적인 비합법적 청년조직이었으며, 조직의 기본구성은 조선청년들이였으나 반제적 입장이 강한 중국청년들도 가입시켰다. 새로 개편된 반제청년동맹은 「ㅌ.ㄷ」와 같은 강령을 갖춘 혁명조직이었으나,「ㅌ.ㄷ」는 전위조직 성격이 강했다면 이 조직은 대중조직 성격이 보다 강했다. 반제청년동맹은 광범한 반일 청년대중을 혁명대열에 묶어세우며 반일투쟁의 대중적 지반을 튼튼히 하는 데서 커다란 역할을 했다. 이 조직은 문광중학교, 길림제1중학교, 길림제5중학교, 길림사범학교, 길림여자중학교, 길림법정대학을 비롯하여 조선학생들이 있는 시내의 모든 학교들에 다 들어갔으며 강동, 신안툰을 비롯한 길림 주변의 농촌지역과 유하현, 화전현, 흥경현 일대에도 뿌리를 박았다. 조선청년들이 있는 곳이면 다 퍼졌다. 반제청년동맹은 청년들을 더 많이 결속하기 위해 토요일이면 공부가 끝나기 바쁘게 주변 농촌으로 나가곤 했다. 토요일에 공부가 끝나서 떠나면, 일을 보고 나서 일요일 오후면 돌아올 수 있었다.

반제청년동맹 결성 다음 날인 1927년 8월 28일 길림시 북산공원에 있는 약왕묘 지하실에서 조선공산주의청년동맹(공청) 결성식을 가졌다. 「ㅌ.ㄷ」를 반제청년동맹으로 개편한 바로 다음날 공청을 창립한 것은 반년 남짓한 사이 길림과 무송일대에서 청년학생들을 망라하는 합법, 비합법의 여러 가지 대중조직들이 많이 자라난 조건에서 그 모든 조직들을 통일적으로 지도하고 통솔할

공산주의 청년동맹 결성장소인 북산공원 약왕묘와 약왕묘 내 지하실

수 있는 조직이 절실히 필요했기 때문이다. 청년들의 새로운 전위조직을 내오는 것은 당시 청년운동발전의 견지에서나, 정세의 필요성에 의해서나 합법칙적 요구였다. 이러한 점을 통찰하고, 새세대청년지도자 김성주는 새로운 혁명적 전위조직으로 공청을 결성할 것을 결심하고 강령과 규약을 직접 작성하고, 공청결성을 위한 회의를 소집했다. 1927년 8월 28일 약왕묘 지하실에서 열린 이 회의에 최창걸, 김원우, 계영춘, 김혁, 차광수, 허률, 박소심, 박근원, 한영애를 비롯한 반제청년동맹핵심들과 청년혁명가들이 참가했다.

이 회의에서 새세대청년지도자 김성주는 '조선 공산주의 청년동맹 창립에 즈음에'라는 연설을 했다. 이 연설에서 혁명적 전위조직 결성의 역사적 필요성을 분석하고 공청의 성격과 과업을 제안했다. 여기에서 그는 '공청은 반제청년동맹의 핵심들을 골간으로 하고, 여러 혁명조직들에서 단련되고 검열된 노동청년, 농민청년, 청년학생들로 구성되고, 반제민족해방과 공산주의를 위해 투쟁하는 청년조직이며, 조선청년공산주의자들의 선봉대로서 각계각층 청년단체들과 대중단체들을 조직 지도하는 전위조직'으로 조직의 성격을 규정했다. 이날 회의에서는 성원들의 만장일치로 김성주를 조직의 책임자로 추대했다. 공청은 자체의 조직을 튼튼한 혁명조직으로 꾸리기 위해 동맹원들 속에서 마르크스- 레닌주의 이론학습을 강화하는 한편, 규율 높은 조직생활의 강화와 실제 생활에서의 실천투쟁을 통해 동맹원들을 튼튼한 전위투사로 단련시켜 나갔다. 새세대청년지도자 김성주는 동맹원들 속에서 조직생활을 강화하도록 이끌었다. 그는 "조직생활은 사상단련의 용광로이며 혁명적 배양의 길이다. 누구나 수많은 조직생활을 통해서만 혁명적으로 단련될 수 있고, 노동계급의 혁명대열에 충실한 혁명가로 자라날 수 있다."고 동맹원들에게 항상 강조했다.

조직을 확대하기 위해
새세대청년지도자 김성주는 반제청년동맹과 공청을 결성한 다음 활동무대를 광활한 지역으로 넓혀 나가 민중 속에 길림 바람을 확산시켜 나갔다. 새세대 핵심들은 조직을 광활한 지역으로 확대하기 위해 꼬리에 꼬리를 물고 길림을 떠나갔다. 김성주 자신도 비록 학생신분이었지만 여러 고장으로 다니면서 새로운 활동무대를 개척해 나갔다. 토요일 저녁차로 길림을 떠나 교하, 카륜, 고유수와 같은 고장들을 갔다가, 일요일 밤차로 돌아오곤 했다. 시간의 구속을 받지 않고 자유롭게 활동할 수 있는 방학 때에는 여러 고장을 다니며 조직도 꾸리고 군중계몽사업도 벌였다. 당시 대학생들이 농촌으로 들어가 농촌계몽운동을 펼치는 것은 우리나라 사회적 풍조로 되었다. 하지만 국내에서는 일제의 간섭과 탄압으로 농촌계몽운동이 개량주의적으로 흐를 수밖에 없었다. 반면에 만주지역에서는 아직까지 일제의 탄압이 직접적 미치지 않은 유리한 조건을 이용해 대중을 조직화, 혁명화하기 위한 활동과 밀접히 결합시키면서 그것을 적극적인 정치투쟁의 한 형태로 승화시키는 방향으로 진행해 나갔다. 그리하여 군중과의 사업에서 애국주의 교양, 혁명교양, 반제교양, 계급교양을 주선으로 해 사람들을 의식화하고 그들을 각종 대중조직에 묶어 세워나갔다. 이러한 방식은 대중을 우매하고 미개한 계몽대상으로 보아오던 종래의 사고방식을 깨뜨리고 민중이야말로 우리들의 선생이며 혁명을 추동하는 기본 동력이라는 관점을 갖고 추진했기 때문에 가능했다. 이러한 새로운 민중관은 새로운 혁명사상 탄생의 기본 동력으로 되었다.

'민중 속으로 들어가라'는 구호를 들고, 방학 때에는 모든 성원들이 농촌과 공장으로 들어갔다. 1927년 겨울방학 때 새세대청년지도자 김성주는 박차석, 계영춘과 함께 무송지역으로 들어갔다. 그곳에 가니 새날소년동맹원들과의 사업들이 기다리고 있었다. 동맹지도일꾼들에게 연예선전대의 활동방법, 사회활동방법, 군중공작방법, 동맹내부 사업방법들을 가르쳐주면서 정치토론회와 성격검토회에도 자주 참가했다. 그다음에는 무송지역의 핵심청년들로 백산청년동맹을 조직했다. 백산청년동맹은 백두산 주변지역의 청년들의 조직이라는 뜻에서 이름을 그렇게 붙였으나, 사실 반제청년동맹의 변신이었다. 백산청년동맹의 당면과업은 무송을 중심으로 하는 백두산주변일대의 청년들 속에서 동맹조직의 성격과 임무를 널리 해설 선전함으로써 광범한 청년들을 조직에 묶어세우는 것이었다. 이 조직은 새세대청년지도자 김성주의 지도 밑에 자기대열을 짧은 기간에 무송일대로부터 안도, 돈화, 장백, 임강 등 백두산 주변 넓은 지역에서 확대 강화하면서 활발한 조직선전활동을 벌여 나갔다.

새세대청년지도자 김성주는 청년조직이 늘어나고 그 대열이 확대되어 나가자 광범한 대중들에게 사상적 양식을 줄 수 있는 신문이 있어야겠다고 생각했다. 당시에는 인쇄기도 없고 등사기도 없는 조건에서 손으로 써서 신문을 내기로 하고 새날소년동맹 열성자들과 백산청년동맹 핵심들을 발동해서 신문을 100부 만들어 배포했다. 이것이 『새날』이라는 제호로 1928년 1월 15일 세상에 나온 최초의 혁명적 신문이었다. 그 후 어렵게 등사기를 구해서 등사기로 『새날』신문을 찍어냈다.

1927년 무송지역에서의 겨울방학 활동 중에는 연예선전대 활동도 있었다. 무송의 연예선전대는 새날소년동맹원들과 백산청년동맹원들, 부녀회원들이 참여해, 무송과 그 주변 농촌부락들을 돌아다니면서 한 달가량 순회공연을 했다. 이 때 『혈분만국회』, 『안중근 이등박문을 쏘다』, 『딸에게서 온 편지』, 『13도자랑』, 『단심줄』 그리고 『조선의 노래』등의 연극 등이 공연되었다. 이 연극들은 새세대청년지도자 김성주가 직접 대본을 썼으며, 조선민중들을 반일애국사상으로 교양하고, 나라의 독립을 이룩하기 위한 참된 길을 밝혀주는 내용들로 이루어져 있었다. 이 연예선전대는 이르는 곳마다 관중들의 대 환영을 받았다. 또한 안중근이나 이준처럼 혼자서 싸우거나 외세에 의존하는 방법으로는 결코 나라의 독립을 가져올 수 없으며 오직 조선 민중들이 하나로 굳게 단결해야만 승리할 수 있다는 진리를 담고 있었다.

1927년 겨울방학을 마치고 길림으로 돌아온 새세대청년지도자 김성주는 공청과 반제청년동맹의 반년간의 사업을 총괄 평가한 데 기초해서 각계각층의 청년들과 군중들을 망라하는 계층별 대중조직들을 더 많이 건설하기로 하고, 이를 위한 구체적 과업들을 토의 결정했다. 그 과업을 실현하기 위해 김혁, 차광수, 최창걸, 계영춘, 김원우 등 공청핵심들은 흥경현, 유하현, 장춘현, 이통현, 회덕현 일대와 국내로 떠나갔다. 그들은 거기에 가서 공청과 반제청년동맹을 비롯한 각종 대중조직들을 빠른 속도로 확대해 나갔다. 그리고 공청 총책임자인 김성주는 길림에 남아서 신안툰에 농민동맹을 건설하기 위한 사업을 담당해, 1928년 3월 10일에 신안툰에서 농민동맹을 결성했다. 이후 교하지방에서 반제청년동맹을 건설하는 사업을 지도하였다.

또한 노동자들 속에서 조직을 확대하기 위한 사업도 전개해 나갔다. 조직에서는 길림화력발전소에 다니다 농촌으로 돌아온 한 청년을 교양해 반제청년동맹에 가입시켰다. 그 후 그를 과거에 일했던 길림화력발전소에 다시 들어가도록 했다. 그가 길림화력발전소에 발을 붙이고 선진적인 노동자들을 모으기 시작하면서부터 노동자들 속에서 조직의 발판이 만들어지기 시작했다. 또한 유길학우회 성원들을 발동해 송화강 선창을 중심으로 노동자 야학을 세우고, 3.1운동 기념일이나, 5.1절, 국치일 같은 때 그들을 찾아가 연설도 하고 연예공연도 했다. 이런 준비사업에 기초해 1928년 8월 반일노동조합을 건설했다. 이 조합의 책임자는 반제청년동맹 핵심성원이었다. 이때부터 조직은 청년학생들의 범주를 뛰어넘어 노동계급속으로 들어가기 시작했다. 반일노동조합은 「ㅌ. ㄷ」의 기치를 높이 들고 일제와 예속자본가를 타도하고 나라의 독립과 해방을 이룩하는 것을 당면 투쟁과업으로 내세웠다. 반일노동조합이 결성된데 이어 철도기관구, 성냥공장 등 여러 공장, 기업소들에 산하조직으로서 지부가 나왔다.

3
길회선철도 부설 반대투쟁

실천투쟁 없이 혁명의 발전과 승리는 없다. 길림을 중심으로 반제청년동맹의 조직이 급속히 확대됨에 따라 실천투쟁에 들어갔다.

육문중학교 동맹휴학 투쟁

그 단초는 1928년 여름에 있었던 길림 육문중학교 동맹휴학투쟁이었다. 그때까지 육문중학교에서는 학교관리운영에서 제기되는 여러 가지 문제들을 교원들과 학생들의 민주주의적 의사에 따라 운영해 왔다. 교내에서는 반제청년동맹의 활동 역시 큰 구속을 받지 않고 비교적 자유롭게 진행됐다. 그런데 당시 육문중학교에는 군벌들의 조종을 받고 있던 반동적 교원들이 있었다. 대체로 교무주임, 훈육주임, 체육주임과 같은 교원들은 일제의 특무기관에 매수된 자들이었다. 그들은 학교 안에서 불순한 층들을 긁어모아 반동그룹을 만들어 선진적인 교원과 학생들의 움직임을 염탐하는가 하면 민주주의적 자치제를 비롯해 일체의 진보적 요소들을 압살하려고 날뛰었다. 특히 그들은 청년학생들의 사상이 달라져 가고 있는 것이 김성주를 비롯한 새세대청년공산주의자들의 영향 때문이라고 파악하고, 이광한 교장선생에게 조선인학생들을 모두 퇴학시키라는 강도적인 요구를 들이밀었다.

길림 육문중학교 공청조직에서는 이 사태를 방관할 수 없다고 결론을 내리고, 반동교원들을 몰아내고, 학교 안의 민주주의적 질서를 수호하기 위한 동맹휴학을 조직하기로 결정했다. 이 결정에 따라 1928년 여름 동맹휴학이 단행되었다. 이때 학생들이 내놓은 요구조건은 학생들의 처우개선, 학생들의 요구에 따른 학과목들에 대한 수업 보장, 진보적 교원과 교장에게 부당한 압력 중단 등이었다. 진보적인 선생님들도 학생들의 요구조건을 수락할 것을 촉구했다. 반동적인 교원들을 쫓아내라는 삐라와 격문들이 시내 도처에 나붙었다. 육문중학교 안에서 동맹휴학이 고조되자 시내 다른 학교에서도 이에 호응할 태세를 보이며, 길림성 당국에 압력을 가했다. 성 당국에서는 동맹휴학이 온 시내에 파급될 기미가 보이자 하는 수 없이 훈육주임을 비롯한 반동교원들을 파면시키고, 학생들의 요구 조건을 받아들였다. 이로써 동맹휴학은 학생들의 승리로 끝났다. 이 승리는 공청과 반제청년동맹이 대중투쟁에서 거둔 첫 승리였다. 이 투쟁으로 청년학생들의 정치적 각성이 높아지고, 반제청년동맹의 조직대열이 확대되었으며, 혁명조직의 전투력이 높아지는 귀중한 성과를 거두었다. 또한 공청원들과 반제청년동맹 성원들은 과녁을 똑바로 정하고 군중을 잘 조직 동원하면 투쟁에서 승리할 수 있다는 자신감을 얻었다.

길회선 철도부설 반대 및 일본상품 배격 투쟁

새세대청년지도자 김성주는 동맹휴학 과정을 통해 앙양된 청년학생들의 기세를 보다 큰 규모의 적극적인 반일투쟁으로 조직 동원하기로 결심하고 이를 실행해 나갔다. 1928년에 이르러 일제는 오랫동안 준비해 오던 만주침략 책동을 더욱 노골화해나갔다. 1928년 5월 일본관동군 사령관 무라우까는 중국관내에서의 정세변화에 대처한다는 구실을 앞세워 혼성 40여단을 봉천(오늘의 심양)에 진출시키고, 자기네 군사령부를 그곳에 옮기려고 획책했다. 그리고 베이징에 갔다가 봉천으로 돌아오는 장작림을 봉천입구 남만철도(장춘-여순 간의 철도)와 경봉철도(북경과 봉천을 잇는 철도)가 교차하는 철도에서 열차 폭파사고를 일으켜 살해했다. 이것은 다 만주침공의 구실을 만들기 위한 사전공작이었다. 일제는 만주침략을 위한 사전 준비작업의 일환으로서 오래전부터 추진해왔던 길회선(길림-회령선) 철도 부설공사 완공을 서둘렀다. 일제는 길회선이 완공

되면 군대와 화물을 쯔루가- 청진- 회령- 길림으로 수송할 수 있어 노정도 줄일 수 있고 군대와 물자의 기동 시간도 훨씬 단축할 수 있었다. 이러한 점 때문에 일제는 길회선 철도건설을 국책으로 선포하고 온갖 우여곡절을 겪으면서도 기어코 완공하려고 했다.

중국의 광범한 민중들과 청년학생들은 일제의 만주지역 철도부설권을 중화민족에 대한 침해로 받아들이고 외자 차입에 의한 철도부설협약을 결사적으로 반대하면서, 그것을 철회시키기 위해 대중적으로 궐기해 나섰다. 하지만 반동적인 군벌들은 중국 민중들의 요구에 귀 기울이기는커녕 돈도선(돈화-도문선) 건설을 강행하려고 책동하는 한편, 1928년 11월 1일로 예정된 길돈선(길림-돈화선) 철도개통식을 성대히 치러 국민들의 환심을 사려고 했다.

이러한 정세에서 일제를 반대하는 대중투쟁으로서 길회선 철도부설 반대투쟁이 초점으로 떠올랐다. 길회선 철도부설 공사를 저지시키려면 과감한 실력투쟁이 필요했다. 이런 투쟁은 적들에게는 일제의 만주강점을 용납하지 않겠다는 경종으로 될 것이며, 광범한 대중들에게는 일제의 만주침공을 반대하는 항쟁의 신호로 될 것이다. 새세대청년지도자 김성주는 길회선 철도부설 공사를 반대하는 대중적인 반일투쟁을 조직하기 위해 1928년 10월 초에 북산공원 약왕묘 지하실에서 공청과 반제청년동맹 조직책임자들의 회의를 소집했다. 이 회의에서 투쟁구호와 투쟁방법, 행동방향을 토의 결정하고, 각각의 책임자들에게 구체적 과업도 주었다. 시위에 들고 나갈 플래카드와 성토문, 삐라에 담을 내용도 상세하게 토의 결정했다. 이 회의에서는 길회선철도부설 반대투쟁이 조선사람만의 투쟁이 아니라 조선사람과 중국사람들의 공동투쟁으로 되어야 한다고 결정하고, 모든 선전문들을 한글로도 쓰고 중국어로도 쓰기로 했다. 그리고 거리 선동연설도 두 나라 말을 모두 사용하기로 했다. 또 회의에서는 투쟁기간에 각 학교들에 조직돼 있는 학생자치회와 유길학우회, 소년회와 같은 합법적 조직들을 발동시키고 공청이나 반제청년동맹과 같은 비합법조직들은 될수록 표면에 나서지 않기로 결정했다.

이 회의결정에 따라 시위준비사업을 치밀하게 밀고 나갔다. 시위준비를 위해 밤잠을 자지 않고 뛰어다녔다. 시위준비를 하던 중에 철도당국자들이 1928년 11월 1일 길돈선 개통식을 하기로 했다는 정보를 입수했다. 시위준비 팀은 시위 시작 날짜를 원래 계획했던 날짜보다 일주일 정도를 앞당기기로 했다. 그것은 길회선 철도 부설 반대투쟁의 봉화를 올리면서도 동시에 길돈선 철도 개통식도 파탄시키자는 것이었다.

1928년 10월 26일 새벽 선전대는 날이 새기 전에 길림의 거리들에 삐라를 뿌리고 격문을 붙였다. 2~3명으로 구성된 소년회의 감시조들도 날이 밝자 지정된 위치를 지켰다. 그날 아침 각 학교의 학생들은 약속된 시간에 일제히 교정에서 모임을 갖고 길회선 철도부설을 반대하는 성토문을 발표한 다음 가두시위에 들어갔다. 거리는 삽시간에 수천 명의 학생들로 차고 넘쳤다. 그들은 '일제침략자들을 타도하자!', '일제의 길회선철도부설 공사를 반대하여 투쟁하자!'는 한글로 된 플래카드와 '타도 일제', '타도 매국노', '회수길회선'이라고 중국어로 쓴 플래카드들을 들고 거리를 누비면서 신개문밖에 있는 길림성 의회마당으로 향했다.

시위대는 가는 도중 군대와 경찰에 막혀 전진을 못 했다. 이 때 공청과 반제청년동맹 간부들은 시위 군중을 보위하기 위해 노동자와 농민, 청년학생 들로 조직된 규찰대를 만들었다. 시위대열은 규찰대를 선두로 어깨를 걸고 군경들의 총검을 뚫고 한발 한발 전진해 나갔다. 시위대는 성의회 마당에 도착했다. 성의회마당에서는 군중대회가 개최되었다. 새세대청년지도자 김성주는 광장에 모인 수천 명의 군중 앞에서 조중 청년학생들은 단결해 일제의 길회선철도부설을 반대해 견결히 투쟁하자고 호소하는 연설을 했다. 군중대회를 마친 시위대열은 기세가 등등해져 일본영사관이 자리 잡고 있던 신시가지 쪽으로 행진해 갔다. 일본 영사관 앞에서 반일구호를 힘 있게 부르며 기세를 올린 시위대열은 길림시내 여러 거리들을 뒤덮으며 시위를 계속했다. 길림의 시위투쟁에서 타격을 받은 일제의 철도회사는 길돈선 철도개통식을 무기한 연기하였다. 남만철도회사에서 운영하는 동양병원의 유리창도 박살났다. 시위투쟁은 날이 갈수록 더욱 고조되었다.

길림에서 시작된 반일투쟁은 만주 전 지역으로 확산하였다. 장춘의 청년학생들과 시민들은 길림의 투쟁에 호응해 타도제국주의와 6대 철도반대의 구호를 들고 치열하게 투쟁을 벌였다. 하얼빈과 천진에서도 수많은 희생자를 내면서 결사적인 연대투쟁을 전개했다. 연길지방의 조선동포들도 투쟁에 떨쳐나섰다. 국내의 신문들도 길림의 투쟁을 연일 보도했다. 동아일보 1928년 11월 2일호는 "길돈선연장 기타로 길림 배일험악화, 학생 등은 매일 시위행렬계속, 천진배일도 수일 심각"이라는 표제 밑에 길림에서의 시위투쟁소식을 전하였으며 11월 13일호는 "하얼빈 학생단체 길회선반대고조, 9일 경관대와 충돌, 148명 부상"이라는 제목으로 하얼빈 일대에서의 시위투쟁에 대하여 보도하였다.

시위가 점점 큰 규모로 확대되었을 때 일본상품 배척투쟁을 병행해서 벌여나갔다. 군중들은 일본인 상점들에서 일본상표가 붙은 상품들을 거리에 끌어내다가 모조리 불태워버렸다. 길회선 철도부설 반대투쟁이 일본상품 배격투쟁과 결합되어 전면적인 반일투쟁으로 확산되어 가자 당황한 일제는 반동군벌을 부추겨 시위 군중들에게 총을 마구 쏘아대는 야수적 만행을 감행했다. 이때까지 일제에만 과녁을 맞혔던 시위대열은 '일제와 결탁한 군벌타도'의 구호를 들고 희생자들을 추모하는 장례식과 결합해, 보다 대규모의 시위를 벌였다. 이 투쟁은 무려 40일 동안이나 계속됐다.

길회선 철도부설 반대투쟁은 새세대청년지도자 김성주의 지도하에서 조선민중이 중국 민중들과 함께 빛나는 승리를 이룩한 첫 대규모 반일대중투쟁이었다. 이 투쟁은 중국 동북침략의 야망을 실현해보려고 갖은 흉계를 꾸며오던 일제침략자들과 그와 야합한 중국반동군벌들에게 커다란 타격을 주었다. 그 가운데서도 그들을 놀랍게 한 것은 조중 민중의 단결이었다.

민족주의자들을 필두로 일제의 침략에 겁을 먹고 도망칠 궁리만 하던 사람들도 길회선철도부설 반대투쟁을 보고 큰 충격을 받았다. 그때까지 민족주의자들은 길림의 새 세대 청년학생운동을 대수롭지 않게 여겼었다. 그런데 10대, 20대의 청년학생들이 자기들로써는 엄두도 낼 수 없는 큰일을 해내는 것을 목격하고는 다른 눈으로 보게 되었다. 그때부터 그들은 민족해방투쟁무대에 기성세대와는 전혀 다른 새 세대의 참신한 세력이 등장하였다는 것을 인정하고 소홀히 대하지 않았다.

새세대청년공산주의자들은 길회선철도부설 반대투쟁을 통하여 대중의 힘은 무궁무진하다는 것을 새삼 똑똑히 깨닫게 됐으며, 대중을 옳게 조직하면 그 어떤 총칼로도 꺾을 수 없는 무서운 힘을 발휘한다는 것을 더욱 확신하게 되었다.

4
혁명시인 김혁

새세대청년지도자 김성주의 지도하에서 펼쳐진 길림의 새로운 혁명운동에 대한 소문은 '길림바람'이라는 이름으로 국내외 각지로 퍼져 나갔다. 이러한 소문 타고 뜻 있는 혁명가들이 길림으로 몰려들었다. 혁명시인 김혁도 그러한 사람들 중의 한 사람이다. 김혁은 일본에서 공부한 후 조선의 진로를 찾으려고 동양 3국으로 다 돌아다닌 그런 사람이었다. 그 어느 곳에서도 닻을 내리지 못하고 방황을 계속했다. 상해 프랑스 조계 어느 하숙방에서 남의 눈칫밥을 얻어먹으며 한숨으로 세월을 보내고 있을 때, 차광수가 그에게 편지를 써서 새로운 '길림바람'을 소개해주었다. "상해에서 아까운 인생을 썩히지 말고 길림으로 와라, 길림에만 오면 네가 찾는 지도자도 있고, 이론도 있고, 운동도 있다. 길림은 너의 이상향이다!"라는 요지의 편지를 한 번도 아니고 세 번, 네 번 보냈다. 그 편지를 받고 김혁은 드디어 길림으로 달려왔다. 김혁은 길림에 와서 새세대청년지도자 김성주를 만났다. 처음 만났을 때 김성주의 방에서 사흘 밤낮 토론을 했다. 혁명운동에 관한 궁금한 모든 것들을 묻고 토론했다. 그 후 김혁은 "성주, 나는 여기서 닻을 내리겠소. 내 인생은 이제부터요."라고 말하고, 길림바람에 합류했다.

김혁이 길림에 와서 보고 가장 큰 충격을 받은 것은 혁명적 동지애가 넘쳐 흐르는 조직관계였다. 동지와 동지의 관계, 지도자와 동지의 관계에서 그 어떤 다른 곳에서는 찾아볼 수 없었던 끈끈한 동지적 사랑의 윤리가 흐르고 있었다. 특히 새세대청년지도자 김성주의 동지사랑에 깊은 감명을 받았다. 김혁이 공산주의청년동맹에 가입하던 날 다음과 같이 말했다고 한다.

"…나는 한때 상해에서 중국학생들과 함께 시위에 참가한 적이 있다. 그들이 반일구호를 부르며 행진해나가는 것을 보고 나도 마음이 동하여 시위 대오에 뛰어 들었다. 시위가 좌절되면 숙소에 돌아와서 이제는 어떻게 할 것인가, 내일은 어떻게 하여야 하는가 하고 혼자서 괴로워했다. 그 어떤 당파나 조직에도 속하지 않은 무소속청년이니 어디에 모이라고 찾는 사람도 없었고 내일은 어디에서 어떤 방법으로 싸워야 한다고 지시하거나 의논해주는 사람도 없었다.…

나는 시위를 하면서도 내가 이렇게 시위를 하다가 맥을 놓을 때 앞으로 나가라고 소리쳐주는 사람이 있다면 얼마나 좋을까, 시위를 끝마치고 집으로 돌아갈 때 내일은 어떻게 하라고 일러주는 조직이 있고 지도자가 있다면 얼마나 힘이 날까, 내가 총탄에 맞아 쓰러질 때 나를 붙안고 '김혁아!', '김혁아!' 하고 부르며 눈물을 뿌려줄 동지들이 있다면 또 얼마나 행복할까, 그리고 그것이 조선 사람들이고 조선의 조직이라면 얼마나 좋겠는가 하는 생각을 했다. 총구를 향해 달려가면서도 이런 생각이 가슴에 맺혀 내려가지 않았는데 길림에 와서 좋은 동무들을 만나는 행운을 지닌 데다 오늘은 공청에까지 가맹하고 보니 얼마나 떳떳하고 자랑스러운지 모르겠다."

지도자와 조직, 혁명동지의 귀중함을 체험을 통해 뼈저리게 체득한 혁명시인 김혁은 짧은 혁명 활동 기간에 커다란 족적을 남겼으니, 그것은 '조선의 별'을 창작하고 이를 보급 전파하는데 앞장섰던 일이었다. 김혁은 자신의 뼈저린 체험 속에서 혁명투쟁에서 영도자의 지위와 역할이 절대적이라는 것을 깨닫고, 새세대청년지도자 김성주를 우리나라 민족해방혁명의 영도자로 추대하는 데 모든 것을 다 바쳤다. 그의 이러한 노력으로 혁명조직 성원들과 민중들은 새세대청년지도자 김성주를 절대적으로 신뢰하고 존경하면서 조국과 민족의 운명을 구원해줄 탁월한 영도자로, 조선의 민족해방혁명을 승리로 이끌어 나갈 참다운 향도성으로, 단결의 중심, 영도의 중심으로 높이 받들었다.

혁명시인 김혁이 『조선의 별』을 창작하게 되는 경위는 다음과 같다.

해방이후 서울에서 『해외 혁명운동 소사』를 출판해「ㅌ. ㄷ」활동을 소개한 바 있는 최일천의 취재수첩에는 다음과 같은 내용의 글이 있었다고 한다.

《… 경찰청 구류장에서 풀려나온 안창호와 그를 맞으러 나왔던 독립 운동간부들의 삼풍여관에서의 대화는 계속되었다. 오동진사령이 이렇게 이야기를 이었다. "우리 나라 반일민족해방운동의 중심지인 이 길림 땅에 김형직 선생님의 높은 업적과 권위를 계승하여 김성주학생이 새세대지도자로 나타난 것은 우리 민족의 행운이 아닐 수 없소. … 나는 그런 뜻에서 샛별이라는 아호로 칭송했으면 하오." 손정도목사가 "나도 오사령이 말 한대로 김성주학생은 참으로 하늘의 샛별과 같은 걸출한 위인이라고 여기면서 샛별의 뜻을 담아 아호로 칭송하는 것이 도산 선생의 생명을 구원해준 은인에 대한 우리 모두의 도리라 여기오."라고 동의했다. 안창호도 김성주학생을 '샛별'로 칭송하는데 진심으로 찬의를 표시하였.…》

그 자리에 있었던 최일천을 비롯한 독립 운동가들은 이를 적극 지지하고 찬동했다. 최일천은 이 자리에 있었던 일들을 새세대청년집단에게 적극적으로 전파했다. 도쿄와 상해를 누비다 길림에 이르러서야 비로소 참된 영도자를 만나게 된 열혈시인 김혁의 가슴에 '샛별'이라는 호칭이 던져준 충격은 너무도 컸다. 수난당한 강토, 암흑이 드리운 강토에서 피눈물을 뿌리며 절망에 몸

부림치던 겨레의 머리 위에 해방의 서광을 뿌려주는 김성주, 그이는 동천에 솟아 빛나는 조선의 '샛별'이라는 격정이 터져 나와 『조선의 별』이라는 노래를 창작하였다. 혁명시인의 가슴에서 분출하는 시구는 그대로 음률을 낳았으며 사람들의 심장을 두드렸다.

조선의 별

조선아 자유의 노래 부르자
이천만 우리 동포 새별을 보네

조선의 밤하늘에 새별이 솟아
삼천리 강산을 밝게도 비치네
짓밟힌 조선에 동은 트리라
이천만 우리 동포 새별을 보네

캄캄한 밤하늘 바라다보니
신음하는 조국산천 어리여 오네
변치말자 혁명에 다진 그 마음
이천만 우리 동포 새별을 보네

간악한 강도 일제 쳐물리치고
삼천리에 새별이 더욱 빛날제
조선아 자유의 노래 부르자
이천만 우리 동포 새별을 보네

조선아 자유의 노래 부르자
이천만 우리 동포 새별을 보네

김혁은 차광수, 최창걸과 의논해서 길림일대에 이 노래를 적극적으로 보급했다. 이 이야기를 전해들은 새세대청년지도자 김성주는 자신을 별에 비기고 노래까지 지어 부르는 데에 대해 아주 엄하게 비판하고 노래를 부르는 것을 엄금했다. 하지만 새 세대 청년들은 고집을 꺾지 않고, 자신들의 영도자인 김성주를 한별동지라고 부르고, 한자로 표기해서 일성(一星)이라고 불렀다. 노래『조선의 별』은 삽시에 광막한 만주광야에 퍼져나갔고, 김성주는 한별동지, 김일성 동지로 불리기 시작했다.

하지만 새세대청년공산주의자들의 마음은 자신들의 영도자를 '한별'로 부르기에는 어딘가 허전했다. 이때 오가자 마을의 변대우 노인의 제의에 따라 오가자 마을의 유지들과 애국적 민족주의자들의 열렬한 찬동 속에서 민족의 영원한 태양으로 빛나기를 바라는 뜨거운 마음을 담아 한일(一)자, 별성(星)자 대신 날일(日)자와 이룰 성(成)자로 바꾸어 부르기로 했다. 이러한 과정을 거쳐 김성주는 김일성(金日成)으로 불리게 됐다. 김일성이라는 이름이 공식출판물에 처음으로 소개된 것은 1931년 봄 고유수에서 군벌에게 체포되어 20일 가량 감옥생활을 할 때였다.

이처럼 김혁을 비롯한 새세대청년들은 '한별', '일성'이라는 새로운 이름으로 부르고 노래까지 지어 부르면서 새세대청년지도자 김성주를 자신들의 영수(領袖,최고지도자)로 추대하고, 영수를 중심으로 한 일심단결의 새로운 전통을 창조해 나갔다. 김혁이 이처럼 젊은 지도자를 민족의 영수로 내세우기 위해 모든 힘을 다 바친 것은 다 전 세대 운동에서 심각한 교훈을 찾았기 때문이다. 기성의 운동권들은 단결의 중심도 없이 각당, 각파가 저마다 영웅호걸 행세를 하면서 파쟁으로 날을 새며 혁명운동, 민족해방운동을 말아 먹고 말았다. 이러한 전 세대의 운동에서 심각한 교훈을 찾고 나라를 되찾자면 2천만 민중이 합심해야 하며, 2천만 민중을 한마음 한뜻으로 영도의 중심, 통일단결의 중심이 있어야 한다는 진리를 뼈에 사무치도록 깨달았기 때문이다.

혁명시인 김혁은 비록 짧은 혁명생애를 살았지만, 우리 민족이 그처럼 절절하게 바라면서도 실현할 수 없었던 통일단결의 시원을 열어놓고, 우리나라 민족해방운동에서 영도자와 대중의 일심동체의 새로운 혁명전통을 창조함으로서 통일단결의 새 역사를 피로써 개척했다. 김일성을 중심으로 한 새세대공산주의자들은 자리다툼 때문에 대오에 불화를 조성한 적도 없고, 의견 대립으로 통일단결을 파괴해 본 적도 없었다. 통일단결을 대오의 생명으로 내세웠고, 이것은 대오에서 진짜 혁명가와 가짜 혁명가를 나누는 시금석으로 되었다. 그렇기 때문에 그들은 감옥과 교수대로 끌려가면서도 통일단결을 목숨으로 사수했다. 김혁의 업적은 바로 이점에 있었다. 지도자를 내세우고 그 지도자를 핵으로 통일 단결한 빛나는 전통을 창조하는 데 앞장섰다는 바로 이점이 그의 최대의 업적이었다. 새세대청년들은 지도자를 내세우고 그 지도자를 중심으로 한마음 한뜻으로 뭉쳐 지난날의 혁명투쟁에 종지부를 찍고 새로운 역사를 창조해 나가기 시작했다.

3

민중주체의 자주노선의 확립

1
새로운 정세

식민지 폭압의 강화, 전쟁전야의 정세

1920년대 말~1930년대 초 우리나라 민족해방투쟁의 객관정세는 매우 복잡하고 격렬하게 전개되고 있었다. 일제는 사회주의 소련의 위세가 높아지고 피압박 민중들의 민족해방투쟁이 급속하게 성장 발전한 데 질겁하여, 그것을 말살하려고 온갖 악랄한 수단을 다 동원했다. 특히 세계적인 대 공황기로 인한 심각한 정치·경제적 위기의 출로를 침략전쟁과 식민지 약탈강화에서 찾았다. 세계경제공황의 조류에 휩쓸린 일제는 만주침략을 위한 전쟁준비에 박차를 가하면서 조선에 대한 식민지 폭압과 약탈을 더욱 강화하였다.

일제의 식민지 폭압의 강화로 조선 민중의 삶은 더욱더 파탄 상태에 빠져 들어갔다. 일제는 만주침략을 준비하면서 병참기지화 정책을 도입했다. 그 결과 노동자의 수는 급격히 늘어났지만, 그들의 삶의 처지는 비참하기 그지없었다. 과중한 노동시간과 일본 노동자의 절반에도 미치지 못하는 저임금으로 신음하고 있었다. 열악한 생활처지와 함께 기업내부의 엄격한 작업규율 적용으로 노예노동을 강요당했다. 노동현장은 인권의 불모지대였으며, 노동자 대중들은 노예적인 삶을 영위하였다. 농민들의 처지 역시 마찬가지였다. 산미증식계획이라는 미명하에 이루어진 양곡수탈정책으로 인해 1930년대 초 양식이 떨어진 농가가 전 농가 호수의 50%에 달하는 참상이 벌어졌다. 게다가 고리대 착취가 한층 강화돼, 토지 가옥에서부터 심하면 가을에 수확될 농산물까지도 강제로 차압당하는 농민이 수만 명에 달했다. 중소자작농들은 소작농이나 농업노동자로 전락했고, 많은 농민들은 고향을 떠나 만주로 이주하지 않을 수 없었다.

조선민중들은 일제의 가혹한 탄압에 투쟁으로 맞섰다. 일제의 식민지 지배를 따르느냐, 아니면 일어나 싸워 민족재생의 길을 찾느냐 하는 생사기로에 섰다. 노동자 농민을 비롯한 광범한 조선 민중들은 일제의 강도적 폭력에 정의의 폭력으로 맞서 싸우기 시작했다. 이로부터 1920년대 말~1930년 대 초 노동운동 농민운동 상에서 나타나는 가장 큰 특징은 투쟁이 폭동 양상으로 발전해 나갔다는 점이었다. 1929년 원산부두노동자의 총파업, 1930년 부산 방직공장 노동자의 파업투쟁, 신흥탄광노동자의 파업투쟁, 그리고 서울, 평양, 대구, 인천, 흥남, 청진을 비롯한 전국 각지의 노동자들이 5.1절 노동절 기념파업을 강력히 전개하는 등 노동자의 투쟁이 전례 없이 격화되었고, 그 투쟁양상도 점차 폭동 방식으로 발전해 나갔다. 이러한 투쟁의 대표적인 사례는 신흥 탄광노동자의 폭동이었다.

농민들의 투쟁도 고조됐다. 1929년 한 해 동안 423건, 1930년 한 해 동안 716건의 소작쟁의를 벌였으며, 각처에서 일제와 친일 지주들을 반대하는 투쟁을 전개하였다. 그 대표적인 사례는 단천 농민 폭동이다. 1930년 1월, 일제의 산림간수가 단천에서 무고한 농민을 '산림채취령'을 위반했다고 구타하고 체포 구금했다. 이 소식을 들은 단천 농민들은 면사무소와 주재소를 습격 파괴하고, 산림주사, 면직원, 주재소 순사 등을 한 놈도 남겨놓지 않고 두들겨 패주었다. 이에 일제는 무장경찰대를 동원해 핵심 농민 40명을 검거해 단천시내로 호송해 갔다. 400명의 농민들은 단천시내로 가서 피검자의 석방을 요구하는 농성을 종일토록 전개했다. 이어 수천 명의 농민들이 대열을 지어 단천시내로 몰려들었으며, 집단농성에 돌입했다. 요구조건을 내걸고 군수와 담판에 돌입했다. 하지만 담판은 결렬되었다. 농민들은 '군수를 끌어내라!', '군수를 죽여라!'고 외치면서 군청을 점령하고 공문서를 전부 불태웠다. 군청을 습격 파괴한 농민들은 피검자의 석방을 요구하면서 경찰서로 몰려갔다. 이 때 야수적인 일제 경찰들은 들이닥친 농민들에게 무차별 사격을 가했다. 수많은 농민들이 무참히 살상당했다. 하지만 농민들은 절대로 물러서지 않았다. 그들은 죽은 동지의 시체를 넘어서 칼과 곤봉, 돌 등으로 일제 경찰에 맞서 용감하게 투쟁하였다. 단천시가는 치열한 전쟁터로 바뀌었다. 상인들은 점포를 닫고, 학생들은 동맹휴학을 단행해 폭동에 호응하고 단천군의 각 면에서는 대중집회와 시위로 지지 성원했다. 단천 농민들의 폭동은 반일투쟁의 고양에 커다란 고무적 역할을 했다.

노동자 농민의 투쟁과 함께 청년학생들도 분연히 궐기했다. 광주의 학생들을 비롯한 전국 각지의 청년학생들도 강도 일제의 식민지 노예교육 정책과 민족문화 말살정책, 우민화책동에 반대해 과감하게 투쟁을 펼쳤다. 1928년 4월에서 그 이듬해 2월까지 9개월 사이에 전개된 동맹휴교만 해도 47건에 달하고 이에 참가한 학생 수도 3만 명 이상이 되었다.

5.30 폭동

1920년대 말 1930년대 초 노동자, 농민, 청년학생을 비롯한 전체 조선 민중들은 광범하게 궐기해 일제에 저항했으며, 민중들의 투쟁은 점차 폭동양상으로 발전해 나갔다. 대중들의 투쟁이 폭동양상으로 발전해 나가는 것은 필연적 과정이었다. 일제 침략세력들과 조선 민중들의 모순은 불상용적인 것이며, 총칼을 앞세운 강도적 폭력에 정의의 폭력으로 맞서는 것은 응당한 권리이며, 반제민족해방투쟁의 자연스러운 귀결이었다. 하지만 올바른 사상과 이론에 의해 지도되지 못한 탓으로 일제의 야수적 무력탄압을 돌파하지 못하고 실패만을 거듭하고 있었다.

조선혁명을 영도한다고 떠들썩하게 나돌아치던 기존운동권(엠엘파, 화요파 등)

들은 1928년 조선공산당 해산 이후에도 거기에서 심각한 교훈을 찾지 못한 채 파벌싸움을 계속하면서 운동대오의 분열을 더욱 부추기었다. 그들은 '당 재건'의 간판을 내걸고 자파세력 확장과 영도권 쟁탈에 몰두하던 나머지 아무런 대중적 기반도 없이 '당중앙'을 조작해 국제당의 비준을 받으려고 날뛰었다. 그런가 하면 어떤 종파분자들은 자신들의 정치적 야욕과 탐욕적 목적으로 부터 출발해 민중들을 무모한 폭동으로 내몰아 헛된 피를 흘리게 했다. 5.30 폭동이 그런 대표적 사례이다.

5.30 폭동이란 조선사람들이 많이 살고 있던 동만 지역에서 1930년 5월 말에 일으킨 폭동을 가리키는데, 이 폭동의 주력을 담당한 것이 만주지역에 거주하고 있던 조선사람들이었고, 이 폭동을 선동한 사람들이 화요파를 비롯한 종파세력들이었다. 이 폭동을 5.30 폭동이라고 하는 까닭은 그것이 1925년 5월 30일에 있었던 상해 5.30 참살 5돌에 즈음해 벌어진 투쟁이고, 또 5월 30일에 그 투쟁이 절정을 이루었기 때문이다.

당시 코민테른(1919년에 설립된 각국 공산당들의 연합으로 국제당. 당시 모든 나라의 공산당은 국제당의 지도를 받는 것으로 되어 있었다.)은 만주지역에서 활동하고 있던 조선공산주의자들은 1국 1당 원칙에 따라 중국공산당에 가입하라는 방침을 결정했다. 이 결정에 따라 만주지역에서 활동하고 있던 조선공산주의자들 사이에서는 중국공산당 가입바람이 불었다. 중국공산당도 실천투쟁을 통한 검열과 개별적 심사를 거쳐 개인자격으로만 당에 들어올 수 있다는 원칙 밑에 조선공산주의자들을 받아들이겠다고 선포했다. 바로 이러할 때 중국공산당중앙의 지도권을 장악하고 있었던 이립삼(1899년~1967년)은 1925년 5월에 있은 상해시민들의 영웅적 투쟁을 기념하기 위하여 전국에서 노동자, 학생, 시민 3파가 파업을 일으키는 동시에 폭동형식의 투쟁을 전개하여 소비에트 유격대를 창설할 것을 전당에 지시하였다.

화요파를 비롯한 종파사대주의자들은 중국공산당으로 전당하려면 실천투쟁에서 공로를 세워 그 당의 인정을 받아야 한다고 생각하고 대중들을 무모한 폭동으로 내몰았다. 때마침 코민테른에서 내려온 사람들까지 폭동을 선동하면서 돌아다녔기 때문에 중국공산당으로 전당하려고 애쓰던 만주총국 소속의 조선공산주의자들은 정치적 야욕과 탐욕에 휩싸여 그러한 무모한 행동을 한 것이다. 그들은 아무런 면밀한 계획과 조직적 준비도 없이 '폭동지휘부'부터 만들어 마을마다 농민들을 동원해 도시로 쳐들어갔다. 이리하여 1930년 5월 30일 용정, 두도구, 남양평, 걸만동, 연길, 동불사 등 동만의 주요 지역에서 일본영사관, 조선인거류민회, 동척금융부, 보통학교, 발전소, 철교들을 파괴하고 불 지르며, 친일파, 지주, 자본가들을 처단하는 폭동을 일으켰다. 그들은 청산하지 말아야 할 대상들까지도 청산하였고 심지어는 학교와 발전소에까지 불을 질렀다.

5.30 폭동은 일제와 국민당 군벌에게 혁명가들과 반일군중을 탄압할 수 있는 명분과 구실을 주고, 수많은 희생을 내고 실패로 끝났다. 이 투쟁은 혁명조직으로부터 대중을 이탈시키고 혁명의 핵심을 잃어버리게 했으며, 대부분의 혁명조직이 파괴당했으며, 일제의 민족이간 정책에 도움을 주었다. 만주의 조선공산주의자들과 혁명가들은 가혹한 백색테러의 대상으로 되었다. 군중들은 막대한 희생을 내면서 농촌과 산간 오지로 쫓겨 가지 않으면 안되었다. 경신년 대토벌을 방불케 하는 대참사가 동만 각지에서 벌어졌다. 유치장과 감옥들은 모두 폭동군중으로 차고 넘쳤다. 수많은 폭동관계자들이 조선으로 압송되었다. 그들은 서울에 끌려가서 모두 극형과 중형을 언도받았다.

봉천군벌도 일제의 간계에 넘어가 폭동군중을 잔인하게 탄압했다. 일제는 조중 민중들 사이를 이간시키기 위해 조선 사람들이 동만에서 폭동을 일으킨 것도 만주 땅을 빼앗기 위한 것이라고 선전했다. 군벌의 우두머리들은 그 선전을 그대로 곧이곧대로 듣고 조선 사람은 공산당이며, 공산당은 일제의 앞잡이이기 때문에 모두 죽어야 한다고 하면서 폭동군중을 닥치는 대로 살해했다. 5.30폭동기간에 체포되고 살해된 사람들은 실로 수천 명에 달했는데, 그 대다수가 조선사람이었다. 피검자들 중 적지 않은 사람들이 사형을 당하였다. 폭동으로 하여 혁명조직들이 막대한 피해를 보았다. 폭동을 계기로 조선 사람들과 중국사람들 사이의 관계가 몹시 나빠졌다.

이처럼 당시 주객관적 정세는 우리나라 민족해방 혁명을 승리로 이끌어 나갈 올바른 사상과 이론, 새로운 지도노선과 영도자를 절실히 요구하였다. 이러한 요구에 대답한 것은 김일성을 중심으로 한 새세대청년공산주의자들이었다.

2
새로운 사상의 창시와
전략노선의 발견

새로운 자주 사상의 창시

1920년대 중엽에 이르러 착취와 억압에서 벗어나 자주적인 삶을 살아나가려는 민중들의 혁명투쟁이 세계적 범위에서 폭넓고 다양하게 발전하는 역사의 새로운 시대(자주의 시대)가 열리고 있었다. 역사의 새로운 시대에는 그 시대의 요구를 대변하고 반영하는 새로운 시대사상이 나오는 법이다. 그러한 사상이 없다면 새로운 시대는 쉽게 다가오지 않는다. 새로운 시대사상은 시대의 요구를 대변하고 반영함으로써 시대를 선도해 나가는 강력한 힘으로 작동한다.

그 어느 나라보다 복잡하고 간고한 길을 걸어온 우리나라 민족해방운동은 기존의 낡은 사상으로는 더 이상 진척될 수 없었다. 그 어느 나라보다도 더욱더 새로운 시대사상이 절실하게 요구되었다. 흔히 말하기를 우리나라 혁명의 특징을 가리켜 특수성, 복잡성, 간고성에 있다고 한다. 그만큼 우리나라 민족해방운동을 개척해 나가는 길은 멀고 험하고 복잡했다. 이는 1920년대 민족주의운동의 양상이나 초기 공산주의운동의 실패로부터 증명된다. 1920년 민족해방운동은 좌우를 막론하고 사대주의와 교조주의의 함정에 빠져 허우적거리고 있었다. 이승만의 위임통치론을 말할 나위 없고, 무기를 들고 항일 무장투쟁에 나선 민족주의군대조차 자체의 힘으로 민족해방의 과업을 달성할 수 있다고 믿는 사람은 거의 없었다. 또한 자체의 힘으로 민족해방투쟁을 승리로 이끌어 나갈 수 있는 전략노선을 갖춘 집단도 없었다. 모두 큰 나라의 힘에 의존해서 독립하려는 생각에서 벗어나지 못하고 있었다. 이러한 현실로부터 민중들의 자주적 힘에 의거해 혁명의 앞길을 개척해 나갈 수 있는 참다운 지도사상이 절실히 요구되었다.

새세대청년지도자 김일성은 이러한 시대와 혁명발전의 요구를 깊이 파악하고, 사상이론 활동을 정력적으로 벌여 나갔다. 그의 사상이론 활동의 출발점은 「지원의 사상」이었다. 그는 일찍이 어린 시절부터 김형직 선생의 혁명유산인 지원의 사상과 정신을 계승해, 모든 사색과 활동의 출발점으로 삼았다. 김형직 선생의 「지원의 사상」은 개인의 영달이나 입신양명을 염두에 둔 세속적 인생 교훈이 아니었다. 그것은 조국과 민족을 위한 투쟁의 길에서 참된 보람과 행복을 찾는 혁명적 인생관이며, 대를 이어 가며 싸워서라도 기어이 나라의 독립을 이룩해야 한다는 백절불굴의 혁명정신이었다. 이 사상은 '민중의 힘'에 대한 절대적 믿음, 나라의 독립을 어디까지나 자력으로 이룩해야 한다는 '투철한 자주정신', 그 어떤 난관과 시련이라도 뚫고 나갈 수 있는 '백절불굴의 혁명정신'을 담고 있었다. 이 사상에서 핵을 이루고 있는 것은 '민족자주사상'이다. 그리고 지원의 사상에는 '백절불굴의 혁명 정신'이 근본정신으로 맥박 치고 있었다.

다음으로 「이민위천」(以民爲天)의 사상을 밑뿌리로 하여 새로운 사상의 골격을 세워나갔다. 「이민위천」의 사상은 민중을 하늘처럼 믿고 숭상하는 철학사상이며 혁명정신이다. 이 사상에는 민중을 세상에서 가장 힘 있고 지혜롭고 귀중한 존재, 전지전능한 존재로 여기는 민중관이 깔려 있다. 그 이전에는 민중을 무지한 존재고 보거나, 계몽대상으로 치부하고, 힘없는 존재로 바라보는 낡은 민중관이 지배하고 있었다. 이것은 혁명운동 한다고 하는 혁명가들조차 이러한 낡은 민중관의 타성에서 벗어나지 못하고 있었다. 「이민위천」의 사상은 이러한 낡은 민중관을 완전히 털어내고 민중에 대한 새롭고 혁신적인 관점과 입장에 기초하고 있었다. 또한 세상만사를 민중의 힘을 믿고 그에 의거해 풀어나가며, 세상의 모든 것을 민중을 위해 복무하게 하는 것을 인생의 최고 목표로 내세우는 입장과 태도가 집대성되어 있었다.

「이민위천」의 사상은 모든 것을 민중을 중심으로 생각하고 민중을 무한히 아끼고 사랑하는 애민의 사상인 동시에, 나라와 민족의 자주성을 생명으로 삼고 그 존엄과 영예를 빛내며 조국의 독립과 번영을 위하여 싸우는 애국, 애족의 사상이다. 김일성은 혁명 활동에 나선 첫 시기부터 바로 이 「이민위천」의 사상을 삶과 운동의 최고의 좌우명으로 삼고 사상이론 활동을 벌여 나갔다.

김일성은 선행 노동계급의 혁명사상과 이론을 우리나라의 혁명실천과 결부해 깊이 연구하는 과정에서 새로운 사상의 출발점을 이루는 혁명의 진리를 발견하였다. 이 혁명의 진리는 특히 우리나라 민족주의운동과 초기공산주의운동이 남긴 교훈을 전면적으로 분석하는 과정에서 찾아내게 되었다. 길림감옥에서의 옥중생활은 새로운 혁명사상을 정립하는 데서 중요한 계기로 되었다. 김일성은 이때를 회고하면서 "나는 우리나라 민족주의운동과 초기공산주의운동의 이러한 실태를 분석하여보고 혁명을 그런 식으로 해서는 안되겠다는 것을 심각히 느끼게 되었다. 이로부터 나는 자기나라 혁명은 자신이 책임지고 자기 인민의 힘에 의거하여 수행하여야 승리할 수 있으며, 혁명에서 나서는 모든 문제를 자주적으로, 창조적으로 풀어나가야 한다는 신념을 가지게 되었다. 이것이 지금 말하는 주체사상의 출발점으로 되었다." 고 밝혔다.

김일성은 우리나라 민족주의운동과 초기 공산주의운동의 실태를 비판적으로 분석하는 과정에 민족주의자들과 초기 공산주의자들의 사고와 활동방식에서는 두 가지 본질적 결함이 있었다는 것을 포착해 냈다.

첫째는 민중노선이 결여되어 있다는 것이다. 그들은 민중의 힘을 믿지 않고 외면했다. 그 결과 민중과 혈연적 생활적으로 깊이 결합해 있지 않고 민중으로부터 이탈되어 있었다. 물 위에 뜬 기름처럼 민중들과 동떨어져 있었던 것이다.

구체적으로 살펴보도록 하자. 1920년대 우리나라에서 민족해방운동을 한다고 하던 공산주의자들과 민족주의자들은 민중 속에 깊이 들어가 그들을 교양하고 조직화해 혁명투쟁을 불러일으킬 생각은 하지 않고 대중과 이탈되어 '영도권' 쟁탈을 위한 권력 싸움과 말공부만 하고 있었으며, 대중을 단결시킨 것이 아니라 오히려 분열시켰다. 만주지역에서 활동하고 있었던 정의부, 신민부, 참의부 등 독립운동단체들은 운동을 시작한 초기부터 민중과 동떨어져 상층의 몇몇 사람들끼리 모여앉아 말공부와 권력다툼으로 세월을 보내고 있었다. 또한 3부 통합으로 국민부가 나온 후에도 그 상층은 국민부와 반국민부파로 갈라져 권력다툼을 계속하였다. 초기 공산주의운동자들은 처음부터 인민들과 동떨어져 말공부나 하고 '영도권' 쟁탈을 위한 권력싸움만 하였으며 심지어 폭력단을 만들어서 서로 치고받는 추태를 부렸다.

김일성은 초기 공산주의자들과 민족주의자들이 갖고 있던 이러한 약점을 꿰뚫어 보고 이들과는 다른 길을 걸어 나갔다. 그것은 민중의 힘을 믿고 그들 속에 들어가 대중에게 의거하여 투쟁하는 민중노선을 견지해 나갔으며, 이 과정에서 '혁명의 주인은 민중이며, 민중 속에 들어가 그들을 교양하고 조직 동원해야, 혁명투쟁에서 승리할 수 있다'는 진리를 발견했다. 이것이 바로 새로운 자주사상의 출발점의 하나였다.

둘째로 사대주의와 교조주의 문제였다. 그들의 두 번째 약점은 파벌싸움으로 날을 샜으며, 사대주의와 교조주의가 골수에 박혀 있었다는 점이었다. 사대주의와 파벌 싸움의 악습은 나라를 망하게 한 장본인이었다. 그럼에도 민족해방운동을 한다는 민족주의자들과 초기 공산주의자들은 이러한 악습을 타파하지 못한 채 여전히 답습하고 있었다. 그들은 자체의 힘으로 혁명을 할 생각보다 저마다 외세에 의존해서 나라의 독립을 이루어 보려고 망상했다. 독립운동의 지도적 지위에 있었던 인물들 가운데는 중국을 등에 업고 조선의 독립을 이루어보려는 사람이 있는가 하면, 소련의 힘을 빌려 일본을 물리쳐보려고 생각하는 사람도 있었으며, 아예 미국이 조선독립을 선사해 줄 것이라고 망상하는 사람들도 있었다. 공산주의운동을 한다고 하던 사람들은 제가끔 당파를 만들어 국제당의 승인을 받으러 다녔으며, 식민지반봉건사회인 우리나라의 역사적 조건과 구체적 현실을 떠나 기성 이론과 남의 경험을 기계적으로 모방하려고 했다.

김일성은 초기 공산주의자들과 민족주의자들 속에서 나타난 이러한 본질적 약점에서 심각한 교훈을 찾아냈다. 그것은 우리나라 민족해방운동 상에서 나타나는 모든 문제를 독자적인 신념과 판단에 기초해서 결정하고, 우리의 구체적 현실과 실정에 맞게 문제를 풀어나가야 한다는 점이었다. 이를 위해서는 사대와 교조를 반대하고 어디까지나 자주적 관점, 창조적 태도에 기초해서 문제를 해결해 나가야 한다고 생각하고, 이러한 길을 걸어 나갔다. 이 과정에서 혁명은 누구의 승인이나 지시에 의해서가 아니라 오로지 자기의 신념에 따라 자기가 책임지고 해야 하며, 혁명에서 제기되는 모든 문제를 자주적으로 창조적으로 풀어나가야 한다는 혁명의 진리를 새롭게 발견해 냈다. 이것이 새로운 자주사상의 또 다른 하나의 출발점이었다.

이와 같은 두 가지 출발점을 발견함으로써 시대와 민중의 요구를 대변하고, 그들에게 새로운 혁명의 길을 제시해 줄 새로운 혁명의 지도사상을 창시할 수 있었다. 그것은 "혁명의 주인은 민중이며, 민중의 힘을 믿고 그들에 의거해 혁명해야 승리할 수 있다"는 것을 근본원리로, "독자적인 판단과 결심에 따라 자체의 힘으로 혁명을 해나가는 자주적 입장과 혁명에서 나서는 모든 문제를 자기 민중의 이익과 자기나라의 실정에 맞게 풀어나가는 창조적 입장"을 근본방법으로 하고 있다.

옥중에서 무르익힌 주체적인 노선과 전략전술

김일성은 1929년 가을부터 1930년 봄까지 길림감옥에서 감옥살이를 했다. 감옥살이 동안 온갖 고초를 꿋꿋이 이겨가며 옥중에서도 투쟁을 계속해 갔다. 이에 대해 "나는 옥중에서도 투쟁을 멈추지 않기로 결심하였다. 혁명을 하는 사람들에게 있어서 감옥은 하나의 투쟁무대라고 할 수 있다. 감옥을 단순히 죄인들을 가두어두는 곳이라고 생각하면 피동에 빠져 아무것도 할 수 없다. 그러나 감옥을 세계의 한 부분이라고 여기게 되면 그 비좁은 공간 속에서도 혁명을 위해 유익한 일을 할 수 있는 것이다."라고 회고했다.

외부와의 연계를 취해 파괴된 조직들을 수습하고 움직이게 하는 한편 군벌당국과 싸워 출옥날짜를 앞당기기 위한 옥중투쟁을 힘차게 벌였다. 이 과정에서 간수들을 교양하고 전취해 혁명의 동조자로 만들었다. 혁명적 학습도 계속해 나갔다. 밖에서 들여 보내주는 제국주의론, 식민지 민족문제 등의 정치이론 서적들과 혁명적 소설들을 탐독했다. 이와 함께 감옥살이하는 청년학생

길림감옥

감옥망루

들의 학습도 이끌어 주었다.

　그는 차디찬 감방 안에서도 뜨거운 정열로 가슴을 불태우며, 우리나라 민족해방운동의 앞길에 대한 고심어린 사색과 탐구를 거듭하며, 이전부터 구상해왔던 우리나라 민족해방운동의 주체적 노선과 전략전술을 무르익혀 나갔다. 지난 시기 우리운동의 본질적 약점과 제한성이 무엇인가를 깊이 있게 분석해 보았다. 그 끝에 혁명을 그런 식으로 해서는 안되겠다는 것을 절실하게 느꼈다. 이러한 사색을 통해 자기 나라 혁명은 자신이 책임지고, 자기나라 민중의 힘에 의거해 수행해야 승리할 수 있으며, 혁명에서 나서는 모든 문제를 자주적으로, 창조적으로 풀어나가야 한다는 신념을 갖게 되었다.

　김일성은 앞으로 우리나라 민족해방운동을 어떻게 이끌고 나갈 것인가 하는 문제에 대한 사색과 탐구도 거듭해 나갔다. 일제를 몰아내고 조국을 해방하려면 어떤 형식과 방법으로 싸워야 하는가? 어떻게 하면 반일역량을 하나로 묶어 세울 수 있겠는가? 혁명의 영도기관인 노동계급의 당을 어떻게 창건할 수 있겠는가? 감옥에서 출소하면 무슨 사업부터 착수해야 하는가? 이런 문제들에 대해 사색하고 또 사색해 나갔다. 이러한 사색 끝에 우리나라의 구체적 현실과 사회계급적 관계로부터 출발해 조선혁명의 성격은 반제반봉건민주주의혁명이라는 결론에 도달했다. 또 무장한 일제를 때려 부수고 조국을 해방하려면 무장을 들고 싸워야 한다는 결론을 내렸다. 또 노동자, 농민, 민족자본가, 종교인을 비롯한 모든 반일애국역량을 반일의 기치 아래 묶어 세워 투쟁으로 불러일으키고, 파쟁 없는 새로운 혁명적 당을 창건해야 한다는 판단을 내렸다.

　이러한 노선과 방침이 명백하게 서자, 하루빨리 출소해야 하겠다고 생각하고 출옥투쟁을 적극적으로 벌여 나갔다. 당시 반동군벌당국은 청년학생들에게 중형을 내릴만한 아무런 증거도 쥐지 못한 채 사건 심리를 질질 끌면서 무작정 감옥에 가둬놓고 있었던 상황이었다. 이러한 약점과 흉계를 간파하고 지체 없이 출옥투쟁을 조직 전개했다. 감방의 청년학생들에게 군벌당국의 음흉한 기도를 전파하고 전체 수감자들을 투쟁으로 조직 동원했다. 이러한 적극적인 투쟁 끝에 1930년 5월 초 모든 청년학생들이 감옥문을 나서게 되었으며, 김일성도 출소하였다.

3
역사적인 카륜회의

1930년 5월 김일성이 길림감옥에서 석방되던 때에 만주지역의 정세는 매우 험악했다. 좌경모험주의자들이 민중들을 무모하게 내몰아 일으킨 5.30 폭동이 동북 3성 지역을 휩쓸었다. 5.30 폭동과 함께 혁명가들에 대한 적들의 공세가 전례 없이 강화됐으며, 그 파동은 길림에까지 미쳐 오고 있었다. 한편 그 시기 국내에서는 신흥탄광노동자들의 파업투쟁을 비롯한 노동운동 농민운동이 점차 폭동 양상으로 발전하면서 전국을 휩쓸었다.

이처럼 격변하는 내외정세는 올바른 노선과 지도가 없다면 한 치도 전진할 수 없는 절박한 국면으로 발전해 나갔다. 감옥문을 나온 김일성은 옥중에서 무르익은 구상을 실천하기 위해 길림 육문중학교를 중퇴하고 민중 속으로 들어갔다. 이것은 그의 인생에서 하나의 전환점이었다. 이때부터 그의 지하혁명 활동이 본격적으로 시작됐고, 직업적 혁명가로서의 삶이 시작되었다.

1930년 5월 중순 길림을 떠나 돈화현 사도황구로 갔다. 거기에서 좌경적인 5.30 폭동 후과로 파괴된 혁명조직들을 복구하고 수습하는 일에 몰두하였다. 그리고 20여 일 동안 사도황구에 머무르면서 우리나라 민족해방운동의 노선과 전략전술을 하나하나 다듬고 정립해 나갔다. 6월 초에는 각지에서 활동하고 있는 공청 및 반제청년동맹 핵심들의 회의를 열었다. 김일성의 연락을 받고 김혁, 차광수, 계영춘, 김준, 채수항, 김중권 등 10여명의 공청과 반제청년동맹 핵심간부들이 사도황구로 찾아왔다.

카륜회의가 진행되고 첫 당조직이 무어진 자자툰부락

카륜역에서 김일성이 들렸던 집

카륜역

자자툰 마을과 진명학교터

첫 당조직의 기관지
《볼쉐이크》

사도황구에 모여든 청년들은 '조선 민족의 피가 아깝다'고 통탄했고, '우리 혁명이 언제까지나 이런 혼돈 속을 헤매야 하겠는가?'하고 가슴을 치며 안타까워했다. 그곳에 모인 청년들은 5.30 폭동으로 인한 혁명의 난관에 주눅이 들고 괴로워했다. 김일성은 그들에게 힘을 주기 위해 "폭동의 후과가 큰 것만은 사실이다, 그러나 후과가 크다고 한탄만 해서야 무슨 소용이 있겠는가, 한탄은 그만하고 각지에 나가서 조직을 복구하며 뒷수습을 해야겠다, 중요한 것은 종파분자들의 야욕을 폭로하고 군중을 그들의 영향에서 떼 내는 것이다, 그러자면 그들에게 조선혁명의 진로를 가르쳐주어야 한다, 폭동은 비록 유혈로 끝났지만 군중은 그 과정을 통해 크게 단련되고 각성되었을 것이다, 조선민족은 이번 폭동을 통해 전투력과 혁명성을 유감없이 발휘하였다, 나는 우리 민족의 그 위대하고 헌신적인 투쟁정신에서 크나큰 힘을 얻었다, 이런 인민에게 과학적인 투쟁방법과 전술을 가르쳐주고 민족이 나아갈 진로를 밝혀준다면 우리 혁명에서 새로운 전환이 일어나지 않겠는가!" 고 말했다. 이런 말

오늘의 자자툰 마을 전경

을 들은 청년들은 시큰둥하게 "한별 동무의 말이 옳다. 그런데 대중을 공감시킬만한 새 진로가 어디 있는가?" 고 하면서 답답한 표정으로 김일성을 쳐다볼 뿐이었다. 김일성은 "그런 노선은 하늘에서 저절로 떨어지는 것도 아니고 누가 만들어서 섬겨 바치는 것도 아니다, 우리 스스로가 주인이 되어 만들어야 한다, 내가 옥중에서 생각해둔 것이 있는데 동무들의 의견을 듣고 싶다." 고 답하면서 옥중에서 무르익힌 구상들을 하나하나 해설해 주었다. 이렇게 되어 차광수, 김혁, 박소심 등과 이미 토론한 바 있는 조선민족해방운동의 노선 문제를 놓고 장시간에 걸친 토론이 이루어졌다. 이것이 바로 사도황구 회의이며, 이 회의에서 청년들은 김일성이 제시한 새로운 노선을 적극 지지했다. 사도황구 회의를 마치고 각지로 떠나는 성원들에 6월 말에 카룬에서 모여 역사적인 회의를 개최하기로 약속했다.

카룬에서 회의를 개최하기로 한 까닭은 교통상 편리한 지점이라는 것, 회의 참가자들의 신변안전과 비밀보장을 전적으로 담보할 수 있는 은폐된 활동 기지라는 것 때문이었다. 당시 카룬은 반일운동자들의 내왕이 잦았던 곳이지만, 적들에게는 아직 노출되지 않은 곳이었다. 또한 이 카륜에는 공청과 반제청년동맹의 혁명조직이 들어가 있었고, 그곳 민중들도 적극적으로 지지하고 있었기 때문에 회의장소로서는 최적의 장소였다.

　김일성은 6월 말로 예정된 있는 회의를 준비하기 위해 카륜으로 갔다. 그곳에서도 우리나라 민족해방운동의 노선문제 특히 무장투쟁노선 문제를 놓고 사색을 거듭해 나갔다. 김일성은 자신의 회고록에서 "적이 철권을 갖고 민족해방운동을 야수적으로 탄압하는 조건에서 조선 민중의 투쟁은 불가피하게 폭력투쟁의 방향으로 발전하지 않을 수 없었다. 혁명적 폭력이야말로 발톱까지 무장한 적의 반혁명적 폭력을 타승할 수 있는 가장 승산 있는 투쟁수단이었다. 적이 총칼을 휘두르는 조건에서 조선 민족도 자신을 무장하지 않을 수 없었다. 무장에는 무장으로 맞서야 한다..... 문제는 노선이고 지도였다. 시대의 추이에 맞는 옳은 노선이 있고 올바른 지도만 있으면 어떤 강적과도 싸워 이길 수 있다는 신심이 생겼다. 파괴된 조직들을 시급히 복구정비하고 대중에 대한 의식화, 조직화 사업을 끊임없이 벌여 그들을 일본제국주의와의 결전에 하루 속히 준비시켜야겠다는 조바심 때문에 내 마음은 불덩이처럼 달아올랐다"고 밝히면서 무장투쟁 노선을 결심했던 당시의 상황을 회고했다.

　김일성은 카륜에서 그동안 구상하고 무르익히며 다듬어 오던 사상 이론적 알맹이들을 정리하고 종합 체계화해 회의에 제기할 보고를 준비했다. 6월 말이 가까워져 오자 공청과 반제청년동맹 핵심들이 하나둘 카륜으로 모여들기 시작했다. 그는 회의에 앞서 보고초안을 내놓고 공청과 반제청년동맹 지도간부들 사이에서 광범한 토의에 부쳤다. 그리고 그들의 의견을 듣고 한 조항 한 조항 보고내용을 심화시켜 나갔다.

　대중적인 토의과정에서 제기된 의견들은 결국 선행이론이나 큰 나라 당의 노선 그리고 코민테른의 입장에 대한 태도와 관련된 원칙적인 문제들이었다. 특히 보고에서 밝힐 반제반봉건민주주의혁명이라는 규정을 두고 논의가 분분했다. 논쟁의 초점은 고전에도 없고 아직 그 어느 나라에서도 내놓은 것이 없는 반제반봉건민주주의혁명이라는 새로운 성격규정이 혁명의 보편적 원리나 합법칙성에 모순되는 것은 아닌가 하는 점이었다. 또 민족통일전선 전략과 관련된 문제에서 코민테른에서 있던 일부 사람들이 중국 국공합작 실패를 이유로 통일전선 정책을 지지하는 사람들을 모두 개량주의자로 규정해 버렸기 때문에 우리가 반일민족통일전선 노선을 제기하면 국제당의 입장에 도전하는 것으로 될 수도 있다는 우려도 많이 제기되었다.

김일성은 이러한 논의들에 대해 신중히 대하면서 '남들이 만들어 놓은 형식에 억지로 꿰맞춰 혁명의 성격을 규정해 버리면 교조를 범한다, 형식이 선차적인 것이 아니라 구체적 현실이 선차이다, 설사 고전에 없는 정식화이고 남들에게 없는 규정이라 하더라도 그것이 자기나라 실정에 부합되는 과학적인 규정이라면 그것을 서슴없이 선택할 줄 알아야 한다.'고 답했다. 그리고 이런 원칙적 입장과 창조적 태도를 갖고 역사적인 보고를 완성하였다.

이러한 준비과정을 거쳐 1930년 6월 30일 장춘현 카륜진 자자툰 마을 진명학교에서 공청 및 반제청년동맹 지도간부회의인 역사적인 카륜회의가 정식으로 개최되었다. 이 회의는 6월 30일부터 7월 2일까지 비밀리에 진행되었다. 회의에는 차광수, 김혁, 최창걸, 최효일, 계영춘, 김원우 등 각지에서 모여온 수많은 공청 및 반제청년동맹 지도간부들이 참가하였다. 회의 첫날 김일성은 「조선혁명의 진로」라는 제목의 보고를 했다. 이 보고에서 김일성은 새로운 자주사상의 기본원리를 제시했다. 그는 '혁명투쟁의 주인은 민중이며, 민중이 조직 동원되어야 혁명투쟁에서 승리할 수 있다', '제국주의는 자체의 침략적 약탈적 본성으로 식민지에서 결코 스스로 물러가지 않으며 식민지 통치를 유지하기 위해 예외 없이 야수적인 폭력에 매달리고 있다. 그런 것만큼 제 국주의 침략 세력은 혁명적 무력으로 때려 부숴야 한다'는 혁명의 기본 사상 과 원리를 밝혔다.

「조선혁명의 진로」의 주요 내용을 요약하면 다음과 같다.

현재 조성된 정세의 요구에 상응하게 조선혁명을 옳은 길로 이끌어 나가야 할 중대한 과업이 나서고 있다. 국내외 정세는 매우 복잡하고 긴 장되어 있다. 조성된 정세는 옳은 혁명노선과 전략전술에 기초해 우리 혁명을 승리의 길로 이끌어 나갈 것을 절박하고 요구하고 있다. 조선혁 명을 확고한 승리의 길로 이끌기 위해서는 우리 인민의 반일대중투쟁이 실패를 거듭하고 있고 혁명이 시련을 겪고 있는 이 엄연한 현실에서 심 각한 교훈을 찾아야 한다.

혁명투쟁의 주인은 인민대중이며 인민대중이 조직 동원되어야 혁명 투쟁에서 승리할 수 있다. 그렇기 때문에 운동지도자들은 응당 인민대 중 속에 들어가 그들을 각성시킴으로서 대중 자신이 주인이 되어 혁명 투쟁을 전개하도록 해야 한다. 또한 우리들은 조선 혁명을 하는 것만큼 우리나라의 구체적 현실로부터 출발해 혁명에서 나서는 모든 문제를 자 체의 힘으로 해결하여야 한다.

경험은 혁명을 승리에로 이끌기 위하여서는 인민대중 속에 들어가 그들을 조직 동원하여야 하며 혁명에서 나서는 모든 문제를 다른 사람 에게 의존하여 해결하려고 할 것이 아니라 자신이 책임지고 자기의 실 정에 맞게 자주적으로 해결하여야 한다는 것을 보여 주고 있다. 우리는 이 교훈으로부터 조선혁명의 주인은 조선인민이며 조선혁명은 어디까지나 조선인민자체의 힘으로, 우리나라의 실정에 맞게 수행하여야 한다는 확고한 입장과 태도를 가져야 한다.

조선혁명을 옳은 길로 이끌기 위해서는 당면혁명의 성격과 임무를 알아야 한다. 현 단계의 조선혁명의 성격을 규정하는 문제도 우리나라의 구체적 실정으로부터 출발해야 한다. 조선은 일제의 강점으로 정상적 자본주의 발전의 길이 억제되고 봉건적 제 관계가 지배적인 식민지 반봉건사회이다. 외래침략세력인 일제를 타도하지 않고서는 식민지노예의 철쇄에서 해방될 수 없으며 봉건적 제 관계도 청산할 수 없다. 그렇기 때문에 우리 앞에 나서는 가장 선차적 임무는 일제를 반대해 투쟁하는 것이다. 우리는 일제를 반대해 투쟁하는 동시에 봉건적인 제 관계를 청산하기 위해 싸워야 한다. 일제를 반대하는 반제혁명의 과업과 일제와 결탁된 봉건지주를 반대하는 반봉건혁명의 과업을 수행하는 것이 우리 인민의 절박한 요구이며, 이 두 혁명과업을 서로 밀접히 연결되어 있다. 그러므로 조선혁명의 기본 임무는 일본 제국주의를 타도하고 조선의 독립을 달성하는 것과 함께 봉건적 제 관계를 청산하고 민주주의를 실현하는 데 있다.

조선혁명의 기본임무로부터 출발해 현 단계 조선혁명의 성격은 반제반봉건민주주의혁명으로 된다. 현 단계 혁명에는 노동자, 농민, 청년학생, 지식인, 소자산계급과 양심적 민족 자본가와 종교인들까지 포함한 광범한 반제역량이 참가할 수 있다. 우리는 모든 반일애국역량을 총동원해 일제와 그와 결탁한 지주, 자본가, 친일파, 민족반역자들을 타도하고 민족 해방과 독립을 이룩해야 한다. 우리는 일제를 타도한 후 노동자 농민을 비롯한 광범한 인민대중의 이익을 옹호하는 정권을 세워야 한다. 인민의 정권을 세워야 제국주의 잔재세력들과 모든 반동세력들을 철저히 청산하고 반봉건 민주주의 혁명과업을 성과적으로 수행할 수 있다.

조선 혁명을 성과적으로 수행하기 위해서는 무엇보다도 먼저 일제를 반대하는 무장투쟁을 조직 전개해야 한다. 독립은 남이 가져다 줄 수 없으며 평화적 방법으로는 절대로 일제를 타승하고 나라의 독립을 달성할 수 없다. 더욱이 오늘 조성된 정세는 일제를 반대하는 무장투쟁을 절실히 요구하고 있다. 일제의 폭압 강화로 폭력적 형태를 띠고 전개되는 대중투쟁을 조직적인 무장투쟁으로 점차 발전시켜 나가야 한다. 제국주의를 반대하는 무장투쟁을 전개하는 것은 식민지 민족해방운동 발전의 합법칙적 요구이기도 하다. 제국주의는 자체의 침략적 약탈적 본성으로 결코 스스로 물러가지 않으며 식민통치를 유지하기 위해 예외 없이 야수적 폭력에 매달리고 있다. 그런 것만큼 제국주의 침략세력은 혁명적 무력으로 때려 부셔야 한다. 우리는 자체의 힘으로 일제를 타도하고 조국의 해방과 독립을 달성해야 한다. 그러므로 무장투쟁을 잘 준비해야 하며, 이를 위해서 조선혁명군을 조직해야 한다.

조선혁명을 성과적으로 수행하기 위해서는 또한 모든 반일애국역량을 각성시키고 튼튼히 묶어 세워 성스러운 반일투쟁에 불러일으켜야 한다. 원래 혁명은 민중을 해방하기 위한 투쟁이니만큼 광범한 민중이 참가하지 않고서는 승리할 수 없다. 더욱이 조선사람 자체의 힘으로 일제를 몰아내고 전 민족을 해방하려고 하는 것만큼 일제를 반대하는 모든 세력을 하나로 굳게 묶어 세워야 한다. 그렇기 때문에 노동자 농민은 물론 종교인, 양심적인 민족자본가에 이르기까지 반일적인 사상을 가진 모든 세력을 반일의 기치아래 굳게 단결시켜야 한다.

조선혁명을 성과적으로 수행하기 위해서는 다음으로 당 창건 사업을 적극 추진해야 한다. 조선혁명을 승리로 이끌어 나가기 위해서는 반드시 혁명의 참모부인 마르크스-레닌주의 당이 있어야 한다. 혁명적 당이 있어야 옳은 노선과 전략전술을 세우고 광범한 군중을 일제를 반대하는 투쟁으로 조직 동원할 수 있으며 사회주의 공산주의 사회도 건설할 수 있다. 조선공산당 해산에서 심각한 교훈을 찾고 반드시 우리의 힘으로 새로운 혁명적 당을 창건해야 한다. 그러자면 그 준비사업을 실속 있게 해야 한다. 이를 위해서는 기층 당 조직을 먼저 내와야 한다. 당중앙을 먼저 선포할 것이 아니라, 당의 기층조직을 내오고 그것을 부단히 확대 강화하는 방법으로 당을 창건해야 한다. 또한 당창건 준비사업을 일제를 반대하는 투쟁과 밀접히 결부해 진행시켜 나가야 한다.

조선혁명을 옳은 길로 이끌어 승리하느냐 못하느냐 하는 문제는 자신 앞에 나선 혁명과업을 어떻게 수행하는가에 달려 있다. 앞으로 많은 애로와 난관에 부딪힐 수 있으며, 그럴 때마다 조선 혁명의 주인된 입장에서 자체의 힘으로 극복해 나가야 한다.

모두다 조선혁명의 진로를 개척하기 위하여 억세게 싸워나가자.

「조선혁명의 진로」에서는 혁명의 기본임무와 성격, 노선과 방침을 종합적이고 체계적으로 밝혀 놓음으로써, 우리나라 민족해방운동에서 제기되는 모든 전략전술적 과제들에 대해 완벽한 해답을 제시했다. 특히 이 보고가 중요한 것은 그것들이 새로운 자주사상에 기초하고 있다는 점이다. 따라서 모든 것을 기존의 혁명사상과 이론들을 기계적이고 교조적으로 적용하지 않고 우리나라의 구체적 현실에 기초해 자주적이고 창조적으로 풀어나갔다. 여기에서 제기된 모든 것들은 그 어떤 고전에도 나오지 않는 매우 독창적이고 창조적인 혁명이론에 근거하고 있었다. 이로 인해 민족해방운동 상에서 많은 논란과 논쟁을 불러일으켰다. 구체적으로 살펴보자.

「조선혁명의 진로」에서는 조선혁명의 기본임무를 일제타도와 조선독립, 봉건적제 관계청산과 민주주의실현에 두었다. 그리고 당면 조선혁명의 성격은 반제반봉건민주주의혁명이라고 규정해 놓았다. 당시 반제반봉건민주주의혁명이라는 개념은 그 어떤 고전에도 없고, 마르크스-레닌주의 혁명이론에도 없었으며, 이 지구상에서 처음으로 정식화하여 제기한 새로운 혁명이론이었다. 기존 혁명이론에는 부르주아혁명과 사회주의혁명이라는 개념 외에는 없었던 것이다. 지금은 반제반봉건민주주의혁명이라는 이론이 식민지 나라들의 보편적인 혁명이론으로 공인되고 있지만, 1930년 당시까지만 해도 그 어떤 나라, 그 어떤 혁명세력도 생각해 보지 못한 개념이며, 이론이었다.

김일성이 반제반봉건민주주의혁명이라는 개념을 새롭게 놓았을 때 많은 사람들은 혁명이라고 하면 의레 부르주아혁명이나 사회주의혁명 밖에 없는 것으로 알고 있었다. 그런데 사회주의혁명도 아니고 부르주아혁명도 아닌 반제반봉건민주주의혁명이라는 개념을 새롭게 내놓으니 많은 의문들이 제기됐었던 것은 너무도 당연했다. 당시 중국 공산당은 이립삼의 좌경노선이 지배하면서 사회주의혁명의 기치를 내걸고, 소비에트 정권 수립을 위한 폭동노선이 지배하고 있었을 때 김일성은 과감하게 반제반봉건민주주의혁명과 인민정권노선을 제기했다. 바로 이점에서 「조선혁명의 진로」의 혁명적 성격을 엿볼 수 있다.

또한 「조선혁명의 진로」에서는 민중정권수립노선을 제기하고 있다. 이것 역시 당시 국제적 조류와 초기공산주의자들 사이에서 격렬한 논란을 불러일으켰다. 당시 전 세계 공산주의운동에서는 러시아의 경험을 무비판적으로 수용하면서 소비에트정권수립을 혁명정권의 기본 형태로 보고 있었다. 그런데

「조선혁명의 진로」에서는 당면 전취해야 할 정권은 소비에트정권이 아니라 민중정권이라고 규정했다. 소비에트정권과 민중정권의 구체적 차이는 1933년 초 왕청을 비롯한 해방지구 형태의 유격근거지에서 찾아 볼 수 있다. 당시 유격근거지를 장악하고 있었던 종파사대주의자들은 해방된 유격근거지에 소비에트정권을 세워놓고, 농민들에게 토지의 공동소유와 공동경작을 강요했으며, 심지어는 식사조차도 공동식당을 만들어 공동으로 할 것을 강압해 나섰다. 모든 개인소유를 반대하고 집단생활을 강요한 것이다. 이로 인해 근거지 민중들의 불만과 저항이 높아져 갔다. 이것은 혁명대오와 대중 사이를 갈라놓는 중대한 사태였다. 이러할때 김일성은 민중정권노선에 따라 소비에트정권을 민중혁명정부로 개편하는 사업을 주도해 나갔다. 공동소유 공동경작제도를 폐지하고, 토지 없는 농민들에게 토지를 분배하는 토지개혁을 실시했다. 자기 땅을 갖겠다는 농민들의 세기적 숙원을 풀어주었다. 그리고 공동식사제도도 폐지했다. 근거지 민중들은 민중정권 노선을 열렬히 지지했다.

「조선혁명의 진로」에서는 조선혁명을 성과적으로 수행하기 위한 주체적인 노선과 방침을 전면적으로 제시했다. 그것은 무장투쟁노선, 통일전선노선, 주체적 당 창건노선이었다. 먼저 무장투쟁노선부터 살펴보자. 「조선혁명의 진로」에서는 무장투쟁을 민족해방혁명운동의 기본투쟁 형태로 제시했다. 일반적으로 고전적인 혁명이론에서는 정치투쟁을 혁명운동의 기본투쟁 형태로 보고, 혁명의 결정적 시기에 무장봉기 때에만 무장투쟁을 하는 것으로 정식화해 놓았다. 이러한 고전적인 혁명이론과는 다르게 우리나라의 구체적 현실로부터 무장투쟁을 혁명투쟁의 기본투쟁 형태로 내세우고, 무장투쟁을 앞세워, 혁명의 주체역량을 꾸려 나가는 독창적인 전략노선을 제시한 것이다. 이 무장투쟁노선은 제국주의를 반대하는 투쟁에서 무엇보다도 총대를 중시하고, 그것을 기본으로 틀어쥐고 나갈 데 대한 총대중시의 독창적 혁명노선이었다. 바로 여기에 선군사상의 뿌리가 있다.

주체적인 혁명노선은 다음으로 반일민족통일전선 노선이다. 「조선혁명의 진로」에서는 모든 반일애국역량을 각성시키고 튼튼히 묶어 세워 반일투쟁에 참여시켜야 한다고 지적하면서 이를 위해서는 노동자, 농민은 물론 종교인, 양심적 민족자본가에 이르기까지 반일적인 사상을 가진 모든 세력을 반일의 기치아래 굳게 결속시킬 데 대한 방침을 제시했다. 반일민족통일전선노선 역시 민족해방운동 과정에서 많은 논란을 불러일으켰으며, 우여곡절 끝에 코민테른까지 설득해, 조국광복회 건설로 구체화된다.

주체적인 혁명노선은 다음으로 주체적 당 창건노선이다. 「조선혁명의 진로」에서는 자주적으로 혁명적 당을 창건할 데에 대한 방침을 제시했다. 조선공산당의 해산에서 심각한 교훈을 찾고 건전한 토대 위에서 당을 창건하기 위한 투쟁을 벌여야 한다고 하면서, 그러자면 종파분자들처럼 아무런 토대도 준비도 없이 당 중앙을 선포하려 하거나 코민테른의 승인을 받으려고 해서는 안된다고 밝히고 있다. 또한 반드시 우리의 힘으로 새로운 혁명적 당을 창건하여야 한다는 자주적 당 창건 방침을 제시했다. 이와 함께 당 중앙을 선포하는 방법으로 당을 창건할 것이 아니라 충분한 준비 밑에 당의 기층조직을 먼저 내오고 그것을 부단히 확대 강화하는 방법으로 창건하며 당 창건을 위한 준비사업을 반드시 일제를 반대하는 투쟁과 밀접히 결부하여 진행하여야 한다는 대안을 제시했다.

「조선혁명의 진로」에서 제시된 모든 노선과 방침들은 다 새로운 자주사상을 핵으로 하고 있었다. 첫날 회의에서는 「조선혁명의 진로」를 청취하는 것으로 그쳤다. 그다음 날부터는 농민들의 일손을 도우면서 강가나 버드나무 숲에서 조 단위로 혹은 대표 전원이 모여서 보고에서 제기된 과업들을 집행하기 위한 대책을 논의했다. 김일성은 조별 또는 집체적으로 토의하면서 제기된 내용을 종합한 다음 회의 마감 날 진명학교 교실에 다시 모여, 종합토론을 하고 구체적인 임무분담안을 발표하고 회의를 마쳤다. 「조선혁명의 진로」에서 제시된 주체적인 노선과 방침들은 참가자들의 적극적인 지지와 찬동을 받았으며, 임무분담안은 만장일치로 통과됐다. 장내에서는 힘찬 박수소리와 함께 회의가 끝났다.

역사적인 카륜회의는 우리나라 민족해방운동의 발전에서 거대한 역사적 의의를 갖는다. 이 회의는 항일민족해방운동이 자기의 주체적인 혁명지도사상과 노선, 과학적인 전략전술에 따라 새롭게 발전해 나가는 데서 일대 전환적 계기가 되었다. 참으로 이 회의는 새로운 자주사상의 창시와 주체적인 혁명노선 탄생을 선포한 역사적 회의였다. 「ㅌ.ㄷ」의 결성으로부터 길림바람으로 발전해 나갔던 새로운 민족해방운동의 조류는 카륜회의를 계기로 자주의 기치 밑에 자체적인 독자적 혁명노선과 전략전술을 갖고 앞길을 개척해 나가는 새로운 혁명의 길에 확고히 들어서게 되었다.

4
첫 당 조직 건설동지사

1930년대 동아일보 길림지국장이었던 최일천은 1945년 해방 직후 서울에서『해외조선혁명운동소사』라는 책을 냈다. 이 책은 우리나라에서 최초로 김일성의 활동을 소개한 책으로 유명하다. 이 책에는 "…회덕에는 닉명단체〈건설동지사〉가 생기였다. 김일성에 대한 기대와 이 단체들의 운동은 컸다. 열의인 정의인인 김일성에 대한 민중의 지지도 컸다. 아니 지지라기보다 19세 소년혁명가 김일성은 완전히 민중의 친애하는 아들로서의 동생으로서의 사랑을 받았고 또 김일성은 그들 민중에게 대하여 진심으로 봉사할 것을 심약하였다." 구절이 나오는데, 이것은 첫 당 조직 건설동지사에 관한 기록이다. 비록 부정확한 내용도 있지만, 비합법 비밀조직으로〈건설동지사〉라는 조직이 있었음을 증언하고 있다.

김일성이 새 형의 당을 창건해야겠다는 결심을 하고 그 방도를 전면적으로 모색하기 시작한 것은 조선공산당이 코민테른에서 제명되었다는 소식을 들은 다음부터였다고 한다. 이것은 회고록을 비롯한 여러 자료들에서 확인된다. 회고록에는 "우리가 새 형의 당을 창건해야 하겠다는 결심을 내리고 그 방도를 전면적으로 모색하기 시작한 것은 조선공산당이 국제당에서 제명되었다는 소식을 들은 다음 부터였다. 조선 노동운동과 민족해방운동 발전의 필연적 귀결로 창건된 조선공산당은 일제의 가혹한 탄압과 상층인물들의 파쟁으로 하여 1928년에 조직된 역량으로서의 자기의 존재를 끝마쳤다. 국제공산당에서는 1928년 여름에 있은 제6차 대회에서 조선공산당의 승인을 취소한다고 하였다. 이것은 사실에 있어서 조선공산당이 국제당 대열에서 제명되었음을 의미하는 것이었다. 물론 우리는 조선공산당이 존재할 때에도 파쟁을 일삼는 그 상층부에 대하여서는 시답지 않게 여기었다. 그러나 그 당마저 국제당 대열에서 제명되었다는 소식을 들으니 분하고 수치스러운 심정을 금할 수 없었다. 우리는 그때 국제공산당의 처사에 대하여 야속하게 생각하였다. 이때부터 나는 비록 나이도 어리고 공산주의운동경험도 적지만 우리자신이 주인이 되어 새 형의 당을 창건하기 위한 투쟁을 적극적으로 벌어야 하겠다는 생각을 하게 되었다." 라고 이 당시 상황을 쓰고 있다.

순결하고 참신한 새 형의 당을 창건하기는 결코 쉽지 않았다. 여기에는 많은 난관들이 앞에 가로 놓여 있었다. 그중에서도 두 가지가 문제였다. 가장 큰 난관은 뭐라 해도 우리나라 공산주의 운동내부에 종파주의가 여전히 뿌리 깊게 남아 있다는 점이었다. 조선공산당이 코민테른에서 제명처분을 받은 후 우리나라 공산주의자들은 국내외에서 당을 재건하기 위한 운동을 치열하게 벌였지만 파벌투쟁 때문에 일제의 무차별적 탄압과 방해책동을 극복할 수 없었다. 김일성은 이러한 현실에서 이미 해산된 당을 재건하거나 파쟁의 악습에 물젖은 기성세대에 의거해 가지고서는 혁명적 당을 창건할 수 없다고 판단하고, 새로운 길을 걸어야겠다고 결심했다.

당 창건에서 다음으로 제기된 난관은 코민테른이 제정한 1국 1당제 원칙이었다. 코민테른은 제6차 대회에서 채택한 규약의 총칙에서 코민테른에 소속되어 있는 개개의 당은 해당 나라의 공산당이라는 명칭을 가지며, 매개 나라에서는 하나의 공산당만이 코민테른의 지부로 존재할 수 있다는 1국 1당제 원칙을 규정했다. 또한 코민테른 동양선전부에서는 1930년 5월 하바롭스크에서 조중공산당 대표회의를 소집하고 조선공산당 조직문제에 대한 국제당의 결정을 통지해 주었다. 그 결정내용은 재만조선인공산주의자들은 중국당에 가입해 중국당원으로서 활동하라는 것이었다. 이것은 당 건설문제에서 새로운 난관으로 되었다. 새세대공산주의자들은 이 문제를 놓고 수많은 토론과 논쟁을 벌였다. 이러한 과정을 거쳐 1국 1당제의 원칙을 '한 나라에서 둘이상의 공산당이 코민테른에 가입할 수 없고, 오직 하나의 공산당만 가입할 수 있다는 것, 한 나라에는 두 개 이상의 공산당 중앙이 존재할 수 없고, 하나의 공산당 중앙만이 존재할 수 있다'는 것으로 해석했다. 이 원칙의 본질은 한 나라에 같은 이해관계와 목적을 가진 당 중앙이 둘 이상 있어서는 안 된다는 것이었다. 이 요구는 결코 조선 혁명가들에서 당 재건의 가능성을 박탈하는 것이 아니며, 중국에서 활동하는 조선혁명가들이 당 중앙을 따로 만들어 중국당과 병존하지 않으면 국제당의 1국 1당제의 원칙에도 모순될 것이 없다고 결론을 내렸다.

코민테른의 방침에도 부합되고 조선혁명도 강력히 추진해 나갈 수 있는 그런 길을 찾아 깊은 사색과 고심을 거듭했다. 이러한 모색 끝에 새로운 출로를 찾아냈다. 그것은 선행한 공산주의운동의 교훈으로부터 출발하여 조급하게 당 중앙을 선포하는 방법으로가 아니라 당 창건의 조직 사상적 기초를 착실하게 다지고 그 토대 위에서 명실상부하게 우리나라 혁명의 참모부적역할을 수행할 수 있는 당을 창건하자는 것이었다. 주관적 욕망만을 앞세워 당을 창건할 수 없으므로 계급적으로 각성되고 준비된 조직적 골간을 육성해 나가고 대열의 사상의지적 통일을 높여 나가며, 당이 의거할 수 있는 군중적 지반을 확대하는 활동을 앞세워 당건설의 조직 사상적 기반을 먼저 다져 나가야 한다. 그러려면 종파와 인연이 없는 새세대공산주의자들을 골간으로 기층당 조직을 먼저 내오고, 그것을 확대 강화하는 방법으로 당을 창건하는 것이 가장 적합하고 현실적인 창당방법이라고 결론을 내렸다. 그리고 이와 같은 방법으로 당을 창건하면 코민테른에서도 환영할 것이라고 확신했다.

이러한 결론에 따라 「조선혁명의 진로」에서 " 당 중앙을 먼저 선포할 것이 아니라, 당의 기층조직을 내오고 그것을 부단히 확대 강화하는 방법으로 당을 창건해야 한다. 또한 당 창건 준비사업을 일제를 반대하는 투쟁과 밀접히 결부해 진행시켜 나가야 한다."는 새 형의 당 창건방침을 제시했다. 그리고 카륜회의를 마친 다음날인 1930년 7월 3일 장춘현 카륜진 자자툰 마을 진명학교 교실에서 주체형의 새 당 조직을 결성하는 회의가 열렸다. 이 회의에는 차광수, 김혁, 최창걸, 계영춘, 김원우, 최요일이 참석했으며, 이 사람들이 첫 당조직의 성원들이었다. 물론 회의에는 참여하지 않았지만 김이갑, 김형권, 박근원, 이제우도 첫 당조직의 성원으로 되었다. 또한 나중에 변절했지만 조선 혁명군 대장으로 내정되어 있던 이종락과 박차석도 이 조직의 성원이었다.

이날 회의에서는 당 조직 성원들이 해야 할 과업으로 기층당 조직을 확대하고 그에 대해 통일적인 지도체계를 수립하기 위한 방안, 대오의 조직 사상적 통일과 동지적 단합을 확고히 실현하는 문제의 중요성과 그 방도, 혁명의 대중적 지반을 튼튼히 구축하기 위한 방안들을 토의 결정했다. 또한 당 조직이 모든 활동에서 자주적 입장을 확고히 견지할 데에 대한 문제와 당 조직 건설 사업을 반일투쟁과 밀접히 결부시킬 데 대한 문제들이 특별히 강조되었다. 또한 이날 회의에서는 첫 당 조직의 명칭을 '건설동지사'로 명명했다. 이 명칭에는 동지를 얻는 것으로부터 혁명을 시작하고, 생사를 같이할 수 있는 동지들을 끊임없이 찾아내고 결속시켜 혁명을 심화 발전시켜 나가자는 '동지애의 철학'이 담겨 있었다.

건설동지사 성원들은 각지로 흩어져 가서 두만강 연안의 북부조선 일대와 만주의 여러 지역에 당 조직들을 내왔다. 국내에 첫 당 조직을 건설하는 사업은 김일성이 직접 담당해 1930년 가을 함경북도 온성군에 직접 나가 온성 국내 첫 당 조직을 건설했다.

건설동지사가 결성된 때로부터 전반적 우리나라 민족해방운동은 혁명적 당 조직의 통일적 지도하에서 전진하는 새로운 길에 확고히 들어섰다. 건설동지사의 결성에 의하여 새세대혁명가들은 역사상 처음으로 자기의 참다운 당 조직을 갖게 되었고 주체형의 혁명적 당의 조직건설 사업을 힘 있게 밀고 나갈 수 있는 모체를 마련하게 되었다. 건설동지사는 1930년 7월 10일 첫 대변지 『볼쉐비크』를 창간했다.

5
무장투쟁을 준비하며

조선혁명군 결성

카륜회의에서 주요 전략적 과업으로 내세운 것은 무장투쟁, 주체적인 당 건설, 민족통일전선 구축 등이었다. 이 중에서 당 조직건설 사업은 첫 당 조직인 건설동지사의 결성으로 첫걸음을 뗐다. 하지만 가장 어려운 사업은 무장투쟁노선을 어떻게 관철해 나갈 것인가 하는 문제였다. 당시 새세대청년 공산주의자들은 무장투쟁에 관한 이론, 전략전술도 없었으며, 무장투쟁의 경험도 전무했다. 이러한 조건하에서 무장투쟁노선을 관철해 나갈 수 있는 방도를 찾아야 했다. 무장투쟁을 조직 전개해 나가려면, 무장대오가 있어야 하며, 군중적 기반이 튼튼해야 한다. 그렇기 때문에 무장투쟁 준비사업으로는 무장대오를 꾸리고 무기를 준비하는 것, 이들을 단련시켜 유능한 군사간부로 키우는 것, 혁명조직을 복구 정비하여 무장투쟁의 핵심대오를 끊임없이 늘려 나가는 것, 무장투쟁의 대중적 지반을 튼튼히 꾸리는 과업들을 수행해 나가야 한다.

김일성은 무장투쟁에 필요한 것들이 아무것도 없는 조건에서 무장투쟁을 조직적으로 준비해 나가자면, 이를 위한 조직적 주체가 있어야겠다고 판단하고, 이를 위한 준비과업을 조직적으로 제기했다. 이리하여 무장투쟁 준비조직을 꾸리기 위한 준비활동을 활발히 전개했다. 그 준비활동이란 다름 아닌 대원들과 무기였다. 이러한 준비 끝에 1930년 7월 6일 고유수의 삼광학교 운동장에서 조선혁명군 결성대회를 가졌다.

이날 결성대회에서 조선혁명군의 성격을 '항일무장투쟁을 조직 준비하기 위한 조선공산주의자들의 정치 및 반군사조직'이라고 규정하고, 조선 혁명군을 기초로 향후 상비적 혁명무력이 창건될 것이라고 선언했다. 그리고 조선혁명군의 기본사명은 도시와 농촌에 들어가 민중을 교양하고 각성시켜 그들을 항일의 기치 밑에 묶어 세우면서, 무장투쟁의 경험을 쌓고 장차 본격적인 무장대오를 결성하기 위한 준비를 갖추어 나가는 것이라고 규정했다. 이를 위한 당면과업으로는 항일무장대오를 꾸릴 수 있는 골간을 육성하는 문제, 혁명군대가 의거할 수 있는 대중적 지반을 꾸리는 문제, 무장투쟁을 벌이기 위한 군사적 준비를 충분히 갖출 데 대한 문제를 제기했다.

조선혁명군을 제1대, 제2대, 제3대 하는 식으로 여러 개의 대를 만들었다. 그리고 이종락이 조선혁명군의 대장을 맡기로 했다. 이때 결성된 조선혁명군은 민족주의단체 국민부산하에 있었던 조선혁명군과 동명이었지만, 양 조직은 전혀 다른 조직이었다. 물론 국민부 산하 조선혁명군성원들 중에 일부는 김일성이 만든 조선혁명군에 가입되어 있었다. 이 때문에 더욱 혼란이 가중되는데, 명칭은 같았지만 지도이념과 사명은 전혀 달랐다. 김일성이 만든 조선혁명군은 공산주의 이념의 기치아래 군중정치사업도 하고 군사 활동도 하는 정치 및 반군사조직이었다.

김일성은 조선혁명군을 정치군사적으로 강화하기 위한 사업을 힘차게 추진해 나갔다. 무엇보다도 무장대오의 핵심을 꾸리는데 선차적 의의를 부여하고, 1930년 7월 중순 고유수에서 조선혁명군 대원들을 위한 단기강습을 진행했다. 이 강습에는 조선 혁명군 대원들과 함께 여러 혁명조직에서 선발되어 온 공청 및 반제청년동맹원들도 참가했다. 이 강습에서는 카륜회의에서 제시된 조선혁명에 관한 노선과 전략전술적 방침, 조선혁명군의 당면 투쟁과업과 수행방도, 국내외 정세, 군중 속에서의 정치사업 방법 등이 강의되었다. 이와 함께 군사훈련도 병행하였다.

　조선혁명군은 결성 이후 여러 소조로 편성돼 각지에 파견됐다. 국내에도 몇 개의 소조가 파견됐다. 조선혁명군 무장소조들은 광범한 민중 속에 깊이 들어가 그들을 혁명적으로 각성시키고 여러 가지 반일대중단체 조직에 망라해 혁명의 대중적 지반을 늘려나갔다. 또한 적의 밀정과 주구들을 처단하고 무기를 탈취하며, 경찰과 반동기관들을 습격 소탕하는 용감무쌍한 투쟁을 벌여 일제에 타격을 주었다.

　김혁을 책임자로 한 조선혁명군 무장소조는 하얼빈 지구에서 활동하면서 부두노동자들과 청년학생들을 비롯한 각계각층 군중 속에 깊이 들어가 카륜회의 방침을 정력적으로 해설 선전했다. 이제우 무장소조는 장백 땅에서 열성적으로 활동했다. 이제우, 공영, 박진영을 중심으로 결성된 이제우 무장소조에게는 신갈파로 해서 낭림산맥을 타고 평안북도 일대로 뻗어 나가면서 광범한 대중 속에 혁명조직을 내올 과업이 주어졌다. 이재우 무장소조는 장백 땅에서 열정적으로 활동했다. 장백 땅에서는 반일조직들이 연이어 태어나고 마을마다 학교와 야학이 생기고 웅변대회, 연예공연, 체육대회 같은 것이 벌어져 대중들을 혁명적 열정으로 끓게 했다. 이제우는 열정적인 활동을 전개하다 적들에게 체포돼 서울에 압송된 후 사형당할 때까지 용감히 싸웠다.

　또한 김형권(김일성의 삼촌)을 책임자로 조선혁명군 무장소조를 국내로 파견했다. 김일성이 혁명군 소조들을 국내로 파견한 까닭은 무장투쟁의 대중적 지반을 꾸리고 국내 혁명투쟁을 앙양시키며, 국내에서 무장투쟁을 할 수 있겠는가 하는 것을 알아보자는 데 있었다. 김형권이 인솔한 조선혁명군 무장소조는 1930년 7월 안도지방을 떠나 장백현 지양개와 절골 등지를 중심으로 하는 압록강연안일대에서 적극적인 정치군사 활동을 벌였다. 소조는 장백현 소덕수전투와 지양개골 뒷산전투를 비롯한 여러 전투를 통하여 국내진출과 앞으로의 군사활동에서 도움이 될 귀중한 경험을 체득하면서 국내에로 진출할 군사적 준비를 하여 나갔으며 이에 토대하여 이해 8월 초 압록강을 건넜다.

조국 땅에 진출한 조선혁명군소조의 일제에 맞선 첫 총소리는 풍산군 파발리에서 높이 울렸다. 무장소조는 8월 14일 대낮에 파발리에 있는 경찰관주재소를 습격하여 이 고장 인민들을 악착하게 탄압하던 악질경관 오빠시 순사부장을 처단하고 민중들 속에서 정치 사업을 벌였다. 김형권은 총소리를 듣고 모여온 군중들 앞에서 우리는 일제 놈들과 싸우는 조선혁명군이다, 오늘은 오빠시 한 놈을 처단하지만 2천만 겨레가 힘을 합치고 손에 무장을 들고 싸우면 철천지원수 일제침략자들을 능히 쳐 물리칠 수 있다고 하면서 나라를 사랑하는 사람들은 손에 무장을 들고 싸움에 나설 것을 열렬히 호소하였다. 김형권의 연설에 격동된 군중은 '조선독립 만세!'를 부르면서 무장소조일행을 열렬히 환영하였다.

파발리 민중들의 뜨거운 환송을 받으며 후치령을 향해 떠난 무장소조는 봉오골어귀에서 풍산경찰서 사법계주임이 탄 자동차를 억류하고 그 자의 무장을 해제한 다음 주임과 그 밖의 승객들에게 반일선전을 하였으며 연이어 이원군 문앙리 일대에 진출하여 배덕골과 대바위골을 비롯한 여러 지점에서 숯구이노동자들을 상대로 정치사업을 하였다. 무장소조는 9월초 적수색대가 도사리고 있는 북청군 대덕산의 광제사를 습격하고 홍원, 경포방향으로 진출하다가 절부암 부근에서 적들과 조우하여 전진경찰관주재소 소장을 사살하였다. 이처럼 김형권이 인솔한 조선혁명군 무장소조는 조국 땅에 혁명의 첫 총성을 높이 울림으로써 일제의 발굽 밑에서 신음하던 국내인민들에게 신심을 안겨주었으며 일제침략자들에게 심대한 타격을 주고 놈들을 커다란 공포와 불안 속에 빠뜨려놓았다.

이처럼 조선혁명군은 조선과 만주의 넓은 지역에서 군사정치활동을 힘차게 벌려 혁명의 씨앗을 심어가면서 항일무장투쟁 준비를 위한 보람찬 길을 걸어 나갔다.

혁명조직의 복구 정비사업 추진

항일 무장투쟁 준비사업이 본격적으로 추진되고 있던 때인 1930년 여름 우리나라 민족해방운동은 종파사대주의자들의 모험적 책동으로 또다시 엄혹한 시련에 부딪히게 된다. 그들은 5.30 폭동 실패에서 교훈을 찾기는커녕 1930년 8월 1일 국제반전일을 기화로 길림- 돈화 철도연선 지방을 중심으로 또 다시 무모한 폭동을 일으켰다. 이것이 8.1 폭동이다. 적들은 5.30 폭동 때 시작된 검거선풍을 8.1폭동을 핑계로 더욱 확대해, 애국적 조선사람들과 활동가들을 닥치는 대로 체포, 구금, 학살하는 만행을 저질렀다. 만주 각지에서 우수한 지도핵심들이 떼거지로 붙잡혀 희생되고 조직에 관계했던 많은 사람들이 조직선을 잃고 흩어졌다. 적들의 무자비한 탄압 앞에서 일부 사람들은 신심을 잃고 민족해방운동의 전도에 대해 회의를 하였다. 사태는 날로 험악해져 갔다.

김일성은 이 엄혹한 시련을 극복하기 위해 적들의 폭압을 맞받아 나가 동지들을 보호하고 파괴된 혁명조직들을 복구 정비하기 위한 투쟁을 벌여 나갔다. 폭동이 휩쓴 전 지역에 공청 및 반제청년동맹 간부들을 파견해 군중들이 종파분자들의 선동에 속아 넘어가지 않도록 하는 한편, 본인 스스로 길림, 교하, 하얼빈, 돈화지역을 담당해 조직 복구 작업에 심혈을 기울였다. 이때 파괴된 혁명조직들을 복구 정비하기 위해 수많은 사선의 고비를 넘어야 했다. 장울화 이야기나 교하 아주머니와 같은 일화들은 이때 있었던 일들이었다. 그는 이러한 투쟁과정을 통해 혁명승리에 대한 확고한 신념은 만민을 공감시키고 투쟁으로 불러일으킬 수 있는 정확한 혁명노선과 전략전술이 있고, 자체의 혁명역량이 있다는 것을 체득할 때 생기며, 투쟁을 통해 굳어지는 법이라는 철리를 더 깊이 느꼈다. 그의 정력적인 지도와 헌신적 활동으로 위기에 처해 있던 혁명조직들이 새로운 활력을 찾고 대중 속에 다시 뿌리내리게 됐으며, 위축되었던 혁명 군중들은 투쟁의 길에 다시 떨쳐나서게 됐다.

1930년 당시 항일무장투쟁의 대중적 기반을 닦는 데서 농촌혁명화 사업이 절박한 과제로 등장했다. 우리나라 계급구성에서 농민이 80%이상 차지하고 있을 뿐 아니라, 무장투쟁의 주요 무대는 농촌지역으로 될 수밖에 없는 조건에서 농촌혁명화 없이 무장투쟁의 대중적 지반을 구축할 수 없었다. 따라서 조선혁명군 성원들은 여러 지역으로 흩어져 농촌혁명화 사업을 추진해 나갔으며, 김일성은 중부만주의 요하농촌을 혁명화하는 사업을 담당했다.

김일성은 요하농촌을 혁명화하기 위해 1930년 10월 오가자로 갔다. 오가자는 살길을 찾아 헤매던 조선이주민들이 한집두집 모여 개척한 농촌마을인데 처음에 다섯 호의 농가가 자리 잡았다고 해 오가자라고 불렸다. 그 후 오가자를 중심으로 요하강변을 따라 여러 마을들이 들어선 요하농촌에는 이무렵 조선인 농가가 300여 호쯤 있었다. 장춘에서 서남쪽으로 200여리 떨어진 이곳에는 민족주의 세력이 깊이 뿌리박고 있었다. 그들은 이상촌건설이라는 헛된 꿈에 빠져 그 어떤 이색적 조류와 사상을 절대로 허용하지 않았다. 그리고 그 흐름의 중심에는 변대우 노인이 있었다. 변대우 노인은 마을의 실권자로서 유지들을 조종하였다. 그는 젊은 시절에 독립군에게도 참가하고 원동에 가서 공산주의운동도 한 견문이 넓고 고집이 센 늙은이였다. 변대우 노인을 돌려세우지 않고서는 완고한 유지집단을 돌려세울 수 없었으며 마을을 혁명화할 수 없었다.

김일성은 이 마을에 들어가 이상촌 건설 구상이라는 헛된 꿈에 빠져 있던 완고한 변대우 노인을 설득한 데 이어 중국인지주들을 혁명의 편으로 돌려

세웠다. 이에 기초해 오가자를 혁명촌의 모범으로 세우기 위한 사업을 정력적으로 추진했다. 청년회를 반제청년동맹으로 개편하고 각 부락들에 그 지부를 두었다. 그 후에 농우회는 농민동맹으로, 소년학우회는 소년탐험대로, 남만여자교육연합회 오가자 지부는 반일부녀회로 개편했다. 또한 지방행정자치기관인 촌공회도 혁명적인 자치위원회로 개편했다. 김일성의 능숙한 대중정치 사업에 의해 오가자는 민족주의자들이 꿈꾸는 허황한 이상촌으로부터 혁명적 생활과 투쟁이 약동하는 혁명촌으로 전변되고 요하 농촌은 조선혁명군이 믿음직한 활동기지로 꾸려지게 됐으며, 무장투쟁의 대중적 지반이 더욱 확대되었다.

조선혁명군 지휘성원 및 혁명조직 책임자회의(1930년 12월 25일)

당시 일제는 새로운 식민지를 확보하고 영토를 팽창하기 위한 침략전쟁 준비를 서두르면서 그에 방해로 되는 모든 것들을 가차 없이 섬멸해 나갔다. 이러한 정세에서 김일성은 1930년 12월 25일 오가자에서 조선 혁명군 지휘성원 및 혁명조직 책임자회의를 소집했다.

그는 이러한 정세를 통찰하고 일제가 만주를 치기 전에 동만지역으로 나가 산악지대를 타고 앉아 침략에 맞설 준비를 해야 하며, 그를 위해서는 중부만주 지역에서의 활동을 총괄적으로 평가하고 무장투쟁에 필요한 대책을 세워야 한다고 제의했다. 그는 이날 회의에서 '조성된 정세의 요구에 맞게 혁명운동을 더욱 확대발전시키자'는 연설을 했다. 이 연설에서 그는 카룬회의 방침관철 과정에서 이룩된 성과와 경험을 총괄한 후, 무장투쟁의 기본 무대를 동만으로 옮기고 항일무장투쟁 준비에 더욱 박차를 가해 나가기 위한 과업을 제시했다.

그는 무장투쟁 준비를 촉진해나가기 위해서는 혁명무력의 핵심대열을 적극적으로 확대하고, 무장확보투쟁을 더욱 정력적으로 전개하며, 무장투쟁의 대중적 기반을 튼튼히 축성해야 한다고 강조했다. 그리고 이에 대한 구체적 방도들을 제시했다. 그리고 국제혁명역량과의 연대성을 튼튼히 하며 코민테른과의 연계를 강화해야 한다고 했다.

회의 후 두만강연안을 비롯한 각지에 파견된 공청과 반제청년동맹원들과 조선혁명군대원들은 오가자 혁명화의 모범에 따라 대중정치조직사업을 더욱 활발히 펼쳐 나갔다. 이 과정에서 도처에 새로운 혁명촌들이 생겨났으며, 항일무장투쟁 준비사업은 튼튼한 대중적 지반 위에서 끊임없이 심화되어 갔다.

봄 명월구 회의(1931년 5월 20일)

김일성은 두만강 연안 간도일대를 중심으로 본격적인 무장투쟁을 벌일 원대한 구상을 갖고 1931년 봄 오가자를 떠나 혁명활동 중심지를 동만으로 옮겼다. 그는 동만으로 나가면서 두 가지 과제를 내세웠다. 그 하나는 5.30 폭동의 후과를 극복하는 것이며, 다른 하나는 광범한 군중을 하나의 정치역량으로 묶어세울 수 있는 올바른 조직노선을 제기하고 그 노선으로 새세대공산주의자들을 무장시키는 것이었다.

그는 동만으로 나오다 체포되어 장춘감옥에 갇혔다. 다행히 길림 육문중학교 이광한 교장의 도움으로 20일 만에 무사히 나오게 되었다. 감옥에서 나와 동만에서 진행한 첫 사업은 돈화강습(무장투쟁 준비를 본격화하기 위한 과업과 그 실천방도를 다뤘다)이었다. 돈화강습이후 강습참가자들을 간도 일대의 도시와 농촌 마을에 파견하고 자신도 연길, 화룡, 왕청 일대의 여러 마을을 찾아 그 곳 혁명조직 사업을 지도했다. 또한 1931년 5월 우리나라 북부국경지대인 종성, 온성까지 진출해 그곳 혁명조직 사업을 도와주었다. 그는 1931년 5월 14일 종성군 공수덕에서 공청일꾼 및 지하혁명조직 책임자회의를 열고 무장투쟁을 준비하기 위해 좌경모험주의노선을 배격하고 혁명적 조직노선을 관철하기 위한 방안과 과업을 제시하였다.

김일성은 1931년 5월 20일 연길현(현재는 안도현) 명월구(옹성라자) 이청산의 집에서 당 및 공청 간부회의를 개최했는데, 이것을 봄 명월구회의라고 부른다. 이 회의에서 그는 '좌경적 모험주의노선을 배격하고 혁명적 조직노선을 관철하자'는 역사적 연설을 하였다. 이 연설에서 그는 "오늘 조선공산주의자들 앞에 나서는 가장 중요한 과업은 혁명의 기본군중을 튼튼히 결속하고 그 주위에 각계각층 반일역량을 굳게 단결시켜 전 민족을 하나의 정치적 역량으로 단합시키는 혁명적 조직노선을 철저히 관철하는 것입니다."라고 밝혔다. 그는 연설에서 종파사대주의자들이 일으킨 좌경적인 5.30폭동의 본질과 실패원인, 그 후과와 교훈을 심각히 분석 총화한 후 새로운 혁명적 조직노선을 제기하고, 그 관철에서 나서는 과업들을 제시했다. '좌경적 모험주의 노선을 배격하고 혁명적 조직노선을 관철하자'는 연설의 요지는 다음과 같다.

좌경적 모험주의노선을 배격하고 혁명적 조직노선을 관철하자
오늘 우리나라에 조성된 주객관적 혁명정세의 요구에 맞게 반일민족해방투쟁을 더욱 높은 단계에로 발전시키기 위한 유일한 길은 무장투쟁을 전개하는 것입니다. 그러나 아무런 준비도 없이 지금 당장 무장투쟁을 전개할 수는 없습니다. 오직 혁명역량의 충분한 준비에 기초해서만 무장투쟁을 전개할 수 있고 일본제국주의자들을 타승할 수 있습니다.

우리가 오늘 5.30폭동에서 심각한 교훈을 찾는 것도 결국 반일민족해방투쟁의 더욱 높은 단계에로의 발전을 앞두고 혁명역량을 준비하는 사업에서 결정적인 전환을 이룩하기 위한 것입니다.

종파사대주의자들은 순전히 자기들의 종파적 목적을 달성하기 위하여 동만에서 무모한 5.30폭동을 일으켰습니다. 이자들은 폭동을 위한 면밀한 계획과 조직적 준비도 없이 폭동지휘부부터 만들어가지고 마을마다에서 농민들을 동원하여 도시로 쳐들어갔습니다. 이리하여 1930년 5월 30일 용정, 두도구, 2도구, 남양평, 걸만동, 연길, 동불사 등 동만의 중요지역들에서 일본영사관, 조선인거류민회, 동척금융부, 보통학교, 발전소, 철교들을 파괴하고 불 지르며 친일파, 지주, 자본가들을 처단하는 폭력투쟁이 벌어졌습니다.

지난 1년 동안 일제와 국민당군벌이 체포 구금한 조선청장년들은 수만 명에 달하며 그중 즉석에서 사살한 사람만 해도 수백 명이나 됩니다. 체포된 사람들 중 수백 명에 달하는 조선공산주의자들이 서울 서대문형무소로 이송되었습니다. 폭동 당일 격전에서 희생된 사람, 놈들의 고문으로 죽은 사람, 상한 사람까지 하면 실로 수천 명의 조선청장년들이 희생되었거나 피를 흘렸습니다. 그리하여 오늘 동만일대의 조선사람 부락들은 공포의 분위기에 휩싸이게 되었습니다. 혁명조직들은 파괴되고 요행 몸을 피한 일부 동지들은 어찌할 바를 모르고 있으며 농민대중은 원수들의 테러 앞에서 위축되고 있습니다.

우리는 이 엄중한 사태를 시급히 수습하고 혁명조직을 복구하며 대중의 혁명기세를 높혀 조선혁명을 다시 앙양의 길로 이끌어야 합니다. 그러자면 모험맹동적인 5.30폭동을 옳게 분석총화하고 교훈을 정확히 찾는 것이 중요합니다.

그러면 5.30폭동이 실패하게 된 주요한 원인은 어디에 있습니까?

첫째로, 종파사대주의자들의 교조주의와 소부르주아 영웅주의에 있습니다. 다른 나라 당내에서 일시적으로 좌경모험주의 폭동노선이 지배하고 있는 것을 본 종파사대주의자들은 그 정당성여부도, 그것이 우리혁명의 구체적 실정에 맞는지 안 맞는 지도 따져보지 않고 덮어놓고 수많은 혁명 군중을 폭동으로 내몰아 값없이 희생시키고 혁명에 막대한 손실을 끼쳤습니다.

둘째로, 폭동이 극좌적으로 진행된 데 있습니다. 종파사대주의자들은 조선혁명의 현 단계에 대한 올바른 인식과 과학적인 전략전술도 없이 순전히 주관적 욕망에 사로잡혀 실현될 수 없는 극좌적인 투쟁구호를 내걸고 폭동을 일으켰습니다. 폭동조직자들은 조선혁명의 반제반봉건민주주의적성격을 무시하고 '공농소비에트정권을 건설하자!', '정의부, 신간회, 근우회 지회 등을 타도하라!'는 극좌적

구호를 내걸었으며 친일, 반일을 불문하고 모든 지주, 자본가를 때려 부수는 데로 대중을 내몰았습니다. 지어 일부 지방에서는 지주나 부농이라는 명색만 가져도 덮어놓고 그들의 낟가리에 불을 지르고 능히 쟁취할 수 있는 동요분자들까지도 주구로 몰아 청산하는 등의 좌경적 오류를 범하였습니다. 이러한 좌경적 행동은 폭동군중의 혁명열의를 발양시킬 수 없게 하였고 그들이 투쟁에 의식적으로 참가할 수 없게 하였으며 특히 혁명의 편에 쟁취할 수 있는 수많은 반일군중을 불안하게 하고 동요하게 하였습니다.

셋째로, 폭동이 충분한 준비와 과학적 타산이 없이 모험적으로 진행된 데 있습니다. 5.30폭동의 조직자들은 혁명정세에 대한 옳은 분석과 판단, 적아의 역량대비에 대한 타산이 없이, 정확한 계획과 충분한 준비가 없이 모험 맹동적으로 폭동을 조직하였습니다. 그리하여 좌경맹동적인 5.30폭동은 일제와 국민당반동군벌이 연합한 수천 명 정예부대의 무력적 탄압으로 말미암아 수많은 희생을 내고 실패하였습니다.

그러면 5.30폭동의 후과는 무엇입니까?

그것은 무엇보다도 혁명조직과 대중과의 연계를 약화시키고 혁명조직으로부터 대중을 이탈시킨 것입니다.

조직적 단련이 미약하고 충분한 사상적 준비가 없이 폭동에 참가한 군중들은 폭동이 실패하고 원수들의 탄압과 학살이 강화되자 승리의 신심을 잃고 투쟁에 나선 것을 후회하였으며 지어 일부 사람들은 무고한 인민들에 대한 놈들의 약탈이 극심해지자 《공산당때문에 망한다.》고 생각하는 데까지 이르게 되었습니다. 그리하여 대중 속에서 공산주의자들의 위신은 저락되었으며 적지 않은 사람들이 공포심에 사로잡혀 혁명조직에서 떨어져나가는 엄중한 후과를 초래하게 되었습니다.

그것은 다음으로 갓 형성되기 시작한 혁명의 핵심들, 특히 각 지방의 혁명적 지도핵심들을 잃어버린 것입니다.

동만에서는 일제와 그 주구들을 반대하는 각종 형태의 대중투쟁 속에서 혁명조직이 나오고 청년공산주의자들이 자라났으며 이에 기초하여 각 지방에 혁명적 지도핵심이 갓 형성되어 가고 있었습니다. 바로 이러한 때에 무모한 폭동을 조직함으로써 혁명적 지도핵심들인 수십 명의 우수한 청년공산주의자들이 희생되고 수백 명의 혁명동지들과 수천 명의 반일군중이 검거 투옥되는 결과를 가져왔습니다. 이리하여 동만의 혁명조직들은 수많은 공산주의자들, 특히 혁명적 지도핵심들을 잃어버림으로써 파괴된 혁명역량을 수습하고 미개척지에 혁명조직을 확대해 나가며 혁명투쟁을 다시 앙양에로 이끌기 위한 사업에서 난관에 봉착하게 되었습니다. 다년간의 사회주의계몽운동과 투쟁 속에서 자라난 혁명적 지도핵심들을 많이 잃은 것은 혁명에서의 엄중한 손실이 아닐 수 없습니다.

그것은 또한 대부분의 지방혁명조직들이 파괴당한 것입니다.

사회주의계몽운동이 일찍부터 발전한 동만 각 지방들에서는 혁명적 전위조직들과 대중단체들이 적지 않게 조직되고 강화 발전되어가고 있었습니다. 그러나 폭동의 결과로 이 지구의 혁명단체들이 파괴되거나 노출되어 적들의 탄압을 받게 됨으로써 혁명조직들은 심대한 손실을 입게 되었습니다. 이리하여 조직군중은 조직을 잃고 갈 바를 몰라 방황하며 공포에 떨고 있습니다

일제의 민족이간정책에 넘어간 국민당반동군벌은 '조선사람은 일제의 앞잡이이다.'라고 비방 중상하면서 조선인민에 대한 학살만행을 함부로 감행하였습니다. 그리하여 조중인민간의 관계는 악화되었습니다.

좌경 모험맹동적 5.30폭동이 우리나라 혁명에 끼친 후과는 매우 엄중합니다. 그러나 우리는 이 일시적인 난관 앞에서 동요하거나 굴복하는 패배주의자가 되어서는 안 됩니다. 혁명의 길에는 우여곡절과 일시적인 실패와 희생이 있을 수 있는 것입니다.

지금 동만에서는 좌경모험맹동적인 5.30폭동의 후과로 혁명투쟁이 엄혹한 시련을 겪고 있지만 우리가 정확한 노선과 방침을 세우고 그에 의거하여 투쟁을 전개한다면 혁명조직은 다시 복구되고 혁명역량은 더욱 튼튼히 꾸려지게 될 것이며 혁명투쟁은 또다시 앙양될 것입니다.

그러면 어떠한 노선과 방침으로 투쟁을 전개해야 하겠습니까?

우리는 무엇보다도 종파사대주의자들의 좌경모험맹동주의를 반대하고 대중조직정치 사업을 강화하여 앞으로 더 큰 사변을 맞이할 준비를 해야 합니다. 즉 장차 무장투쟁을 중심으로 반일민족해방투쟁을 새로운 단계에로 발전시키기 위한 준비사업을 더 잘해야 합니다.

혁명의 승패는 자체의 혁명역량을 얼마나 튼튼히 준비하는가에 달려있습니다. 오늘 조선공산주의자들 앞에 나서는 가장 중요한 과업은 혁명의 기본군중을 튼튼히 결속하고 그 주위에 각계각층 반일역량을 굳게 단결시켜 전 민족을 하나의 정치적 역량으로 단합시키는 혁명적 조직노선을 철저히 관철하는 것입니다.

이를 위하여서는 첫째로, 혁명적 지도핵심을 튼튼히 꾸리고 그들의 자립적 역할을 높여야 합니다. 지도핵심들을 꾸리는데서 중요한 것은 그들을 마르크스-레닌주의혁명사상으로 튼튼히 무장시키는 것입니다.

혁명적 지도핵심들은 지난 기간 대중조직 지도사업에서 발로되었던 온갖 좌우경적편향을 극복하고 새로운 혁명적인 조직노선을 철저히 관철하여 혁명역량을 준비하는 사업에서 일대 전환을 일으켜야 합니다. 지도핵심들은 계급적 각오가 높고 투쟁의욕이 강한 사람들을 핵심으로 요해 장악하고 육성하며 그들에게 튼튼히 의거하여 대중조직지도 사업을 활발하게 전개하여야 합니다. 이와 함께 혁명실천 속에서 검열된 청년공산주의자들로 공청대열을 확대 강화하는 것은 우리나라 혁명운동발전에서 특히 중요한 의의를 가집니다.

둘째로, 파괴된 대중단체들을 복구정비하고 광범한 대중을 교양 결속하여 혁명의 대중적 지반을 튼튼히 축성하여야 합니다. 광범한 대중의 적극적인 지지와 참가 없이 소수 공산주의자들만으로는 혁명을 할 수 없습니다. 대중을 혁명투쟁에 인입하여 확고한 정치적 역량으로 만들기 위해서는 그들을 혁명의식으로 무장시키고 대중단체들에 광범히 망라시켜 조직화하여야 합니다.

셋째로, 혁명역량을 튼튼히 꾸리기 위해서는 대중을 조직할 뿐아니라 그들을 투쟁 속에서 단련시키는 것이 중요합니다. 혁명실천을 통해서만 혁명의 핵심이 자라며 혁명역량이 전투적으로 단련되는 것입니다. 그러나 5.30폭동과 같은 무모한 좌경모험주의적 폭동에로 대중을 내몰아서는 안됩니다. 적아간 역량대비의 정확한 타산과 과학적인 전략전술에 기초한 혁명투쟁만이 혁명정세를 성숙시킬 수 있으며 혁명의 지도핵심들을 육성하고 광범한 대중을 조직적으로, 혁명적으로 단련시킬 수 있는 것입니다.

투쟁전술에서 우리가 견지해야 할 원칙은 투쟁을 작은 규모의 투쟁으로부터 점차 큰 규모의 투쟁에로, 경제투쟁으로부터 점차 정치투쟁에로 발전시켜나가며 합법적 투쟁과 반합법적 및 비합법적 투쟁을 능숙하게 연결시켜나가는 것입니다. 혁명조직의 비밀을 엄수하고 사업에서 고도의 혁명적 경각성을 높여 적들의 탄압과 파괴암해책동으로부터 조직을 사수하며 혁명 군중을 보호하여야 합니다.

넷째로, 일제침략자들의 민족이간정책을 폭로하며 조중인민들간의 전투적 친선과 혁명적 단결을 강화하기 위하여 적극 노력하여야 합니다.

우리는 혁명적 조직노선을 철저히 관철함으로써 단시일 내에 동만과 나아가서는 국내 전 지역에서 혁명을 앙양시키고 반일민족해방투쟁을 조직적인 무장투쟁에로 발전시킬 수 있는 공고한 기초를 축성하여 나아가야 할 것입니다.

이 봄 명월구 회의는 우리 민족해방운동에 헤아릴 수 없는 피해를 가져온 종파사대주의자들의 죄행을 낱낱이 폭로 분쇄하고, 새롭고 독창적인 혁명적 조직노선을 확립한 회의로 평가되고 있다. 이 회의는 또한 우리민족의 반일민족해방운동을 조직적인 무장투쟁단계로 발전시키기 위한 준비사업을 더욱 촉진시켜 나가는 데서 중요한 전환적 계기를 열어 놓았으며, 대중전취를 위한 투쟁에서 커다란 의의를 가졌다.

김일성은 이 회의 이후 새로운 혁명적 조직노선을 관철하기 위한 투쟁에서 안도지구를 활동거점으로 삼고, 흥륭촌을 혁명화의 모범으로 만들기 위한 사업에 뛰어들었다. 김일성은 흥륭촌 혁명화사업 성공을 기반으로 유수하, 대사하, 소사하 등지에서 혁명역량을 확대하기 위한 사업을 더욱 적극적으로 벌려 나갔다. 그 결과 흥륭촌을 중심으로 한 안도지구에는 혁명조직들이 튼튼히 뿌리내리고 지도핵심들이 독자적으로 활동해 나갈 수 있게 됨으로써 혁명적 조직노선이 빛나게 구현되었다.

이와 함께 회령 종성을 비롯한 육읍 일대에서 활동하고 있는 정치일꾼들의 사업을 치켜세우기 위해, 김일성은 1931년 6월 하순 회령 쑥새골 포수막에서 회령, 종성지구 정치일꾼들의 회의를 열었다. 이 회의에서는 두만강연안 육읍일대 민중들에 대한 혁명화, 조직화 사업을 더욱더 힘차게 추진해 나가기 위한 방향과 방도가 논의되었다. 또한 무장소부대에 의거해 군사정치활동을 벌일 수 있는 밀영들을 잘 건설하는 문제도 논의되었다. 이처럼 이 일대를 무장투쟁의 전략적 거점으로 만들기 위한 과업들의 제시되고 토의되었다.

이와 같은 적극적인 활동으로 만주 각지와 육읍 일대를 비롯한 국내 북부지역일대에서 혁명적 조직노선을 관철하기 위한 투쟁이 활발히 벌어졌다. 농촌지역은 물론 도시와 탄광, 광산 등 어느 곳에나 혁명조직이 뿌리박히지 않은 곳이 거의 없게 됐으며, 극소수의 반민족 친일세력들을 제외한 모든 군중이 그 영향 밑에 놓이게 되었다.

승리한 간도 땅의 추수투쟁

9.18 사변으로 격변하는 정세는 우리나라 민족해방운동 앞에 일제를 반대하는 무장투쟁을 시급히 개시할 것을 절박하게 요구하고 있었다. 그런데 아직 대중들은 거듭된 좌경적 투쟁의 실패로 위축되어 있었다. 대중들을 무장투쟁을 불러일으키기 위해서는 우선 그 전 단계로 위축된 군중들에게 힘을 주고 신심을 주는 투쟁이 필요했다. 김일성은 혁명적 조직노선을 관철하기 위한 활

동에서 이룩된 성과를 토대로 간도일대의 조선 농민들을 일제와 결탁한 반동 지주들을 반대하는 대중적인 추수 투쟁으로 불러일으켰다. 김일성은 이때의 상황을 다음과 같이 회고했다.

《영흥의 3 000여명 농민들과 삼척의 2 000여명 농민들은 9.18사변 후 비상시국을 표방하며 파쇼적인 폭압과 약탈을 강화하고 있는 일제를 반대하여 큰 규모의 폭동을 일으켰다. 이런 때 우리는 간도지방에서 추수투쟁을 조직하였다. 각지의 투쟁위원회는 자기 산하에 선전대, 규찰대를 두고 삐라와 격문을 찍어내며 투쟁구호를 제정하는 등 준비 작업을 빈틈없이 한 다음 혁명조직구별로 추수투쟁에 들어섰다. 초기의 투쟁은 소작료를 낮추기 위한 합법적인 경제투쟁이었다.》

각지의 투쟁위원회들은 농민들의 투쟁을 처음에는 반동지주들에게 소작료를 낮출 것을 요구하는 것으로부터 시작하여 점차 소작료를 물지 않고 빼앗긴 소작료를 되찾기 위한 데로 발전시켜나갔다. 그리고 농민들의 투쟁기세가 고조되는데 따라 경제투쟁과 정치투쟁을 옳게 결합하면서 군중을 일제와 악질지주들을 반대하는 폭력적인 투쟁으로 이끌어 갔다.

군중들은 '일본제국주의를 타도하자!', '반동지주들을 타도하자!', '소작료는 2,8제 혹은 3,7제, 4,6제로 실시하자!', '동척금융부와 고리대금업자들의 부채를 물지 말자!' 등의 전투적인 구호와 혁명가요를 힘차게 부르면서 완강하게 싸웠다. 소작료를 낮추라는 농민들의 정당한 요구에 길림성정부도 소작료를 3,7~4,6제로 한다는 것을 선포하지 않을 수 없었다.

추수투쟁에서는 농민들의 요구를 순순히 받아들이는 지주들에 대해서 절대로 폭력을 사용하지 않았다. 그러나 투쟁위원회의 요구를 완강히 거부해나서는 악질지주들과 농민들의 투쟁을 총검으로 탄압하는 군경들에 한해서는 폭력이 발동되었다. 시위군중들은 곳곳에서 농민들의 요구를 들어주지 않는 악질지주들의 집을 습격 파괴하는 한편 놈들의 창고를 들이쳐 곡식을 농민들에게 나누어주었다.

약탈적인 동척금융부와 고리대금업자들, 일제의 통치를 협조하는 조선인 거류민회와 같은 반동단체들도 투쟁의 과녁이 되었다. 농민들의 투쟁은 일제와 국민당반동군벌의 탄압이 심해질수록 더욱 치열하게 벌어졌다. 쟁기와 몽둥이를 든 군중들은 규찰대를 선두로 원수들과 맞서 싸우면서 체포된 동지들을 놈들의 마수에서 구원해 냈으며 일제의 밀정을 비롯한 수많은 반동주구들을 체포하여 군중심판의 방법으로 처단해버리기도 하였다.

추수투쟁은 1931년 9월부터 그해 말까지 안도, 연길, 화룡, 왕청, 훈춘 등 간도 전 지역에서 줄기차게 벌어졌으며 여기에는 10여만 명의 농민들이 참가하였다. 추수투쟁은 일제와 반동지주들에게 커다란 타격을 주고 농민들의 승리로 끝났다. 이 투쟁은 지난 시기의 좌경망동적인 사상여독을 청산한 기초 위에서 새로운 전술적 원칙에 의하여 전개한 대중투쟁이었다. 이 투쟁에서는 새세대공산주의자들이 주도적 역할을 하였고 군중을 지휘하였다. 추수투쟁은 5.30폭동처럼 무분별하게 폭력을 기본수단으로 삼지 않고 소작료의 3,7제, 4,6제와 같은 정당한 요구를 내걸고 각지 투쟁위원회의 통일적인 지도 밑에 인접과의 보조를 맞추면서 질서정연하게 행동하였다. 추수투쟁의 거세찬 불길 속에서 무장대오결성을 위한 수많은 전위투사들이 자라나고 혁명조직들이 성잘 발전하였으며 광범한 민중들이 한층 더 각성되고 단련되었다. 이 투쟁은 항일무장투쟁 준비를 위한 핵심육성과 대중적 지반축성 사업에서 하나의 이정표를 이룬 중요한 사변이었다.

02장
항일무장투쟁 개시

1

항일대전의 선포

겨울 명월구 회의
반일 인민유격대 창건
남북만에서 전개한 초기 유격투쟁

1
1931년 겨울 명월구회의

'무장에는 무장으로!', 이 구호에는 1931년 12월 16일 겨울 명월구 회의에서 제시된 무장투쟁 방침이 집약돼 있다.

일제의 만주침공(9.18사변)으로 조성된 급박한 정세는 조선혁명가들에게 항일무장투쟁을 시급히 개시할 것을 절박하게 요구하였다. 일제는 만주 침공을 계기로 '후방의 안전'이라는 미명아래 조선 민중에 대한 반동공세를 대대적으로 강화했다. 그 결과 조선 민중과 일제사이의 민족적 및 계급적 모순이 극도로 첨예화되었다. '이제는 앉아서 죽느냐, 아니면 일어나 싸우느냐!' 하는

항일무장투쟁 방침을 결정했던 1931년 12월 겨울 명월구 회의가 열렸던 이청산의 집에 세워진 명월구 회의 기념비. 사실 이청산의 집은 도로로 변하고 그 근처에 세워졌다고 한다.

엄혹한 선택이 기다리고 있었다. 조선 민중은 앉아서 죽는 길을 택한 것이 아니라 일어나 싸우는 길을 선택했다. 조선 민중들은 폭력적 진출로 일제에 항거에 나섰다. 조선민중의 폭력적 진출을 효과적으로 조직화해 본격적인 무장투쟁을 벌이는 과제가 항일민족해방운동의 미룰 수 없는 절박한 요구로 제기되었다.

그뿐만 아니라 일제의 만주침공으로 조성된 일시적 무정부상태는 대중적인 항일무장투쟁을 벌일 수 있는 절호의 기회이기도 했다. 9.18 사변으로 만주지역은 그야말로 주인 없는 무주공산으로 되었다. 일제의 만주침공은 군벌중심의 만주통치체제를 무너뜨렸다. 그동안 만주지역을 장악하고 있었던 군벌우두머리들은 일제의 침공으로 꽁지 빠지게 중국관내로 달아나 버렸다. 하지만 일제는 아직 새로운 통치체제를 채 세우지 못하고 있었다. 만주지역은 일시적으로 주인 없는 무주공산으로 되어 어수선한 상황이 펼쳐졌다. 이런 때야말로 항일무장투쟁을 시작하기에 안성맞춤이었다. 게다가 중국민중들이 반일투쟁에 대중적으로 떨쳐나섬으로써 이 지역이 일대 혁명의 폭풍지대로 변한 것 역시 항일무장투쟁 시작에 매우 좋은 기회로 되었다.

조선의 혁명가들은 카륜회의이후 항일무장투쟁을 조직 전개하기 위한 준비사업을 꾸준히 벌여왔다. 그 결과 항일무장투쟁을 전개할 수 있는 모든 조건들을 충분하게 갖추어 놓았다. 오랫동안 준비 끝에 항일무장투쟁의 믿음직한 핵심골간들이 튼튼히 꾸려지고, 정치 군사적 경험이 축적되었으며, 대중적지반이 구축되고, 활동의 중심지대도 마련됐다. 특히 9.18 직후 있었던 대중적인 추수투쟁의 승리로 대중들의 투쟁적 기세도 매우 높아졌다.

김일성은 이처럼 항일무장투쟁의 주객관적 조건이 다 갖추어진 이때를 무장투쟁을 개시할 적기로 판단하고 무장투쟁을 서두르기로 결심했다. 이에 대해 다음과 같이 회고하였다.

《나는 이 모든 것이 우리 혁명에 전략적으로 유리한 국면을 열어놓게 될 것이라고 타산하였다. 장학량군이 총퇴각을 시작하고 일제침략군이 물밀듯이 쳐들어오자 우리 눈앞에서는 놀라운 사태들이 벌어졌다. 관공서의 관리들과 공안국의 경찰들이 업무를 중단하고 사방으로 뿔뿔이 달아나 버리었다. 며칠사이에 군벌통치의 지방기관들이 모두 문을 닫아걸었다. 장학량군의 패주와 함께 군벌통치체계가 마비된 것이다.

일제침략군은 전과를 확대하기에 급급하여 치안유지에 힘을 기울이지 못하였다. 그리하여 만주지방에서는 한동안 무정부상태가 지속되었다. 우리는 일제가 대륙에 자기들의 통치체계를 새로 세울 때까지 얼마간 이러한 상태가 계속되리라고 타산하였다. 이 공백상태야말로 우리들이 마음 놓고 무장 대오를 꾸릴 수 있는 절호의 기회였다. 이 호기를 놓쳐서는 안되었다.

혁명은 바야흐로 새로운 전환기를 맞이하고 있었다. 조선혁명 앞에 부과된 임무를 수행하기 위해 각자가 무엇을 할 것인가 하는 결단을 내리고 그것을 실현하기 위해 분골쇄신할 때가 온 것이다. 9.18사변은 중국인민들에 대한 침략인 동시에 곧 이 일대에서 살고 있는 조선인민들과 조선공산주의자들에 대한 침공이기도 하였다. 우리는 조선의 공산주의자로서 이에 응당한 대답을 해야 하였다. 나는 무장대오의 조직을 서둘러야겠다고 생각하였다.》

김일성은 이처럼 이 시기를 항일 무장투쟁을 개시할 절호의 기회로 보고, 1931년 12월 16일 연길현 명월구 이청산의 집에서 당 및 공청 간부회의를 소집하고, 이 문제를 안건에 올렸다. 통칭 겨울 명월구 회의라고 부르는 이 회의에는 차광수, 이광, 채수항, 김일환, 양성룡, 오빈, 오중화, 오중성, 구봉운, 김철, 김중권, 이청산, 김일룡, 김정룡, 한일광, 김해산을 비롯하여 헌신적인 투쟁을 통해서 대중의 총애와 인망을 받고 있던 40여명의 청년투사들이 참가하였다. 그리고 동장영을 비롯한 중국 공산주의자들도 참석했다.

겨울명월구 회의는 본 회의에 앞서 예비회의를 열고, 회의안건과 회의참가자, 회의순서 문제 등이 토의 결정됐다. 예비회의에 이어 본 회의는 10일 동안 진행됐다. 본 회의 첫날 김일성은 '일제를 반대하는 무장투쟁을 조직 전개할 데 대하여' 라는 제목의 연설을 했다. 이 연설 내용을 요약하면 다음과 같다.

일제를 반대하는 무장투쟁을 조직 전개할 데 대하여
연길현 명월구에서 진행된 당 및 공청 간부회의에서 한 연설, 1931년 12월 16일

오늘 조성된 정세는 우리들로 하여금 일제를 반대하는 무장투쟁을 시급히 조직 전개할 것을 요구하고 있습니다.

일본제국주의자들은 대륙침략의 길에 들어서면서 조선인민의 혁명적 진출을 무력으로 탄압하고 있으며 이르는 곳마다에서 무고한 우리 인민들을 닥치는 대로 검거, 투옥, 학살하고 있습니다. 이로 말미암아 일제와 조선인민간의 민족적 및 계급적 모순은 극도로 첨예화되고 있습니다. 일제에 항거하는 노동자, 농민을 비롯한 광범한 대중의 반일투쟁은 더욱 강화되고 있으며 점차 폭력적 투쟁으로 발전하고 있습니다. 조선공산주의자들의 지도 밑에 일어난 동만의 10여만 농민들의 대규모적이며 조직적인 추수투쟁은 폭력적 투쟁으로 진전하였으며 일제와 반동 지주들에게 커다란 타격을 주고 빛나는 승리를 쟁취하였습니다. 조선의 노동계급을 비롯한 농민, 청년학생 등 애국적 인민들은 혁명적인 폭력을 행사하지 않고서는 망국노의 운명을 면할 수 없으며 초보적인 생활상 요구도 관철할 수 없다는 것을 더욱 깊이 깨닫게 되었습니다.

이러한 정세 하에서 양양되는 대중의 폭력적 투쟁을 조직화하여 무장투쟁에로 발전시키는 것은 반일민족해방투쟁의 절박한 요구로 제기됩니다. 무장투쟁을 조직 전개하는 것은 일제의 식민지적 예속으로부터 조국을 광복하고 민족을 해방하기 위한 유일하게 정당한 길입니다. 강도 일본제국주의 침략무력을 격파하고 조국을 광복하기 위하여서는 맑스-레닌주의적 전략 전술에 의거한 조직적인 무장투쟁을 전개하여야 합니다.

오늘 일제 놈들의 만주강점으로 하여 조성된 긴박한 혁명정세는 우리들로 하여금 손에 무장을 잡을 것을 절박하게 요구하고 있습니다.

지금은 우리가 무장투쟁을 전개하여 대중적인 반일전쟁을 일으킬 수 있는 절호의 기회입니다. 그것은 첫째로 국민당통치가 와해되고 일제통치기구가 아직 서지 못하여 전 만주는 무정부상태에 처해 있으며, 둘째로 중국인민들이 대중적으로 일어나 반일투쟁을 전개하여 일대 혁명의 폭풍시대를 열어 놓고 있기 때문입니다. 지금 광범한 중국인민들은 일제의 만주강점을 반대하여 도처에서 반일구국운동을 전개하고 있습니다. 반일구국운동을 전개하고 있는 무장부대들 가운데 중국공산당의 영도를 받는 진보적인 무장부대는 아직 적지만 만약 우리가 모든 반일무장부대들과 합세하여 투쟁한다면 그 투쟁을 더 힘찬 투쟁에로 이끌어 나갈 수 있습니다.

우리는 이제부터 무장대오를 조직하고 적의 무기를 빼앗아 자신을 무장하면서 자체의 무장역량을 확대발전시켜나가야 합니다. 우리가 조선의 국경지대와 광활한 만주의 유리한 자연지리적 조건을 잘 이용한다면 적은 역량을 가지고도 적의 무력을 부단히 소멸 약화시켜 최후승리를 달성할 수 있습니다.

그러자면 유격전의 형식을 기본으로 하여 무장투쟁을 조직 전개하여야 합니다.

유격전은 자체의 역량을 보존하면서도 적에게 커다란 정치 군사적 타격을 줄 수 있고 적은 역량을 가지고도 능히 수적으로나 기술적으로 우세한 적을 소멸할 수 있는 무장투쟁방법입니다. 우리는 인민대중의 적극적인 지지성원과 유리한 자연지리적 조건에 의거하면서 유격전의 방법으로 무장투쟁을 조직 전개하여야만

강도 일본제국주의 침략무력을 능히 격파할 수 있을 것입니다.

1. 반일인민유격대를 조직할 데 대하여

무장투쟁을 조직전개하기 위하여서는 적의 반혁명무력을 격파할 수 있는 자체의 혁명무력을 준비하여야 합니다. 우리는 그러한 혁명무력인 반일인민유격대를 조직하여야 합니다. 반일인민유격대는 조선독립을 표방하여 나섰던 민족주의 무장부대인 의병대나 독립군과는 근본적으로 구별되어야 합니다. 반일인민유격대는 노동자, 농민의 우수한 아들딸들로 조직된 진정한 인민의 군대로 되어야 하며 마르크스-레닌주의사상으로 무장하고 조국의 해방과 인민의 자유와 행복을 위하여 싸우는 진정한 혁명군대로 되어야 합니다.

혁명무력을 준비하는 사업은 빈터위에서 시작되는 것이 아닙니다. 우리는 지난 시기 조선공산주의청년동맹과 반제청년동맹 조직을 통하여 새 세대의 공산주의자들을 육성함으로써 혁명무력을 꾸릴 수 있는 골간을 준비하였습니다. 또한 지난해에 조선혁명군을 조직하고 정치군사활동을 진행하여 일정한 경험과 교훈을 얻었습니다. 우리는 이와 같은 성과와 경험에 기초하여 우선 지하혁명투쟁의 간고한 시련 속에서 단련되고 검열된 우수한 청년공산주의자들을 골간으로 반일인민유격대를 조직하기 위한 사업을 적극 추진시켜야 합니다.

유격대조직사업과 병행하여 진행하여야 할 중요한 과업의 다른 하나는 무장을 갖추는 것입니다.

사람과 무기는 무장력의 2대요소입니다. 무장을 갖추는 것은 무장투쟁의 성과를 좌우하는 기본요인의 하나입니다. 우리는 어디서 무기를 가져올 데도 없으며 우리에게 무기를 줄 사람도 없습니다. 이러한 형편에서 우리는 오직 자체의 힘으로 무장을 해결하지 않으면 안됩니다. 무장을 잡는 유일한 길은 우리의 손으로 원수들의 무기를 빼앗아서 자신을 무장하는 것입니다.

'무장은 우리의 생명이다! 무장에는 무장으로!', 이것이 당면한 우리의 투쟁구호로 되여야 합니다. 우리는 이 구호 밑에 제힘으로 일떠서는 혁명정신을 발휘하여 일제침략군, 일제에게 투항한 동북군, 일본 및 동북 경찰, 악질적인 반동지주와 관료배들의 무기를 빼앗아 장차 조직될 반일인민유격대의 무장을 준비하여야 합니다.

우리는 처음에 소규모의 유격대를 지방마다 조직하고 그를 무장시키기 위한 투쟁을 시작하면서 점차 대부대의 혁명무력으로 발전시켜나가야 합니다.

2. 유격근거지를 창설할 데 대하여

유격전의 형식으로 무장투쟁을 조직전개하기 위하여서는 유격근거지를 창설하여야 합니다.

유격근거지는 무장역량의 준비정도에 따라 각이한 형태를 취할 수 있습니다. 지금 우리의 형편에서는 해방지구형태의 근거지인 유격구역을 창설하여야 합니다. 적들의 통치체계에서 완전히 벗어난 유격구역을 창설하여야만 청소한 혁명무력과 혁명군중을 보위하면서 무장투쟁을 중심으로 한 전반적인 반일민족해방투쟁을 발전시킬 수 있는 군사 정치적 준비를 성과적으로 진행할 수 있습니다.

유격근거지-해방지구를 창설하자면 기본상 다음과 같은 세 가지 조건이 구비되어 있어야 합니다. 첫째로 일정한 경제적 토대와 혁명적 대중의 옹호지지를 받을 수 있는 군중적기초가 있어야 하며, 둘째로 지리적으로는 적은 무장력을 가지고도 자기의 근거지를 보위하기에 유리하고 적들이 현대적 무장을 가지고도 유격대를 공격하기 어려운 지대여야 하며, 셋째로 최소한이나마 방위능력을 가진 무장력이 있어야 합니다. 이러한 조건들이 비교적 원만히 갖추어진 지대는 우리나라 북부국경지대인 두만강연안의 산악지대입니다. 이 지대는 조국의 함경, 낭림산맥과 직접 잇닿아있기 때문에 장차 국내에 진출하여 혁명운동을 전개하기에도 유리한 지대입니다. 우리는 이러한 조건들을 고려하여 바로 두만강연안일대의 산악지대와 혁명화된 농촌지역들에 해방지구형태의 유격근거지인 유격구역을 창설하여야 합니다.

유격구역에서는 유격대를 정치군사적으로 장성 발전시킬 뿐 아니라 적위대, 소년선봉대 등 반군사조직들을 확대강화하고 전체 인민들을 무장시켜 유격근거지를 보위하도록 하여야 합니다. 동시에 모든 혁명조직들의 사업을 강화하여 조선

혁명의 우수한 간부들을 적극 양성하고 광범한 대중을 단일한 혁명역량으로 결속하여 무장투쟁의 승리를 위한 사업에 적극 조직 동원하여야 합니다. 또한 유격구역에서는 혁명정부를 세우고 민주주의적 개혁들을 실시하며 학교, 병원, 무기수리소, 출판소 등을 꾸리고 새로운 혁명적 질서를 수립하여야 합니다.

유격구역은 혁명화된 농촌지역과 밀접히 결합될 때에 공고화될 수 있습니다. 만약 유격구역주위에 혁명화된 농촌지역이 없으면 유격구역은 광범한 적 통치지역 인민들과의 연계를 가질 수 없게 될 것이며 적의 포위 속에서 고립될 수 있을 것입니다. 그러므로 우리는 유격구역이 창설된 이후에도 농촌지역을 혁명화하는 사업을 계속 강화하여야 합니다. 그러기 위하여 유격구역주변의 농촌지역들에 혁명조직들을 박고 인민대중을 혁명적으로 교양하여야 하며 적통치기관의 말단단위에서 일하는 촌장, 향장(면장)자리들도 우리 동무들이 차지하도록 하여야 합니다. 만약 광범한 대중이 혁명화되고 촌장이나 향장 자리까지 우리 동무들이 차지하게 된다면 그러한 지역은 형식상 적통치구역에 불과하고 실제에 있어서는 유격구역이나 다름없이 혁명정부의 지도를 받는 구역으로 될 것입니다. 이러한 혁명화된 구역들이 확대되면 유격구역을 창설하고 공고 발전시키는데 결정적으로 유리한 조건이 마련되게 될 것이며 유격대의 활동을 보장하는데 있어서도 매우 유리한 조건이 조성될 것입니다.

3. 무장투쟁의 대중적 지반을 닦을 데 대하여

무장투쟁을 조직전개하기 위하여서는 유격대가 의거하여 활동할 수 있는 튼튼한 대중적지반이 있어야 합니다. 유격전은 본질상 인민들의 적극적인 참가를 전제로 하는 인민전쟁입니다. 인민대중의 적극적인 참가와 지지성원은 유격대를 끊임없이 확대강화하며 유격전의 승리를 담보하는 기본조건으로 됩니다. 유격대는 튼튼한 대중적 지반을 축성하고 인민대중과의 혈연적 연계를 강화할 때만 장기간의 간고한 투쟁에서도 부닥치는 애로와 난관을 극복하고 최후의 승리를 달성할 수 있습니다. 그러므로 우리는 광범한 민중 속에서 조직 정치 사업을 강화하여 그들을 항일무장투쟁의 기치 하에 굳게 결속하여야 합니다.

4. 조중인민의 반일통일전선을 형성할 데 대하여

일제를 반대하는 무장투쟁을 성과적으로 전개하기 위하여서는 또한 조중 인민의 광범한 반일통일전선을 형성하여야 합니다. 조중인민의 반일통일전선을 형성하기 위하여 오늘 우리 앞에 가장 긴급한 과업으로 나서고 있는 것은 일제의 만주침공을 반대하여 항일구국의 기치를 들고 일어선 동북군병사들과 연합전선을 형성하는 문제입니다.

5. 당조직사업과 공청사업을 강화할 데 대하여

우리 앞에 나서는 중대한 과업들을 성과적으로 수행하기 위하여서는 각 지역에 기층 당조직들을 내오고 공청조직들의 사업을 강화하여야 합니다. 당 조직들의 전위적 역할을 높이고 공청사업을 더욱 강화하여야만 무장투쟁을 조직 전개하는 데서 제기되는 제반 과업들을 성과적으로 해결할 수 있으며 통일적인 마르크스-레닌주의당을 창건하기 위한 조직사상적 준비사업도 성과 있게 추진시킬 수 있습니다. 우리는 유격대의 지도적 핵심역량과 장차 창건될 조선공산당의 조직적 골간을 준비하기 위하여 당 조직생활을 강화하도록 하여야 합니다. 현 시기 공청사업을 강화하는 것은 당조직들의 사업을 강화하는 것과 함께 매우 중요한 과업으로 제기되고 있습니다.

혁명 사업이란 항상 대중정치사업으로부터 시작되기 때문에 정치사업 방법을 소유하는 것은 혁명가의 기본임무입니다. 공청간부들은 대중의 힘을 믿고 그들에게 철저히 의거하며 그들을 발동하여 혁명투쟁을 벌리는 혁명적 사업방법을 소유하여야 합니다.

회의에서는 김일성이 제기한 유격전 형태의 무장투쟁노선을 둘러싸고 다양한 토론이 벌어졌다. 그중에서도 무장투쟁의 형식문제가 집중적으로 토론되었다. 왜냐하면 이 문제가 결정돼야 무장조직의 형식과 근거지 형태문제 같은 다른 요소들이 동시에 결정될 수 있기 때문이었다. 당시의 조건에서 정규군에 의한 항전이나, 전민이 동원되는 무장봉기가 불가능한 조건에서 유격전 형태의 무장투쟁이 가장 중심적인 화제로 올랐다. 많은 참가자들은 유격전은 국가적 후방이나 정규군의 지원이 있을 경우에만 가능한 것으로 생각하고 있었다. 그런데 당시 우리에게는 그 어떤 국가적 후방이나 정규군의 지원을 기대할 수 없는 조건이었다.

김일성은 이때 "변화무쌍한 유격전이야말로 우리가 선택해야 할 기본무장 투쟁형식이다. 국가가 없는 우리나라의 실정에서 정규전으로 일제와 대항한 다는 것은 불가능한 일이다. 우리는 군사 기술적으로나 양적으로 열등한 무력 으로 강대한 일제침략군과 맞서 싸워야 하는 것만큼 변화무쌍한 유격전을 해 야 한다. 이외에 다른 출로란 있을 수 없다"고 유격전 형식의 무장투쟁의 필 요성을 역설했다.

이 얘기를 들은 일부 참가자들은 "그런 형식의 무장투쟁으로 적을 타승할 수 있겠는가, 탱크와 대포, 비행기와 같은 현대적인 정예무기로 장비된 수백 만 대군을 국가적 후방이나 정규군의 지원도 없이 그것도 남의 나라 영토에 서 유격대와 같은 비정규적인 무력으로 이겨낼 수 있겠는가" 하는 의문을 표 시하였다.

이에 대해 "우리는 국권도 영토도 자원도 다 빼앗긴 망국노의 아들들이다. 지금은 남의 나라 땅에서 곁방살이하는 하는 적수공권의 청년들이다. 그러나 우리는 일본제국주의자들에게 주저 없이 도전해 나섰다. 무엇을 믿고? 인민 을 믿고 항일전쟁을 시작하려고 결심하였다. 인민이 국가이고 인민이 후방이 며 인민이 정규군이다. 싸움이 시작되면 전민이 병사가 되어 일어날 것이다. 그러므로 우리가 벌이게 될 유격전은 인민전쟁이라고 말할 수 있다." 고 설 득했다.

이렇게 장시간 토론 끝에 유격투쟁을 기본으로 하는 무장투쟁 방침에 대 해 완벽한 의견 일치를 보고, 만장일치로 결정했다. 이것은 참으로 획기적이 었다. 일반적으로 유격투쟁이라 함은 정규전을 보조하는 수단으로 여기고 있었던 때에, 유격투쟁을 기본투쟁형식으로 삼았다는 것 자체가 매우 독창적이고 창조적인 사고의 산물이었다.

이 논의가 결론 나자 다음으로 그것을 관철하기 위한 방도가 논의되었다. 먼저 혁명무력을 어떻게 건설할 것인가가 토의 결정되었다. 이 문제는 처음에는 지방마다 소규모의 유격대를 조직하고, 그를 무장시키기 위한 투쟁을 해가면서 점차 그것을 대부대의 혁명무력으로 발전시키기로 결론을 내렸다. 다음으로 무장을 해결하기 위한 방도가 토의되었다.

다음으로 집중토론된 것은 유격근거지에 관한 문제였다, 반일유격대가 조직되면 활동기지를 어디에 두겠는가 하는 문제였다. 어떤 군대나 지탱점이 있어야 한다는 것은 상식이다. 전투가 끝난 다음 안전하게 휴식하면서 대열도 정비하고 무기와 탄약도 보충하고 군사훈련도 하고 부상자도 치료할 수 있는 근거지가 있어야 유격전쟁을 장기간에 걸쳐 완강하게 벌여 나갈 수 있는 법이다. 그때문에 무장투쟁을 조직 전개하기 위해서는 유격대를 조직하는 동시에 자체의 힘으로 근거지도 꾸려야 하였다.

치열한 토론 끝에 군중토대가 좋고 물질적 보장조건도 괜찮으며 지형이 유리한 간도의 산간지대들에 유격근거지를 창설하자는 결론에 이르렀다. 넓은 면적을 가진 만주대륙은 조선보다 적들의 통치밀도가 희박한 것만큼 당장은 간도에 먼저 기지를 정하고 때가 오면 국내에도 나가 백두산 대 수림지대와 낭림산줄기를 타고 앉자고 하였다. 후보지로는 어랑촌, 우복동, 왕우구, 해란구, 석인구, 삼도만, 소왕청, 가야허, 요영구, 대황구, 연통라자 등이 결정됐다.

이와 함께 무장투쟁을 위한 대중적 지반을 축성하는 문제와 조중민중의 반일공동전선을 형성할 데 대한 문제, 당조직사업과 공청사업을 강화할 데 대한 문제도 토의되었다.

　1931년의 겨울명월구회의는 항일무장투쟁의 시초를 열어놓은 회의이며 우리나라 항일민족해방운동에서 새로운 전환을 가져온 역사적인 회의였다. 카륜회의에서 제시된 무장투쟁노선, 선군 혁명노선은 이 회의를 통하여 구체화되고, 본격적인 실천단계로 접어들었다. 카륜회의에서는 항일민족해방운동을 그 최고단계인 무장투쟁의 단계로 끌어올리려는 조선민족의 의지가 내외에 천명되었다면, 겨울명월구회의에서는 '무장에는 무장으로, 반혁명적 폭력에는 혁명적 폭력으로!'라는 구호 밑에 일제를 격멸하기 위한 항일대전이 정식으로 선포되었다. 바로 이 회의에서 유격전의 전략 전술적 원칙의 골자가 마련되었다. 그리하여 우리나라 항일민족해방투쟁은 선군의 기치 밑에 조직적인 무장투쟁의 새로운 높은 단계로 들어서게 되었다.

2
반일인민유격대 창건

반일인민유격대 창건 준비

겨울 명월구회의 이후 반일인민유격대를 창건하기 위한 적극적인 활동과 투쟁이 동만 각 현에서 활발히 벌어졌다. 이 활동의 중심은 안도현이었다. 김일성은 명월구회의 이후 안도로 혁명 활동 중심지를 옮기고 유격대 창건을 위한 본격적인 준비사업에 착수했다.

인민유격대를 창건하기 위한 활동에서 선차적인 것은 무장 대오를 꾸리는 것이었다. 김일성은 조선혁명군과 당 및 공청조직에서 육성되고 단련된 성원들을 장차 조직될 반일인민유격대의 지휘관, 무장대오의 핵심골간으로 준비

1932년 4월 25일 안도현 소사하 토기점돌 등판에서 역사적인 반일인민유격대가 창건되었다. 사진은 반일인민유격대 창건식이 열렸던 토기점골 등판

시켜 나갔다. 이들이 주축이 되어 두만강연안의 넓은 지역에서 선진적인 노동자 농민 애국적 청년들을 끌어들여 무장대오를 구축해나가도록 했다. 또한 적위대와 노동자규찰대, 소년선봉대를 비롯한 반군사조직들에서 정치군사적으로 준비된 청년들과 두만강 연안의 여러 현에서 추수투쟁을 통하여 단련되고 검열된 청년들을 선발하여 무장대오를 꾸리도록 했다.

무장대오가 어느 정도 갖추어진 후, 명월구회의 방침에 따라 동만 각 현에서는 각 부락별로 10명~20명 단위의 소규모 유격대가 조직되었다. 소사하에서는 김일성의 직접적인 지휘 아래 1932년 3월 초순경에 차광수, 김일룡, 박훈, 김철, 이영배를 비롯한 18명의 청년 유격대원들로 소규모 유격대가 조직되었다. 이후 동만 각 현에서는 안도의 모범을 따라 소규모 유격대들이 연이어 조직되었다. 소규모 유격대들이 조직됨으로써 적은 인원으로 무장대를 꾸려 갖고 활동하면서 무기를 확보하고 경험을 축적하고 대열을 늘여 나가다가 일단 조건이 성숙되면 매개 현별로 대규모 무장대오를 꾸리자는 명월구회의 방침 관철의 돌파구가 열렸다.

소규모 무장대오 결성과 함께 무장을 갖추기 위한 피어린 투쟁을 펼쳐나갔다. '무장은 우리의 생명이다! 무장에는 무장으로!'라는 구호 아래 무기획득을 위한 대중적 투쟁이 펼쳐졌다. 무기획득 투쟁과정에서는 수많은 일화와 영웅미담들이 창조되었다. 혁명군중들은 남녀노소 할 것 없이 모두 떨쳐 일어나 일제침략군과 일만경찰들, 친일주구들과 반동관료배들의 무기를 빼앗는 투쟁을 결사적으로 벌여 나갔다.

동만의 혁명가들과 혁명적 민중들은 때로는 헌병으로, 구국군부대 군인으로, 때로는 일본영사관 관리나 대부호, 무역상 등으로 가장하고 정황에 맞게 임기응변하면서 놈들의 무기를 탈취하였다. 어떤 고장에서는 여성들이 빨래

방망이나 곤봉으로 군경들을 때려눕히고 무기를 빼앗았다. 무기획득투쟁은 전민항쟁 개시를 위한 서막이었고 예비적인 전투였다. 이 싸움에는 모든 혁명 조직들이 발동되었고 광범한 군중이 동원되었다. 그 과정에 그들은 각성되었 으며 자기 자신의 힘이 얼마나 큰가를 새롭게 자각하게 되었다.

무기획득투쟁과 함께 자력갱생의 구호를 들고 무기를 자체로 만들기 위한 투쟁도 동시에 벌려 나갔다. 혁명조직 성원들과 군중들은 처음에는 야장간에 서 쇠를 달궈 칼이나 창과 같은 무기를, 그다음에는 병기창을 꾸리고 권총과 작탄을 만들었다. 화룡현 금곡 신성덕 수리바위굴 병기창에서는 연길현 팔도 구 광산의 혁명조직을 통해 얻은 폭약으로 폭탄까지 만들어냈다. 이곳 병기창 성원들은 온갖 창발성과 적극성을 발휘하면서 부딪치는 난관을 뚫고 굴함 없 이 싸워 처음에는 소리폭탄(고추폭탄)을 만들어냈으며, 나중에는 마침내 살상도 가 높은 작탄인 연길폭탄을 만드는 데 성공했다.

무기획득 투쟁과 함께 항일무장투쟁의 대중적 지반을 축성하는 사업도 역 시 매우 중시되었다. 이 사업의 핵심 고리는 농촌마을들을 혁명화하는 것이었 다. 농촌마을들을 혁명화하는 것은 항일무장투쟁의 군중적 토대를 구축하는 데서 관건이 되는 핵심 사업이었다. 물고기는 물을 떠나서는 살 수 없듯이 항 일무장투쟁은 민중들의 적극적인 지지에 기초해서만 발전해 나갈 수 있다. 민 중들의 적극적인 지지기반을 확보하는 농촌혁명화사업은 그만큼 중요했다.

농촌혁명화 사업에서도 김일성은 실천적으로 모범을 창조해 냈다. 그 당시 안도에서 돈화지역으로 나가는 길목에 푸르허라는 농촌 마을이 있었다. 이 마 을을 거치지 않고서는 돈화나 남만일대로 자유롭게 다닐 수 없었으며, 이 마 을을 혁명화하지 않고서는 소사하, 대사하, 유수허 등 인접마을의 안전을 담 보할 수 없었다. 이 마을을 그대로 두고서는 반일인민유격대창건 사업을 적극적으로 추진해 나갈 수 없었으며, 무장대오가 조직된다 해도 자유롭게 활동할 수 없었다.

푸르허를 혁명화하려고 여러 명의 활동가들이 그 지역에 파견됐다. 그러나 매번 실패했을 뿐 아니라, 가는 족족 목숨까지 잃어버렸다. 김일성은 이 지역을 직접 들어가 혁명화하기로 했다. 그는 머슴꾼으로 가장하고 푸르허 마을에 들어가 한 달 반 정도 머물면서 그 마을을 혁명화하는 데 성공했다. 그리고 이 마을을 농촌혁명화의 본보기로 꾸리고, 그 경험을 동만 각지에 일반화하도록 했다. 그리하여 짧은 기간에 두만강 연안일대의 수많은 농촌지역에서 무장투쟁을 벌일 수 있는 군중적 기반이 튼튼히 꾸려지게 됐다.

농촌혁명화에서 이룩된 성과를 토대로 1932년 봄 동만 각지의 농민대중들은 대규모적인 춘황투쟁을 벌였다. 이 투쟁은 지주에게 쌀을 꾸어 달라는 투쟁으로부터 시작해 일제와 친일지주들의 양곡을 몰수하는 탈량투쟁으로, 일제앞잡이들을 청산하는 폭력투쟁으로 급격히 발전했다. 이 투쟁에는 동만 각 현들에서 10여만 명의 농민들이 참가했다. 이 투쟁은 1931년 가을에 있었던 추수투쟁에 이어 벌어진 대규모적인 정치투쟁으로서 일제침략자들과 반동적 지주들에게 커다란 타격을 주었다. 이 투쟁의 불길 속에서 유격대 소조와 혁명조직들은 단련되고, 수많은 노동자, 농민, 애국청년들이 계급적으로 더욱 각성됐으며, 무장투쟁의 대중적 기반이 보다 튼튼히 다져졌다.

반일인민유격대를 창건하는 사업에서 가장 큰 장애로 대두되었던 것은 중국인 반일부대의 무분별한 적대행위 문제였다. 당시 중국인 반일부대들은 일제의 농간과 5.30 폭동의 영향, 그리고 반일부대 지휘관들의 반공 의식이 결합되어 조선공산주의자들을 적대시하고, 무장대오 결성을 격렬하게 방해해 나섰다. 일례로 그들은 유격대에 가입하기 위해 안도로 몰려오던 청년들을 잡아다 학살하는 만행을 저지르곤 했다. 이들과의 관계를 개선하지 않고서는 유격대를 창건할 수도 없고 창건한다 하더라도 제대로 활동하기가 불가능했다.

도시들과 벌방지대에서는 일본침략군이 살벌하게 돌아치고 일본군이 채 점령하지 못한 농촌들과 산간지대들에서는 수천수만 명이나 되는 구국군들이 길목을 지키고 서서 조선인 항일무장대오를 꼼짝달싹 못하게 만들었다. 구국군의 적대행동은 이제 막 출발해 아직은 채 그 형태가 잡히지 않은 우리나라 유격대의 존재자체가 위협당하는 엄중한 난관이 조성되었다. 일본제국주의자들은 물론 산림대와 독립군들까지도 다 조선공산주의자들을 반대했기 때문에 문자 그대로 사면초가의 고립 무원한 상태에 빠지게 되었다. 반일부대들과의 관계를 개선하지 않고서는 반일인민유격대의 존재와 활동을 합법화할 수 없었다. 유격대를 합법화하지 않고서는 대오도 확대할 수 없었고 공개적인 군사 활동도 할 수 없었다. 부대는 조직했지만 합법화할 수 없어서 모두 뒷골방에 배겨 있는 신세로 되었다. 항일 유격대원들은 모여 앉기만 하면 유격대를 어떻게 합법화할 것인가 하는 문제를 갖고 심각한 토론을 거듭했다. 그중에서 가장 심각한 것은 중국 민족주의자들과 손을 잡는 것이 노선적으로 옳은가 하는 문제였다.

김일성은 1932년 4월 초 안도현 소사하에서 혁명조직 책임자회의를 열어 반일부대들의 적대행위에 대해 맞불질을 놓으면 안 되고, 어떻게 해서든지 그들과의 연합을 실현해야 한다고 역설했다. 그리고 안도지역에서 활동하고 있었던 구국군의 총대장인 우사령을 설복해 당분간 우사령부대의 별동대로 활동하기로 결정했다. 그리고 김일성이 직접 우사령을 찾아가 담판을 벌이기로 했다. 차광수를 비롯한 주변 동지들이 모두 반대했음에도 불구하고 뜻을 꺾지 않고 우사령을 찾아갔다.

우사령 부대를 찾아간 김일성은 마침 우사령부대의 참모로 있던 육문중학교 시절 한문선생(류본초선생)의 소개로 우사령과의 회담이 성사됐다. 이 회담에서 논리정연하게 조선공산주의자들의 견결한 반제반일의 입장과 반일투쟁 목적, 조중 민중사이의 반제 공동전선의 필요성을 설득했다. 몇 시간의 토론 끝에 우사령은 마침내 조선인부대를 따로 조직하는데 동의를 표시하고, 그 부대를 우사령의 별동대로 규정하기로 합의했다. 조선인 유격대가 별동대라는 이름을 가진 것은 유격대의 합법적 활동을 보장하며 반일부대와의 연계를 강화하고 그들과의 반일연합전선을 실현하기 위한 아주 좋은 방안이었다.

토기점골 등판에서의 장엄한 유격대 창건 선언

우사령과의 담판으로 유격대의 합법화에 성공한 후 반일인민유격대를 창건하기 위한 구체적인 준비 작업을 적극적으로 벌여 나갔다. 유격대의 구성성분과 지휘체계, 복장문제 등을 기존공식에 구애됨이 없이 유격전의 요구와 특성에 맞게 새롭게 만들었다. 지휘체계의 경우 고도로 단순화해 구령치는 사람보다 구령을 집행하는 싸움꾼을 많이 내는 방향에서 대오를 짜고 편제를 결정했다. 또한 반일인민유격대는 중대를 기본단위로 편성했다. 그리고 군복제도도 새로 제정하고 유격대의 깃발도 밝은 색 바탕에 반일인민유격대라고 쓰기로 결정했다.

1932년 4월 하순 안도에서 반일인민유격대를 조직하기 위한 최종회의가 열렸다. 이 회의에서는 입대지망자들에 대한 마지막 심사와 함께 유격대 결성식 날짜와 장소를 결정했다. 그리고 당면 활동지역을 확정하고 유격대 활동과 관련된 전반적 대책을 수립했다. 그리고 김일성은 이 회의에서 반일인민유격대 대장 겸 정치위원으로 선출되었다. 이 회의 후 입대 지망자들은 3도백하 입구인 유가분방(발제툰)에 모였다가 소사하에 집결하기로 했다. 이 때 입대자들은 차광수, 박훈, 김일룡(소사하), 조덕화(소사하), 곰보(별명, 소사하), 조명화(소사하), 리명수(소사하), 김철(김철희, 흥륭촌), 김봉구(흥륭촌), 이영배(흥륭촌),삼인방에서 이봉구, 방인현, 연길에서 박명손, 안태범, 남만에서 한창훈, 국내에서 이학용, 김동진 등 100여명에 달했다.

1932년 4월 25일 아침, 토기점골 등판에서 반일인민유격대 창건식이 열렸다. 이깔나무 숲으로 둘러싸인 등판의 공지에 새 군복을 입고 무기를 휴대한 대원들이 구분대 단위로 정렬했고, 그 주변 공터의 한쪽 변두리에 소사하와 흥륭촌 일대의 주민들이 모여서 술렁댔다. 드디어 창건식이 진행됐다. 여기에서 김일성은 반일인민유격대의 창건을 선포하고 '반일인민유격대창건에 즈음하여'라는 연설을 했다. 연설에서는 인민유격대의 성격과 반일인민유격대를 확대 강화하는 문제, 유격근거지 창설을 추진하는 문제, 반일무대와의 연합전선 형성문제, 민중들과의 혈연적 연계 강화문제 등이 다뤄졌다. 연설이 끝나고 유격대 창건이 정식으로 선포되었다. 그러자 대원들은 목청껏 만세를 부르고, 인민들은 열렬한 박수갈채를 보냈다.

반일인민유격대 창건선포는 유격대의 탄생을 온 세상에 알리는 장엄한 선언이었으며, 조선 민중의 일제에 대한 단호한 선전포고였다. 안도 인민유격대 창건 이후 연길, 왕청, 훈춘, 화룡을 비롯한 동만 각지에서 반일인민유격대가 조직되었다. 하지만 안도인민유격대는 다른 유격대들과는 다른 성격을 띠고 있었다. 다른 지방의 유격대는 해당 지역출신 청년들로 조직되고 그 지방에서 활동하였지만 안도에서 조직된 반일인민유격대는 안도지방 뿐아니라 동만과 남만의 여러 지역에서 선발된 전위투사들과 조선에서 들어온 선각자들로 구성되었으며 안도지구에 국한되지 않고 백두산지구와 압록강, 두만강 연안 국경일대의 넓은 지역에서 정치군사 활동을 벌이는 것을 원칙으로 하였다. 동만에서 유격대 창건을 전후로 하여 북만에서는 김책(주하 항일유격대) 최용건(요하공농반일유격대) 남만에서는 이홍광(반석공농반일의용군), 이동광(반석 공농반일의용군) 등 조선의 견실한 혁명가들에 의해 유격대들이 연이어 조직되어 반일항전에 뛰어들었다.

반일인민유격대의 창건으로 우리나라 민족해방운동은 무장투쟁을 주류로 하는 새로운 높은 단계로 발전해 갔다.

반일인민유격대는 1932년 5월 1일 안도현 소재지인 송강에서 열병식을 거행했다. 이날 송강에는 이른 새벽부터 반일인민유격대를 환영하기 위해 거리에 나온 수많은 시민과 반일부대 성원들로 흥성거렸다. 반일인민유격대는 '반일인민유격대'라고 쓴 붉은 깃발을 앞세우고 수많은 군중의 열렬한 환영을 받으며 안도현성에 입성하였다. 참모장으로부터 대열보고를 받은 김일성은 반일인민유격대의 열병대오를 사열하고, 연단에 올라 군중들을 상대로 역사적 연설을 했다. 반일인민유격대는 나팔을 불면서 보무당당히 열병행진을 진행하였다.

1932년 봄은 항일대전의 총성 속에서 무르익어갔다.

3
남북만에서 전개한
초기 무장투쟁

유격대 창건 이후 '유격대가 어떻게 활동해 나갈 것인가?' 하는 문제도 간단한 문제가 아니었다. 유격대 창건과 안도현성(송강) 열병식 이후 100여명의 유격대원들은 이 문제를 둘러싸고 중구난방의 토론을 벌였다. 유격대의 활동 방향에 대해서는 크게 세 가지 견해가 서로 충돌했다.

첫째는 무장소조론이었다. 소조론이란 중대요, 대대요, 연대요, 사단이요 하는 판에 박힌 부대편성 방법을 따르지 말고, 간편하고 기동성이 높은 무장 소조들을 많이 조직하여 끊임없는 소모전으로 적들을 타도하고 승리하자는 주장이었다. 삼삼오오 의 소조로 유격대 역량을 세분하여 참모부의 유일적 작전에 따라 수십 수백의 소조가 도처에서 활동하게 되면 능히 일본제국주의자들을 굴복시킬 수 있다는 것이었다. 이 논리의 제창자들은 무장소조를 기본단위로 하는 유격전이 식민지민족해방투쟁의 새로운 형식을 하나 창조해내는 과정으로 될 수도 있다고 하였다. 이러한 견해는 본질적으로 일제의 군사력이 엄청나게 강하기 때문에 대부대에 의한 전면적인 무장대결은 피하고 몇 사람씩 패를 지어 돌아다니면서 나석주나 강우규처럼 적의 우두머리들에게 폭탄도 던지고 통치기관들에 방화도 하고 친일파, 민족반역자들에게 철추도 내리자는 것이 무장소조론의 본질이었다. 무장소조론은 유격전의 외피를 쓴 테러주의의 변종이었다. 이 주장대로만 한다면 사실상 대부대에 의한 유격전을 포기하는 것으로 된다. 이것은 투쟁방법에서의 후퇴였다.

중 국

라자구등판

남호두
(10.15~20)   전각루   태평구
                          장가점
액목   관지   요영구   대북구
            돈화   소북구
                    할바령   마촌

해룡   량강구
            (8.23~10.4)   소사하
류하   (1932.6.3)
삼원포   몽강   무송   이도백하

천지 ▲ 백두산

조
선
동
해

통화
(6.29~7.1)   조   선

1932년 남북만 원정도

둘째는 전면적인 무장공격론이었다. 김일룡이 무장소조론에 흥미를 느끼고 있었다면 박훈은 즉각적인 무장공격으로 당장 넘어가야 한다는 즉시 무장대결론을 주장했다. 이것은 반일인민유격대의 준비 정도를 고려하지 않은 무모하고 주관적인 견해였다. 카룬에서 제기한 무장투쟁 노선은 일제와의 전면

적 무장대결을 전제로 한 것이었지만 방금 첫걸음을 뗀 유격대가 아무런 자체 준비도 없이 처음부터 그런 길을 걷는다는 것은 자살행위나 다름없었다.

셋째로는 신중론이었다. 신중론자들은 적을 알고 나를 알면 백전백승이요, 적도 자기도 다 모르면 백전백패한다는 이치를 내세우며, 이러한 주장을 했다. 이들은 아직 역량이 미약한 조건에서 은밀히 활동하면서 양적으로나 질적으로 힘을 꾸준히 키워야 한다고 주장했다. 투쟁이 장기성을 띠는 것만큼 끈기 있게 역량을 축적했다가 적이 약해지는 기회를 노려 일격에 쳐서 꺼꾸러뜨려야 한다는 것이었다. 이 견해는 매우 미온적인 견해이며, 시간을 가늠할 수 없는 막연한 것이라고 비판을 받았다.

이러한 중구난방의 견해들을 모두 비판하고 중대단위의 적극적인 유격전을 당면 활동방향으로 통일시켜 갔다. 무조소조론은 안중근의 전철을 밟겠다는 사상으로 테러로 일제를 굴복시키겠다는 것을 망상이라고 비판했다. 그리고 전면적 무장공격으로 즉시에 이행하자는 견해도 비현실적인 견해로 비판했다. 이렇게 비판하고 나서 김일성은 다음과 같은 요지로 말했다.

《그러면 어떻게 해야 하겠는가? 당분간은 중대를 기본단위로 하여 유격전을 벌이자. 소조단위로 활동해가지고서는 큰일을 치르지 못한다, 앞으로 부대가 커지면 더 큰 단위로 활동할 수도 있겠지만 지금은 중대단위로 움직이는 것이 가장 이상적이다. 처음부터 대부대를 조직할 형편이 못된다는 것이야 동무들도 잘 알고 있지 않는가, 항일전쟁은 몇 번의 전투로 끝나는 단기전이 될 수 없다, 그러므로 적은 역량으로 시작을 뗀 다음 전쟁과정에 무력을 끊임없이 축적하고 확대하였다가 때가 되면 전인민적 무장봉기와 배합된 결전으로써 최후승리를 달성해야 한다. 우리는 경편한 무장을 갖추고 영활하게 기동하면서 집중된 적을 분산시키고 분산된 적은 각개격파하며 큰 적은 피하고 작은 적은 먹어치우는 방법으로 시종일관 대방에 대한 전략 전술적 우세를 보장하며 부단한 소모전으로 일제를 타승하여야 한다. 이것이 바로 유격전이며 여기에 바로 유격전의 묘미가 있다. 싸움은 하지 않고 역량만 살금살금 축적하면서 때를 기다렸다가 일격에 적을 때려 부수자고 주장하는 신중론자 동무들, 투쟁과 희생이 없이 그리고 유혈이 없이 때가 저절로 온다고 생각하는가? 그 누구도 우리에게 독립할 기회를 선사하지 않는다는 것을 명심해야 한다. 그런 기회는 우리가 투쟁으로써 스스로 쟁취해야 한다.》

항일전쟁의 길에 첫 출발을 막 시작한 반일인민유격대로서는 유격대를 실천 속에서 단련시키고, 유격 대오를 급속히 확대 강화하며, 대중적 기반을 튼튼히 축성하고 유격대 주위에 각계각층 광범한 군중을 조직하는 것이 급선무였다. 안도에서 첫 출발한 반일인민유격대는 이러한 과업을 해결하기 위한 돌파구를 남만원정에서 찾았고, 그것을 1932년 주된 전략으로 설정했다.

남만원정의 주된 목적은 압록강 연안에서 활동하는 독립군부대들과 연계를 맺는 것이었다. 남만의 통화지방에는 양세봉이 지휘하는 독립군부대가 주둔하고 있었는데, 그들과 공동전선을 맺으려고 했다. 당시 양세봉 휘하에 있는 독립군 역량은 수백 명이나 되었으며, 그 부대를 조선혁명군이라고도 했다. 1932년 당시 양세봉 부대는 당취오의 자위군과 합작해 일본군과 만주국군을 몰아치고 있었다. 이 양세봉 독립군부대와 연합전선을 실현하면, 항일무장투쟁을 보다 효과적으로 전개할 수 있을 뿐 아니라, 카륜회의에서 제기했던 민족통일전선 형성에도 커다란 전진을 이룩할 수 있었다.

남만원정의 또 다른 목적은 남만지역에서 활동하고 있는 이홍광, 이동광이 지휘하는 항일무장부대들과의 연계를 모색하는 것이었다. 이홍광이 1932년 5

월에 조직한 유격대를 반석공농의용군이라고 하였는데, 이 부대는 훗날 중국 공농홍군 제32군 남만유격대로, 동북인민혁명군 제1군으로 개편되었다. 이홍광이 무장투쟁을 통하여 군사가로서의 기지와 담력을 남김없이 발휘한 사람이라면, 이동광은 당건설과 대중을 의식화하고 조직화하는 데서 특출한 솜씨를 보여준 유능한 정치일꾼이었다. 그의 이름은 벌써 1920년대 후반기부터 동만 지방에 널리 알려져 있었다.

첫 전투

1932년 5월 15일 안도현 소사하에서 열린 반일인민유격대 지휘성원, 당 및 공청지도간부회의에서 남만원정과 유격근거지 건설문제를 토의 결정했다. 회의를 마치고 각지에서 온 활동가들은 떠나갔다. 이후 안도 인민유격대(김일성부대)는 주력부대를 이끌고 남만진출준비를 서둘렀다. 그때 차광수가 근처에 적 수송대의 내왕이 잦은데, 오래 머물러 있으면 좋을 것 없으니, 빨리 소자하를 뜨자고 건의했다. 안도에서 쥐도 새도 모르게 사라져버리자는 차광수의 주장에 대해 김일성은 "참모장동무, 기왕 우리가 총을 들고 일어난 이상 한번 싸워보는 것이 어떻소?"라고 전투를 제안했다. 이에 차광수는 놀라 "전투를 하자는거요?"라고 물었다. 이에 대해 그는 "그렇소, 부대를 결성했으니 이제는 싸움을 시작해야지. 적이 코앞에서 왔다 갔다 하는 데 팔짱만 끼고 구경만 하구 있을 멋이야 없지 않소? 떠날 때는 떠나더라도 안도 땅에서 한번 총소리를 내봅시다. 전투가 없이야 대원들을 단련시킨다고 말할 수 없지. 잘만 하면 원정에 필요한 물자들도 해결할 수 있을 것 같소."라고 설득했다. 그러자 차광수는 흔쾌히 동의했다. 이렇게 첫 전투가 준비되었다.

첫 전투는 지형정찰 끝에 소영자령에서 벌이기로 했다. 소영자령은 안도에서 명월구로 넘어가는 중간지점에 있었는데 소사하에서 직선거리로 약 40리 남짓하였다. 산세가 험하지는 않지만 골짜기를 따라 우마차길이 오불꼬불 나

있어 매복전투를 하기 에는 아주 적당한 곳이었다. 적들은 이 도로를 이용하여 안도지구에 투입된 병력에 필요한 군수물자를 보급하고 있었다.

때마침 무기와 후방물자를 실은 위만군의 마차수송대가 명월구에서 안도 방향으로 떠났다는 통보를 받은 반일인민유격대는 즉각적으로 전투에 돌입하기로 했다. 1932년 5월 20일 저녁 대원들은 신속한 야간행군으로 소영자령에 도착해, 길목 양쪽에 매복했다. 마침 보름달이 환히 밝아서 아군끼리의 혼전위험은 없었다. 적 수송대는 모두 12대의 마차로 편성돼 있었다. 첫 번 째 매복조는 마차행렬을 그대로 통과시키고, 두 번 째 매복조 앞으로 절반가량 들어섰을 때 권총을 쏴 사격신호를 보냈다. 그러자 반일인민유격대의 총소리가 골짜기가 떠나 갈 듯이 울리고 함성이 터졌다. 불의의 기습을 당한 적 수송대는 눈먼 총질을 하면서 갈팡질팡했다. 10분 정도 사격을 계속하다가 돌격명령이 떨어졌다. 인민유격대원들은 와 함성을 지르며 돌격했다. 전투는 인민유격대의 일방적 승리로 끝났다. 이 전투에서 17정의 보총과 1정의 권총, 100명의 한 달 분량의 밀가루와 천, 군화 등 많은 물자들을 노획했다.

전투가 끝나고 마을에 돌아와 승리를 경축했다. 이때 차광수가 열정적인 연설을 했다.

《동무들! 싸우니까 얼마나 좋은가, 총이 생기고 식량이 생기고 피복과 신발이 생기고… 나는 오늘저녁에 위대하고 심오한 변증법을 배웠소. 이제 우리는 노획한 총을 나누어가집시다. 그래서 그 총으로 또 새 적을 쏴 눕힙시다. 그러면 더 많은 총이 생길 것이고 식량이 생길 것이요, 기관총과 대포도 생길 것이요. 노획한 양식으로 마대를 채웁시다, 그것을 먹으면서 기운차게 행군해갑시다. 일제가 완전히 소멸되는 그날까지 우리는 오늘처럼 무기와 식량을 그들에게서 받아냅시다. 이것이 우

리의 생존방식이고 투쟁방식이 아니겠소?》

이처럼 소영자령전투는 반일인민유격대원들에게 귀중한 전투경험을 쌓게 하였으며 승리의 신심을 더욱 굳게 가질 수 있게 하였다.

살아서 김일성 사령을 찾아가라

'살아서 김일성 사령을 찾아가라' 이 말은 독립군사령이었던 양세봉이 최후의 순간에 자기 부하들에게 남긴 말이다. 공산주의에 대한 몰이해와 본의 아닌 적대감의 포로가 되어 반일인민유격대와의 합작을 결심하지 못했지만, 일제의 유인계책으로 살해되는 순간에 일제의 간계에 넘어가 반일인민유격 대와의 연합전선실현에 응하지 않은 자신을 자책하면서 부하들에게 이런 당부를 남겼다.

김일성부대는 1932년 6월 초 소사하를 떠나 남만원정의 길에 올랐다. 남만원정도중 유가분방이라는 마을에 머물면서 정치 사업을 벌여 여러 명의 신입대원을 받아들였다. 이후 도로를 따라 행군하는 도중에 무송에서 안도방향으로 이동하는 일제침략군의 척후대와 불시에 조우했다. 김일성부대는 이 조우전을 영활하게 반공격으로 전환해, 한 개 중대의 적 병력을 완전히 섬멸했다. 천하무적이라는 일본군 신화는 김일성부대에 의해 이렇게 깨져버렸다. 반일인민유격대원들은 이 전투를 통해 일본군이 결코 무적도 아니고 불패도 아니며 불퇴의 군대도 아니라는 것, 유격전의 특성에 맞는 전법으로 전투를 능숙하게 진행한다면 적은 역량을 가지고도 강대한 일본군을 얼마든지 깨뜨리고 승리할 수 있다는 신심을 갖게 됐다.

김일성부대는 험준한 산줄기를 타고 한 달 가까이 행군을 했다. 부대는 6월 말 통화에 이르렀다. 통화에 처음 도착했을 때 독립군들은 김일성부대(반일인민유격대)를 성대히 환영했다. 양세봉은 처음에는 김일성부대의 통화입성을 독립운동을 확대발전시키는 데서 하나의 전환적 계기로 삼으려고 했었던 것 같았다. 통화에 도착한 그 날 밤 김일성-양세봉 회담이 있었다. 이 회담에서 양세봉이 먼저 두 부대의 연합투쟁을 제안했고, 김일성이 적극적으로 호응했다. 두 사람은 환영모임에 참석해 연설을 했다.

그런데 문제가 터졌다. 환영모임 후 양세봉이 참모들을 데리고 반일인민유격대를 방문했는데, 여기에서 반공연설을 하고 말았다. 이로 인해 적대적 분위기가 조성됐고, 분개한 유격대원들은 국민부의 죄행을 들어 반격했다. 이로서 양측의 우호적 분위기가 깨지고 적대적인 상황이 조성됐다. 이 사태로 양측의 회담은 결렬됐다. 그날 밤 독립군이 반일인민유격대의 무장을 해제하기 위한 음모를 꾸미고 있다는 사실을 보고받은 김일성은 즉각적으로 통화에서 부대를 철수시켰다. 왜 이런 사태가 발생했는가? 여기에는 일제의 간계가 작동했다. 일제는 자기들이 심어둔 양세봉의 참모를 내세워 양측의 합작을 훼방놓았으며, 급기야는 양세봉을 살해하려는 음모를 꾸미고 있었다.

양세봉은 이러한 적들의 간계를 간파하지 못하는 실책을 범했고, 양측의 연합전선 형성을 깨뜨렸을 뿐 아니라, 결국에는 적들에게 암살당하는 비운을 맞게 됐던 것이다. 적들의 암살로 목숨이 경각에 달해 있을 때야 비로소 적들의 간계를 간파하고, 부하들에게 "나는 죽어서 항일을 할 수 없지만 너희들은 살아서 김일성 사령을 찾아가라. 살길을 그 길밖에 없다."라는 유언을 남겼다.

양세봉과의 합작에 실패하고 급히 통화를 떠난 김일성부대는 삼원포, 고산자, 유하, 해룡, 몽강 등 안도까지의 귀환노정에 있는 지방들에서 군중을 혁명화하기 위한 사업과 함께 유격대 대오를 확대하기 위한 활동을 적극 벌였다. 1932년 7월 하순 몽강에서 항일구국의 기치를 든 당취오 자위군 총사령부대표와 만나 반일공동투쟁을 논의했다. 김일성부대는 자위군의 적극적인 보호를 받으면서 두 달 가량 몽강지역에 머물면서 군중 속에 들어가 정치사업도 벌이고 훈련도 했으며, 끌끌한 청년들을 선발해 대오도 확대했다. 그리하여 안도를 떠날 때는 40명에 지나지 않았던 대오가 몽강에 와서는 150명 정도로 늘어났다.

비록 양세봉 독립군과의 연합전선 형성에는 실패했지만, 유격대를 실천 속에서 단련시키고, 유격 대오를 급속히 확대 강화하며, 대중적 기반을 축성하기 위한 남만진출의 목적은 훌륭히 달성되었다. 이러한 목적을 달성하고, 8월 하순 안도현 양강구로 돌아왔다. 이 시기 만주지방의 반일부대들은 일본군의 강력한 공세 앞에서 와해되거나 투항하는 사태가 발생했다. 구국군가운데서 그나마 투항하지 않고 큰 세력으로 남아 있는 것은 왕덕림부대 정도였다. 그들마저도 일본군의 포화가 미치지 않는 중국 동북지방 동쪽 변두리 동녕현성과 소련 경내로 퇴각하고 있었다.

김일성은 8월 말 양강구에서 구국군내부에 파견되어 있었던 활동가들과 동만 각 현에서 온 군사지휘관들이 참가하는 반일병사위원회 회의를 개최해 반일부대들과의 사업을 더욱 적극적으로 벌이기 위한 구체적 대책을 논의했다. 그리고 9월에는 오의성부대 맹탄장 부대와의 연합작전으로 돈화현성 전투와 액목현성 전투를 벌였다.

2000명에 달하는 구국군부대는 세 개 조로 나뉘어 길돈선 방향과 연길방향, 돈화현성 방향으로 진출하고, 김일성부대는 맹탄장부대와 함께 푸르허 동쪽과 대포시하 동쪽 산길을 따라 돈화남방 대황구 부근 수림 속에 도착했다. 9월 2일 새벽 3시 김일성부대와 구국군부대는 일제히 돈화현성에 대한 공격을 개시했다. 김일성부대는 남문으로 공격했고 호진민이 인솔한 구국군부대는 서문과 북문을 거쳐 현성으로 돌입했다. 성안에 돌입한 부대는 적들의 지휘처를 습격한 다음, 적 여단지휘부와 영사관분관 경찰분서를 일거에 소탕하고 적 여단구분대 병력에 강력한 타격을 주었다. 이로서 김일성부대와 구국군의 연합세력이 전투의 주도권을 쥐었다. 적들은 2대의 비행기를 동원해 반격해 왔다. 이에 김일성은 철수 후 유인전으로 적들을 소탕할 새로운 전술로 바꿨다. 이 방안에 따라 김일성부대는 현성 서남쪽 고지를, 구국군부대들은 관둔자 남쪽 무명고지를 차지하고 추격해 오는 적들을 매복전으로 섬멸했다. 구국군 병사들은 사기충천해 도망치는 적들을 추격했다. 돈화현성 전투는 조중연합군의 완전한 승리로 끝났다. 일주일후 조중연합군은 액목현성 전투를 벌여 승리를 쟁취했다.

돈화현성 전투는 조선과 중국 민중들이 공동투쟁 역사에서 반일인민유격대가 중국 반일부대와의 협동작전으로 일제 침략군과의 전투를 벌여 승리한 첫 현성 전투라는데 그 의의가 있었다.

반일부대들을 돌려 세워 항일에로

김일성부대는 돈화현성 전투와 액목현성 전투를 치르고 9월 하순 양강구에 도착했다. 양강구에서 반일인민유격대 지휘관 및 정치일꾼들의 회의를 소집했다. 이 회의에서는 반일인민유격대 반년간의 사업을 총괄적으로 분석 평가하고 유격투쟁을 새로운 단계로 발전시키기 위한 대책이 논의되었다. 김일성은 이 회의에서 반일인민유격대(김일성부대)의 활동거점을 동만의 한복판인 왕청으로 옮기는 문제를 제기하고, 참석자들의 적극적인 지지를 받아 이를 결정했다. 이 밖에도 이 회의에서는 구국군과의 연합을 강화하는 문제, 유격근거지 창설문제들이 토의되었다.

이후 9월 말 반일병사위원회를 개최해 반일부대들과의 연대를 더욱 강화하기 위한 대책들을 논의했다. 이 회의에서는 총적인 지향은 왕청으로 활동거점을 옮기는 것이지만, 당분간은 퇴각하는 반일부대들이 집결된 있는 라자구에 가서 반일부대들과의 사업을 하는 것으로 결정됐다. 이 회의 결정에 따라 김일성부대의 북만진출 방침이 결정됐다.

이 방침에 따라 40여명의 대오로 구성된 김일성부대는 1932년 10월 초 북만진출의 길에 올랐다. 양강구를 떠나 푸르허, 두도량자, 관지 부근과 남호두의 이르는 곳마다 적극적인 정치군사 활동을 벌리고 민중들 속에 혁명의 씨앗을 뿌려 나갔다. 김일성은 10월 하순 왕청지구에 들러 당, 공청조직과 대중 단체들의 사업을 지도하고 장차 반일인민유격대 주력부대의 활동거점을 왕청에 정하기 위한 준비사업을 진행했다.

이후 반일부대와의 사업을 강화하기 위해 1932년 12월 말 왕청현 라자구에서 반일병사위원회를 소집하고 반일부대들의 퇴각을 저지시키며, 반일연합전선을 강화하기 위한 대책을 협의했다. 그 당시 동녕현성에 집결된 반일부대들은 소련을 경유해 중국 관내로 퇴각할 준비를 하고 있었던 때였다. 그리고 회의에서는 왕덕림부대, 오의성부대, 채세영부대와의 사업을 분담해 진행하기로 결정했다.

이 회의결정에 따라 김일성은 왕덕림부대를 담당했다. 그가 왕덕림부대와 사업을 하고 있을 때 일본군이 라자구 일대로 밀려들었다. 적들은 김일성부대가 왕덕림부대와 연합전선을 형성하면 큰일이라고 하면서 대병력을 동원해 빠른 속도로 공격해 왔다. 그러자 왕덕림은 싸울 생각을 하지 않고 라자구에서 도망쳤다. 수천수만 명의 대병력이 가을 낙엽처럼 국경 쪽으로 밀려갔다. 김일성부대는 도망치는 구국군과 함께 동녕현성 쪽으로 후퇴했다. 후퇴하면서 왕덕림을 꾸준히 설득했다. 하지만 왕덕림은 끝내 소련을 거쳐 중국 관내로 가버렸다.

라자구 등판에서 결사전

　김일성부대는 왕덕림과의 교섭을 단념하고 노정을 바꿔 최종 목적지인 왕청지구로 향했다. 왕청지구로 향할 당시 김일성부대에는 18명밖에 남지 않았다. 40명으로 출발했던 김일성부대가 왜 18명밖에 남지 않았을 까? 그것은 여러 가지 사정 탓이었다. 전투에서 전사한 사람도 있었으며, 병이 나서 도중에 이탈한 사람도 있었다. 또 몸이 허약해서 일부러 유격대에서 내보낸 사람도 있었고, 투쟁을 못 하겠다고 해서 집으로 돌려보낸 사람도 몇 명 있었다. 마지막까지 대오에 남은 것은 길림 시절부터 공청조직에서 조직생활 하던 활동가들뿐이었다. 이러한 현실은 조직생활에서 단련된 사람들만이 그 어떤 정황 속에서도 자기의 신념을 끝까지 고수하고 혁명가로서 도덕적인 책임을 다할 수 있다는 것을 교훈으로 남겼다. 김일성은 18명과 함께 왕청으로 가는 노정에 올랐다. 왕청으로 가는 길은 절대 순탄하지 않았다. 적들의 포위망을 뚫고 나가야 하는 험난한 길이었으며, 불과 18명의 유격대오로 이 노정을 가야만 했던 외롭고 힘든 사생결단의 길이었다. 말 그대로 생사를 장담할 수 없는 그러한 길이었다. 이 길은 훗날의 고난의 행군 시기 못지않은 시련의 길이었다.

　김일성은 그 당시 상황을 "하늘에서는 비행기가 돌아치면서 투항을 권고하는 삐라를 부리고 땅에서는 토벌에 동원된 일본군무리들이 사방에서 우리를 포위하였다. 우리나라의 고산지대에서조차 볼 수 없는 혹독한 추위와 허리까지 올라오는 큰 눈으로 인해 대오는 좀처럼 앞으로 전진할 수가 없었다. 임시변통으로 그날그날 얻어먹으며 힘들게 저축해둔 식량도 바닥이 났다. 5월에 소사하에서 입고 떠난 군복마저 다 찢기고 터져서 살이 드러났다." 라고 회고했다. 정말 힘들고 어려운 상황에서 하늘이 무너지고 땅이 꺼지는 한이 있더라도 무장투쟁을 계속해야겠다는 결심으로 난관을 돌파해 나갔다. 그 과정에서 마씨 성을 가진 노인의 도움으로 어려운 고비를 넘길 수 있었다. 마노인의 도움으로 안정된 산막에서 휴식을 취할 수 있었다. 휴식 기간 동안 군정학습을 조직하고 다시금 결의를 다졌다. 군정학습 이후 18명의 유격대 성원들의 결의를 다시 한 번 듣는 시간을 가졌다. 이 과정에서 두 사람이 더는 유격투쟁을 벌이기 어렵다고 실토했다. 두 사람을 각자 집과 소련으로 보내고 남은 대오 16명을 이끌고 1933년 2월 요영구를 거쳐 마촌으로 들어섰다. 이때부터 소왕청 마촌에 혁명사령부를 정하고 무장투쟁을 중심으로 한 민족해방운동을 이끌어 나갔다.

2

두만강 연안 유격근거지

1
유격근거지 창설

속속들이 들어선 유격근거지

해방지구 형태의 유격근거지 창설방안은 1931년 '겨울 명월구회의'에서 제시되었다. 이 방침을 실현하기 위한 구체적 방도를 논의한 것은 1932년 4월 초 안도현 소사하에서 열린 혁명조직 책임자회의였다. 이 회의에서 해방지구 형태의 유격근거지 창설방안을 확정하고, 그 첫 노정을 농촌혁명화에서 찾았다. 이 회의 이후 간도 여러 지역에 유능한 활동가들을 보내 농촌혁명화들 적극 밀고 나갔다. 혁명화된 농촌은 유격근거지 창설의 첫 단계 공정이었으며, 해방지구 형태의 유격근거지가 창설될 때까지 유격대가 발을 붙이고 활동할 수 있는 임시거점으로, 유격근거지가 탄생할 수 있는 바탕으로 되었다. 이러한 방침에 따라 두만강 연안 각지에서는 농촌혁명화사업이 빠른 속도로 진행되어 갔다. 이와 함께 소사하에서 해방지구형태의 유격근거지가 김일성의 지휘로 5월 말에 건설되었다. 소사하의 모범에 따라 동만 각지에서 유격근거지를 창설하기 위한 투쟁이 펼쳐졌다.

하지만 해방지구형태의 유격근거지를 창설하는 과정은 결코 순탄하거나 단순할 수 없었다. 이 과정에는 수많은 민중의 피와 투쟁이 동반되었다. 유격근거지의 존재는 도쿄의 대본영 우두머리들에게 있어서 만성적인 우환거리로 되었다. 다까끼 다께오라는 자는 간도일대를 '반만항일의 심장부이며 북으로부터 조선을 지나 일본으로 향하는 공산당의 동맥이기도 하다.'고 표현했으며, 일본 군국주의자들은 동만의 유격근거지를 가리켜 '동양평화의 암'이라고 불렀다. 1932년 봄에 일제는 관동군과 조선주둔군 회의를 열어 이른바 간도처리방책을 내놓았다. 이것은 조선주둔의 임시파견대를 투입해 간도지방의 민족해방운동을 탄압하려는 흉계 모의였다.

이 방책에 따라 나남사단 소속의 일본군 연대를 기간으로 하고 경원수비대, 기병, 야포병, 한 개의 비행중대까지 포함한 간도임시파견대를 꾸렸다. 그들은 추수, 춘황투쟁의 불길이 세차게 타올랐던 동만 4개현(연길현, 화룡현, 왕청현, 훈춘현)의 모든 촌락과 시가지들을 과녁으로 삼고 투쟁에 나선 모든 민중과 마을을 초토화시키는 야수적인 만행을 저질렀다. 일본군들은 1932년 4월부터 1933년 3월까지 한 해 동안만 해도 무려 281번에 달하는 토벌을 감행했다. 놈들은 이르는 곳마다 광범한 군중들에 대한 치 떨리는 학살 만행을 저질렀고, 집과 마을을 모조리 불태우는 이른바 초토화 작전을 감행했다.

1932년 4월 초 대감자 습격을 시발점으로 해 왕청의 산과 들도 피바다에 잠겼다. 대포와 기관총, 비행기로 무장한 나남 19사단의 대병력이 물밀듯이 밀려오자 이 부락에 주둔하고 있던 왕덕림휘하의 구국군부대는 마반산을 넘어 서대파로 황급히 철수했으며, 마을의 보위대도 저항을 포기하고 토벌군에 투항했다. 대감자를 점령한 일본군은 비행기로 왕청 시가를 폭격하고 주민가옥들에 달려들어 살인, 방화, 약탈을 감행했다. 그리고 덕원리와 상경리가 불탔다. 이 토벌이 얼마나 잔악무도하고 광란적이었던지 왕청사람들은 "1932년 4월 6일/ 대감자에서 반일전쟁 개막되었다/ 대포알은 앞 뒷산에 들들 울리고/ 기관총과 류산탄은 빗발 같도다/ 비행기는 공중에서 폭탄을 던져/ 무산대중 학살을 능사로 한다/ 대두천에 화염은 하늘에 닿고/ 덕원리의 농촌은 재터뿐이다/ 무죄양민 주검은 들에 널리고/ 왕청들엔 인적이 고요하구나/ 만주 땅에 살고 있는 무산대중아/ 일치단결 일어나 싸워나가자/ 우리들은 끓는 피로 전쟁장에서/ 승리의 기발을 휘날리리라"라는 노래까지 지어 불렀다.

삼도만, 해란구, 용정, 봉림동을 비롯한 연길현의 이름 있는 혁명촌들도 모두 주검으로 덮였다. 훈춘현의 삼한리일대에서는 1, 600여호의 집들이 불탔다. 연길 한 개 현에서 학살된 사람들의 수만 해도 무려 1만여 명에 달하였으니, 그 잔혹성은 이루 말할 나위 없었다. 일본군들은 간도 민중들의 생명재산은 말할 것도 없고 초보적인 생존수단인 요리도구까지 모조리 파괴했다. 더나가 나중에는 집을 허물고 달구지들을 끌고 와 재목들을 시내로 실어갔다. 주민들은 산으로 피신했다. 미처 피난가지 못한 주민들은 시내로 들어가지 않으면 모조리 죽이겠다는 협박을 받았다.

이처럼 유격근거지 창설사업은 일제의 무차별적인 토벌에 의하여 어려운 난관에 부닥치게 되었다. 일제의 토벌로부터 혁명 군중을 보호하는 문제가 사활적인 과제로 부각되었다. 이러한 형편에서 유격근거지 창설과업은 일제의 이른바 초토화 작전에 맞서 혁명 군중들을 보호하는 치열한 전투과정과 밀접하게 결합해 추진되었다. 항일유격대는 혁명 군중을 보호하기 위해 수백 회에 달하는 전투를 벌였다. 이러한 전투를 통해 적들을 군사적으로 제압하고 안전한 산간지대를 확보했다. 그리고 그곳으로 혁명 군중들을 집결시켜 나갔다.

소왕청과 대왕청 골짜기 안으로도 피난민들이 그칠 새 없이 몰려들었다. 토벌대의 추격을 피해 혁명 군중들은 끼니를 걸러 가며 산중에서 헤매었다. 일본군들은 이곳까지 쫓아와 학살을 감행했다. 혁명 군중에게는 왜놈들의 요구대로 항일을 포기하고 도시로 내려가는가 아니면 그 요구를 거역하고 더 깊은 산중에 들어가 생계를 유지하면서 투쟁을 계속하는가 하는 두 갈래의 길이 놓여졌다. 토벌군들의 행악질에 겁을 먹은 일부주민들은 한집 두집 도시로 내려가기 시작했다. 그러나 새 세상을 열렬히 동경하고 갈망하는 절대다수의 군중은 적들의 공갈협박을 조소하면서 더 깊은 산중으로 들어갔다. 농호가 수십호 밖에 되지 않던 소왕청의 좁은 골짜기 안에 1, 000명도 넘는 사람들이 단번에 들어온 것을 비롯하여 안전지대로 집결한 인민들의 수는 무려 수만 명에 이르렀다.

동만의 산간지대로 들어온 사람들 가운데는 혁명에 참가할 각오가 되어 있거나 실천투쟁 속에서 직접적으로 단련되고 풍부한 투쟁경험을 가진 정수분자들이 많았다. 그 결과 두만강 연안 산간지대는 주민구성이 매우 좋고 튼튼한 군중적 지반을 가진 해방지구형태의 유격구역으로 발전해 갔다. 그런데 유격구에 많은 사람들이 모여들다 보니 식량문제가 가장 심각했다. 사람들은 콩죽도 먹고, 그것이 떨어지면 송기떡, 고사리, 더덕, 둥굴레 같은 것도 삶아 먹으면서 버텼다. 그런데도 사람들은 투지를 잃지 않고 혁명가를 부르며 제국주의타도, 일제타도의 목소리를 높였다.

이처럼 피어린 과정을 거쳐서 해방지구 형태의 유격구가 이곳저곳에서 생겨났다. 그리하여 1933년 가을부터는 왕청현의 도가선(왕청으로부터 도문구간) 철도연선을 제외한 지역과 연길현의 경도선(신경으로부터 도문구간) 철도연선의 이북지역, 훈춘현의 밀갈 유역과 훈춘하 이남의 연통 일대의 광대한 지역이 유격대의 세력권으로 들어오게 되었다.

소사하의 모범에 따라 '겨울명월구회의'에서 이상적 후보지로 선정됐던 안도현의 소사하, 다진강을 중심으로 한 지대를 비롯하여 왕청현의 소왕청, 가야허, 요영구를 중심으로 한 지대, 연길현의 왕우구, 해란구, 석인구, 삼도만, 위자구를 중심으로 한 지대, 화룡현의 어랑촌, 우복동을 중심으로 한 지대, 훈춘현의 대황구, 연통라자, 리수구를 중심으로 한 지대에 1932년 봄부터 1933년 초까지 해방지구형태의 유격근거지가 속속 건설되었다.

간도의 산안지대들에 건설된 유격구역들에는 일제와 첨예한 대결 속에서 조선의 새세대청년혁명가들의 견인불발의 노력과 피어린 진통이 깃들어 있다. 양성룡, 이광, 장룡산, 최춘국, 주진, 박동근, 박길, 김일환, 차룡덕, 강석환, 안길, 이국진, 이봉수를 비롯한 청년혁명가들은 두만강지구 유격근거지를 창설하기 위해 자신의 모든 것을 다 바쳤다. 간도에 유격근거지가 창설되자 국내와 해외에서 한다하는 인물들은 앞 다퉈 간도지방의 유격근거지로 몰려들었다.

동만 지역의 유격근거지에는 민중에게 참다운 민주주의적 권리와 자유를 주는 혁명정권이 세워져 인민들의 보금자리를 꾸리기 시작했다. 혁명정권은 사람들에게 땅을 주고 노동의 권리를 주고 누구나 무상으로 공부하며 치료받을 수 있는 권리를 주었으며 역사상 처음으로 만민평등의 이념이 실현된 사회, 서로 돕고 이끌어 주고 위해 주며 받들어 주는 고상한 윤리가 지배하는 사회를 세워나갔다.

유격근거지에는 그 어떤 수난이나 고통 속에서도 꺼지지 않고 나래치는 희열과 낭만이 있었다. 끝없는 유혈과 희생을 동반하는 시련에 찬 생활이었으나 내일에 대한 꿈이 있었고, 희망이 있었으며, 노래가 있었다. 적들의 온갖 도발과 공격에도 굴하지 않고 민족해방의 장엄한 새 역사를 개척해 나가는 간도지방의 유격근거지들은 국내민중들의 찬탄과 동경을 자아내는 낙원으로 지상천국으로 되었다. 한마디로 말하여 유격구는 사람들이 낭만과 희열과 희망에 넘쳐 사람답게 살 수 있는 곳이었으며, 수천 년을 두고 꿈꾸어온 민중의 소망을 꽃피워 준 이상향이었다.

현별	유격근거지 중심 구역
왕청현	소왕청 유격근거지- 대왕청, 소왕청, 마촌, 시대파, 셋째섬, 이평, 태평촌, 대감자
	가야허 유격근거지- 삼도구, 영창동, 사동, 사수평, 가야허
	요영구 유격구역- 요영구, 소북구, 이차자구, 통자구, 하팔인구, 향수하자

연길현	왕우구 유격구역- 왕우구, 북동, 합수촌, 남동, 남양촌
	해란구 유격구역- 북해련리, 남해련리
	석인구 유격구역- 석인구, 부암동, 연집강, 장재촌
	삼도만 유격구역- 삼도만, 눙지영, 둔천영, 동구, 평강촌
	위자구 유격구역- 위자구, 신흥동, 신지방, 동물안
화룡현	어랑촌 유격구역- 어랑촌, 와룡촌, 계남촌, 동남촌, 금성동, 백일평
	우북동 유격구역- 우북동, 우심촌, 유동, 상광포, 하광포
훈춘현	연통라자 유격구역- 연통라자, 동골, 시골, 남벌리, 판막골
	이수구 유격구역- 이수구, 하동, 거왕산, 분수령, 초모정자
	대황구 유격구역- 대황구, 희말동, 청수동, 상중구, 하중구, 병랑구, 북구
안도현	소사하 유격구역- 소자하
	다진강 유격구역
	처창즈 유격구역- 처창즈, 서남차, 황보하차, 진창, 오동양차
	내도산 유격구역- 내도산

두만강 연안 유격근거지 중심구역 분포현황

믿음직한 후방기지- 반유격구 창설

라자구에서 사선을 돌파하고 왕청으로 들어선 김일성은 1933년 2월 반일
인민유격대라고 쓴 깃발을 앞세우고 나팔을 불면서 왕청 1구 소재지인 요영
구 유격구역에 들어섰다. 유격구 주민들은 김일성부대를 열렬히 환영했다. 주
민들은 "김일성부대에 대한 소문이 벌써 몇 달 전부터 돌았습니다, 남만에 갔
다가 북만에 들어와 돈화와 액목을 쳤다는 소식도 다 들었습니다, 우리 고장
사람들은 김대장 부대를 눈이 까맣도록 기다렸습니다, 이제는 마음이 더 든든
합니다."라고 말하며, 열렬히 환영했다. 주민들은 맛있는 저녁식사를 대접하
고, 아동단 공연과 오락회를 열어 환영했다.

공교롭게도 바로 그날 밤 '다음날 새벽에 일본 수비대 놈들이 유격구를 토
벌하러 올 것'이라는 비밀 연락이 날아들었다. 김일성은 요영구의 관문이라
할 수 있는 대북구 서산에 올라갔다. 그곳에 방어 진지를 급히 구축하고 전투

명령을 하달했다. 다음날 4대의 자동차를 타고 요영구 골짜기 안으로 쳐들어오던 일본군은 김일성부대의 매복전술에 걸려 수십 명의 사상자를 내고 도망쳤다. 대흥구에 있던 일본 수비대는 다음날에도 자기들의 무력을 총동원해 요영구로 쳐들어왔으나 떼죽음만을 남기고 도주했다. 이 전투가 간도지역에 들어와 치른 김일성부대의 첫 전투였다. 요영구 방위전투로 불린 이 전투는 김일성부대의 완벽한 승리로 끝났다. 유격구 주민들은 승전을 열렬히 환영했다.

김일성부대는 요영구에서 소왕청 유격근거지가 있는 마촌으로 갔다. 마촌에서도 열렬한 환대를 받았다. 요영구의 승전소식이 간도전역으로 빠르게 퍼져가던 때여서 김일성부대에 대한 소왕청 사람들의 환영열도 대단히 높았다. 적의 통치에서 완전히 해방된 유격구의 생활은 김일성을 매우 감동시켰다. 하지만 마촌에서 혁명 상황을 구체적으로 파악하면서 깜짝 놀랐다. 유격구역 안의 활동가들 사이에서 좌경바람이 열병처럼 만연되고 있었다. 좌경병은 유격근거지는 건설하는 사업에서 특별히 두드러지게 나타났다.

명월구, 소사하 회의들에서 유격근거지창설문제를 논의할 때 이미 그 형태를 완전유격구, 반유격구, 활동거점이라는 세 가지 형태로 규정하고, 형태설정에서 균형을 잘 보장하기로 합의했었다. 그런데 동만 지방의 좌경바람에 휩쓸린 활동가들은 해방지구 형태의 완전유격구 건설에만 몰두하고 반유격구나 활동거점을 창설하는 문제에 대해서는 거의 무관심했다.

좌경병에 걸린 사람들은 마치 해방지구 영토의 크기가 혁명의 성패를 좌우하는 결정적인 표징이라도 되는 것처럼 적아의 역량관계에 대한 과학적인 타산도 없이 주관적인 욕망만을 앞세우면서 터를 넓게 잡고 유격구역을 고수하는데만 전념하였다. 그들은 심지어 유격구역과 적 통치구역을 '적색구역', '백색구역'이라는 간판 밑에 인위적으로 갈라놓고 '반동군중', '양면파군중'이

라는 딱지를 붙여가면서 적구민중들과 중간지대 민중들을 함부로 의심하거
나 배척하였다. 국내민중들도 역시 반동군중의 대접을 면치 못하였다. 이것이
가장 큰 문젯거리였다.

적색구역에서는 여성들이 단발머리를 함으로써 백색구역과의 차이를 표
시하였다. 말도 글도 노래도 학교도 교육도 출판물도 적백이 서로 달랐다. 백
색구역에서 적색구역으로 들어오는 모든 사람들은 무조건 단속을 받았고, 취
조를 한 다음에도 집으로 잘 돌려보내 주지 않았다. 백색구역에서 오는 사람
은 덮어놓고 적의 간첩으로 치부하라는 상급의 지령이 아동단 조직에까지 떨
어졌다. 왕청현당의 일부 사람들은 소왕청 골짜기 안에 있다가 도시로 내려간
사람들에 대하여 늘 악의를 품고 있었다.

이에 대해 한 항일투사는 다음과 같이 회고 했다.

《좌경이라는 말만 들으면 초기유격구시절이 자주 눈앞에 서물서물
합니다. 간도에서의 좌경이 정말 지독했습니다. 한번은 유격대원들이
왕청령에서 일본군의 소금달구지를 노획해가지고 소왕청으로 끌고 온
적이 있습니다. 달구지꾼은 삯일을 하여 그날그날 생계를 유지해나가
는 최하층의 조선사람이었습니다. 그런데 이번에도 좌경분자들은 양면
파군중이라는 딱지를 붙이고 그를 죄인처럼 다스렸습니다. 일본놈의 소
달구지를 끌었으니 역적이라는 거지요. 유격구밖에 있는 사람들이 유격
구를 좋게 볼 수 없었습니다. 참 기막힌 일이였습니다.》

적아를 구별하지 않고 기본군중까지도 서슴없이 처형하는 사태가 자주 발
생했다. 이러한 무지한 망동은 다른 현의 유격구에서도 빈번히 발생했다. 그
런데 이 저주받을 행위들이 모두 혁명이라는 신성한 간판 밑에서 벌어졌다는

것이다. 이러한 사태는 항일을 하겠다고 따라나섰던 수많은 혁명군중을 혁명으로부터 이탈시키고 백색구역으로 밀어 던지는 가슴 아픈 결과를 빚어냈다. 유격구의 좌경분자들은 온성 땅에서 적 토벌에 희생된 부모의 제사를 지내려고 온 사람까지도 반동군중이라고 붙잡아 가는 추태를 부렸다.

근거지도 고수하고 민족해방운동도 발전시키자면 폐쇄적인 경향을 극복하고 활동범위를 넓혀 나가야 한다. 그런데 좌경바람에 휩쓸린 활동가들은 소비에트만 가지면 만사가 다 해결될 것처럼 생각하고, 유격구 사수에만 매달리는 근시안적인 사고에 빠져 있었다. 이러한 사고방식에서 벗어나 큰 정예부대를 꾸려서 자유자재로 군사 활동을 벌일 필요가 있었다. 그러려면 유격구 방어에 대한 부담을 줄어야 하는데, 그 방책의 하나가 해방지구 유격구 주변 광활한 지대에 반유격구를 대대적으로 꾸려, 이 반유격구들이 유격구를 옹위하도록 하는 것이었다. 그러므로 반유격구 창설이야말로 민족해방운동의 새로운 승리를 담보할 수 있는 돌파구로 된다. 그런데 동만의 좌경바람은 해방지구 형태의 유격구만을 절대시하고 반유격구나 활동거점을 꾸리는 문제에 대해서는 소홀히 하고 있었다. 왕청에서 활동하게 된 김일성은 유격구 사업에서 나타나고 있는 이러한 좌경적 편향을 포착하고 그것을 퇴치하기 위한 방안을 고심했다.

김일성은 간도를 활동기지로 삼고 있는 우리나라의 민족해방운동에 있어서 혁명의 책원지(책략이 세워지는 장소를 말하는데, 혁명투쟁의 모든 전략전술이 세워지는 영도중심거점을 가리킨다)를 튼튼히 사수하고 유격전쟁을 판 크게 벌일 수 있는 유일한 첩경은 해방지구형태의 유격구주변과 국내 북부국경일대에 반유격구를 창설하는 것이라는 것을 확신했다. 이러한 반유격구 창설문제는 무장투쟁의 실천 속에서도 절박하게 제기되고 있었다. 광대한 영역을 사수하자니 힘이 부쳤고, 힘이 부치니 그 타개책을 빨리 세우지 않으면 안 됐는데, 그 타개책은 반유격구에 있었다. 반유격구 창설을 통해 이러한 난관을 돌파해 나가야 했다.

반유격구란 아군도 통치하고 적들도 통치하는 지역, 형식상으로는 적의 통치지역이지만 내용상으로는 항일유격대의 관할지역을 말한다. 즉 낮에는 적들이 통치하지만 밤에는 항일유격대가 관할하는 그런 지역을 말한다. 이러한 반유격구는 우리나라의 투쟁실정에서 매우 절실한 것이었다. 이처럼 유격구 주변에 혁명화된 농촌지역, 반유격구가 있어야 유격구를 고립시키려는 적들의 기도를 분쇄하고 적 통치구역 민중들과의 연계 하에 혁명의 대중적 지반을 계속 확대해 나갈 수 있으며, 적 통치구역에서 유격대 활동을 믿음직하게 보장하고 적의 경제적 봉쇄도 무력화시킬 수 있다.

그 당시 반유격구 창설문제는 유격투쟁의 형태문제에 대한 기술실무적 차원의 문제에 국한된 것이 아니었다. 그것은 사대주의 교조주의를 극복하고 혁명에서 주체적 대를 세우는가 못 세우는가 하는 사상적 입장문제였으며, 좌경에서 벗어나 지난날 '양면파 군중'이라고 하면서 배척했던 광범한 군중들을 혁명의 동력으로 보는가 보지 않는가 하는 군중관점의 문제였고, 그들을 반일민족통일전선에 끌어 들이는가 못하는가 하는 혁명역량 편성과 직결되는 심각한 문제였다.

김일성은 반유격구 창설이 항일민족해방운동의 새로운 승리를 담보할 수 있는 돌파구로 된다고 확신하고, 1933년 봄부터 좌경기회주의자들과 종파사대주의자들의 집요한 방해책동을 짓부수면서 반유격구 창설사업을 힘차게 추진해 나갔다. 그리하여 라자구, 다홍왜, 전각루, 양수천자 등 왕청지구와 연길, 훈춘, 안도, 화룡지구를 비롯한 중국 동북지방의 넓은 지역과 국내 북부국경지대 육읍일대에 반유격구들이 꾸려졌다. 그리고 완전유격들가운데서 방어하기에 불리한 일부 지역도 반유격구로 전환시켰다. 이렇게 창설된 반유격구들은 유격구의 군대와 민중, 혁명의 전취물을 보호하는 믿음직한 위성들로 되었다.

해방지구 형태의 완전유격구 주변의 넓은 지역이 반유격구로 전환되고 나서부터, 반일인민유격대는 적구에 깊이 침투해 군중을 혁명화하고, 당과 공청, 각종 대중조직들을 확대해 나갈 수 있게 됐다. 이것은 곧 항일무장투쟁의 대중적 지반을 강화해줌으로서 소극적 방어전으로부터 적극적인 공격전으로 이행할 수 있도록 해주었다. 또한 반유격구의 창설은 적색구역과 백색구역을 나눠 많은 군중을 적의 편으로 몰아넣던 좌경적 편향을 극복할 수 있도록 해주었다. 그 결과 반일민족통일전선의 기치아래 광범한 군중을 하나의 정치적 역량으로 묶어 세울 수 있도록 했다. 또한 사대주의와 교조주의를 극복하고 우리나라 민족해방운동을 주체적으로 발전시키는 데 크게 기여했다.

김일성은 반유격구 외에도 적구지역에 눈에 보이지 않는 활동거점들을 수많이 꾸려놓았다. 지하혁명조직들과의 연계를 위한 연락소들로 이루어진 이 활동거점들은 기동적이고 임시적인 성격을 띠는 유격근거지의 한 형태로서 용정, 훈춘, 도문, 노두구, 백초구를 비롯한 적 통치구역의 큰 도시들과 군사요충지 철도연선지대들에 꾸려졌다.

2
소비에트정권 이냐?
민중정권이냐?

유격구에서 좌경바람이 제일 극심하게 나타난 것이 정권문제였다. 해방지구 유격구를 유지하고 운영해 나가자면, 정권이 있어야 했다. 유격구는 국가의 축소판이라 할 수 있으므로, 정권이 없으면 민중들을 먹여 살릴 수도 없고 그들을 투쟁으로 조직 동원할 수도 없었다. 그런고로 유격구가 창설되면서 정권건설문제가 대두됐다. 이런 필요성으로부터 출발해 유격구에서는 1932년 가을부터 정권들이 속속 세워졌다. 1932년 10월 혁명 기념일을 계기로 왕청현 가야허에서는 군중대회를 열고 소비에트정부 수립을 선포했고, 비슷한 시기에 연길현 왕우구와 삼도만에서도 소비에트가 수립됐다.

유격구에서 정권이 들어선 것은 의심할 바 없이 민중들의 세기적 염원을 실현시켜 주는 역사적 사변이었다. 그리고 당시는 소비에트 열풍이 온 동만 땅을 휩쓸던 때였다. 소비에트를 수립하는 것은 사회주의 공산주의를 지향하는 세계 각국의 혁명투사들과 진보적 인류에게 있어서 하나의 공인된 사조로 유행했다. 소비에트 노선을 지지하고 혁명실천에 무조건 그대로 받아들이는 것은 국제공산주의운동에서 의문의 여지조차 가질 수 없는 하나의 상식으로 되었으며, 혁명적 입장과 기회주의적 입장을 가르는 일종의 기준으로까지 되어 있었다.

김일성은 북만원정 길에 있었을 때 소비에트정부 수립에 대한 얘기를 전해

들었다. 하지만 처음에는 별다른 문제의식을 갖지 않았었다. 남북만 원정을 마치고 왕청에 들어왔을 때 여기저기서 소비에트 시책에 대한 불만의 목소리들이 터져 나오는 현실을 눈으로 보고 그 심각성을 간파했다. 유격구 민중들이 소비에트에 불만을 갖기 시작한 것은 소비에트정부가 사회주의 실현이라는 극좌적 구호 아래 사유재산 철폐를 선포하고 토지와 식량으로부터 낫, 호미와 같은 농사도구까지 개인들이 소유하고 있던 모든 동산, 부동산들을 공동소유로 만들어 버린 때부터였다. 소비에트정부는 재산의 공유화를 강행한 후 유격구 안의 모든 주민들이 남녀노소를 막론하고 공동생활, 공동노동, 공동분배라는 새로운 질서 밑에서 움직이도록 강제했다. 소비에트 정부는 또 큰 지주, 작은 지주, 친일지주, 반일지주를 가리지 않고 유격구 안의 모든 지주들과 부농의 토지를 무상으로 몰수했으며, 마소와 양곡까지 일률적으로 수탈했다. 좌경적인 소비에트 시책으로 인해 유격근거지에서는 수습하기 어려운 동요와 혼란이 발생했다. 많은 유격구안 주민들이 불만을 품었고, 일부 주민들은 불만을 품고 적구로 떠나가 버렸다. 유격구안의 이러한 혼란과 동요, 불만은 곧바로 유격구 주변지역으로 퍼져 나가, 유격구에 대한 부정적 여론이 급속히 퍼져나갔다. 더욱이 심각했던 것은 수탈당한 지주들의 대부분이 중국인 지주였다는 점에 있었다. 소비에트 정부가 수립된 지 반년도 못되는 사이에 5.30 폭동 때와 같이 조중민중 사이의 관계는 급격히 악화됐고, 반일구국부대들은 다시 조선유격대들을 적대시했다.

이 당시 상황은 다음과 같은 일화에 잘 드러나 있다.

당시 유격대원이 유격구 안의 한 노인을 찾아가 "노인님, 유격구 생활이 그렇게도 힘듭니까?"하고 질문하자, 그 노인은 다음과 같이 답변했다.

《쏘베트정부에서 역축과 농쟁기를 거둬갈 때까지만 해도 난 참았네, 아라사(소련)에서도 농업 집단화라는 걸 할 때 그런 놀음을 했으니까 우리도 그걸 본받는다고 짐작했거든. 그런데 며칠 전에 공동식당을 경영한다면서 숟가락, 젓가락까지 다 거둬가는 걸 보고서는 침을 뱉았네, "그래 우리 늙은이들이 공동식사 때문에 하루 세 번 씩 자기 집 온돌방을 두고 한지로 왔다 갔다 해야 한단 말이냐? 이런 식으로는 더는 못살겠다. 꼬문인지 아르젤리인지 그런 귀신단지 같은 세상을 만들겠거든 젊은 것들 끼리나 해라. 우리는 숨이 차서 더 따라 못가겠다."구 말일세, 그랬더니 이번에는 봉건숙청이요 뭐요 하고 노인들을 군중대회장에 내다놓고 며느리들한테 비판을 시키지 않겠나, 우리나라 역사가 자그마치 5천년이라는데 어느 세월에 이런 해괴망측한 일이 있었는가? 우리 아들은 그래도 나보고 쏘베트를 비방하면 안된다구 야단질이 아니요, 그래서 내 그 녀석의 갈비대를 꺾어 놓으려 했네.》

김일성은 1932년 2월 하순 왕청현 소왕청 마촌에서 당 및 공청지도간부 회의를 열고 유격구 안에서 나타나고 있는 좌경적인 편향을 시급히 바로 잡고 민족해방운동의 자주노선을 철저히 관철하기 위한 방도를 논의하면서 소비에트정부를 민중정권으로 개편할 것을 제의했다. 그러나 소비에트정권 건설노선은 「소비에트건설 사업대강에 관한 동만특위의 결의」로 결정돼, 만주지역의 중국공산당의 확고한 방침으로 결정되어 있었기 때문에, 섣부르게 문제를 제기하게 될 경우 심각한 곤란에 부딪힐 수 있었다. 김일성은 이러한 위험을 무릎 쓰고 당시 동만특위서기였던 동장영에게 소비에트정권 건설노선의 문제점을 적극적으로 제기하고, 민중정권노선으로 전환할 것을 인내성 있게 설득해 나갔다. 이와 함께 활동가들이 민중정권노선의 본질과 정당성을 해설 선전하기 위한 대중정치 사업을 적극적으로 펼쳐나가도록 했으며, 좌경기회주의자들과 종파 사대주의자들의 반혁명적 책동에 경각성을 갖고 비타협적으로 투쟁해 나가도록 했다.

이러한 노력은 결실을 맺었다. 동장영은 김일성의 새로운 노선에 동의했다. 이에 따라 동만 각 현에서는 소비에트정권을 민중정권으로 개편하기 위한 사업이 펼쳐졌다. 김일성은 시범적으로 왕청 5구에 민중정권을 수립하는 사업을 직접 맡아서 추진해 나갔다. 1933년 3월 18일 가야허 유격구 사수평 마을에서 왕청 5구 민중혁명정부를 수립하는 집회가 열렸다. 이 집회에서 그는 "민중혁명정부는 참다운 민중의 정권이다"라는 연설을 했다. 이 연설에서 그는 우리나라 민족해방운동을 승리로 이끌어 나가기 위해서는 광범한 반일역량을 하나로 결집할 수 있는 새로운 형태의 정권인 민중혁명정부를 하루속히 수립해야 한다고 하면서 "오늘 우리가 세우는 민중혁명정부는 노동계급이 영도하는 노농동맹에 기초하고 광범한 반일대중의 통일전선에 의거하는 참다운 민중의 정권입니다. 민중혁명정부는 어느 임금이 다스리는 정권이 아니라 민중이 정권의 주인으로서 민중자신이 관리 운영하는 정권입니다. 이 정부는 지주나 자본가나 어느 개인의 이익을 위한 정권이 아니라 민중의 권리와 자유를 옹호하고 조국의 독립과 인민의 행복을 위하여 투쟁하는 민중의 정권입니다. 이 정권은 농민들에게 땅을 주고 여자들에게 남자와 꼭 같은 권리를 주며 누구나 배우고 일하며 누구나 다 잘살 수 있게 하는 정권입니다."라고 민중정권의 성격과 임무를 밝혔다. 가야허 주민들은 민중정권노선에 대한 이같은 해설을 듣고 전폭적으로 지지했다. 새로운 민중정권의 탄생을 선포하는 의식에 앞서 소비에트정부가 몰수했던 개인의 재산들을 본인들에게 모조리 돌려주었다. 이날의 집회에서는 주민들의 의사에 따라 구 민중정권 대표들을 선출했고, 왕청 제5구 민중정권 수립이 엄숙히 선포되었다. 집회에서는 또한 10개 조항에 달하는 정부정강이 발표되었다.

이날 사수평 마을에서 세워진 첫 민중정권은 세계정권사에서 처음 탄생한 새로운 형태의 혁명정권, 민중정권의 탄생이었다. 이 정권은 노동자, 농민, 병사대중은 물론 청년학생, 지식인, 양심적 자본가, 종교인을 비롯한 광범한 반일역량을 망라하고 그들의 이익을 대표하는 가장 민중적이며 민주주의적인 새로운 형태의 혁명정권이었다. 사수평마을 민중정권 탄생 직후 김일성 은 코민테른 파견원 반성위와 이 문제에 대한 토론을 벌여 적극적인 지지를 받았다. 사수평마을의 모범을 따라 1933년 3월부터 여름까지 두만강 연안의 유격구들 안에서 구 민중혁명정부가 만들어지고 촌 민중혁명정부가 만들어졌다. 그리고 조건이 성숙하지 못한 곳에서는 과도적 형태로 농민위원회를 만들고 점차 민중혁명정부로 개편해 나갔다. 구 정부에는 회장, 부회장, 9~11명의 집행위원을 두었으며, 토지부, 군사부, 경제부, 식량부, 교양부, 통신부, 의료부 등의 부서를 두었다.

소비에트정권에서 재편된 민중혁명정부는 새로운 시책에 따라 유격구 주민들에게 정치적 권리와 자유를 보장하기 위한 민주주의적 시책을 실시해 나갔다. 경제분야에서도 민주주의적 개혁을 실시했다. '토지는 밭갈이하는 농민들에게!'라는 구호아래에서 일제와 친일지주, 민족 반역자들의 토지를 무상으로 몰수해 땅이 없거나 적은 농민들에게 무상으로 분배하는 원칙에서 토지개혁을 실시했다. 유격구에서 토지개혁은 혁명조직들과 근거지 주민들의 높은 열의 속에서 성과적으로 수행되었다. 토지개혁의 결과 유격구안의 모든 농민들이 대체로 매 농가당 5,000~6,000평의 땅을 무상으로 분배받았다. 또한 일제와 친일자본가의 재산을 전부 몰수하였으며, 중소민족자본가들의 기업은 장려했다. 또한 유격구안의 목재 채벌장을 비롯한 모든 곳에서 노동자의 8시간 노동제, 노동보호제, 최저임금제가 실시됐다. 교육문화에서는 무상교육과 무상치료제가 실시됐다.

제반 민주주의 개혁과 시책들이 실시된 결과 유격구들에는 새로운 사회경제관계와 혁명적 질서가 세워졌으며 짓눌리고 천대받던 민중들이 모든 것의 주인이 되어 마음껏 일하며 배우며 행복하게 사는 민중의 새 세상이 펼쳐지게 되었다.

　이에 대해 당시 일본의 한 출판물은 "먼저 흥미의 초점으로 되는 것은 그들 공비(공산주의자)가 저 산간 자연요새를 이용하여 ...완정한 '...왕국'을 세우고 있다는 사실이다. ...이상과 같이 간도지방의 유격구역은 토지, 인민, 주권 세 가지를 완전히 갖추고 있으며, 이것을 운영하고 ... 단일국가를 형성하고 있다"고 썼다.

3
무장투쟁을 국내로

왕재산회의

소왕청 마촌에 사령부를 두고 있었던 1933년 초 김일성부대는 무장투쟁을 국내로 확대하기 위한 활동을 펼쳤다. 이것은 항일대전을 선포한 그날부터 일관되게 견지해 왔던 전략적 노선이었다.

그런데 당시 중국 공산당동만특위 간부들은 중국영내에 있는 조선혁명가들이 조선혁명을 위해 싸우는 것은 민족주의적인 '조선연장주의'라고 비난하고, 이것은 1국1당제 원칙에 위배되는 행위이므로 국내진출을 단념하는 것이 좋을 것이라고 협박했다. 또 이를 추종하던 종파사대주의자들은 만주에서 활동하는 조선혁명가들은 조선혁명에서 손을 떼라는 반민족적 궤변을 늘어놓으면서 무장투쟁을 국내로 확대발전시키는 것을 집요하게 반대하였으며, 국내도처에서 앙양되고 있던 민중들의 항일민족해방운동을 음으로 양으로 저해하였다.

당시 일제는 국내민중들에게 미치는 영향을 막기 위해 광대한 병력을 동원해 국경경비를 강화했으며, 국경일대에 경찰기관들을 조밀하게 배치하는 한편, 각종 방어시설을 구축하고 삼엄한 경비망을 폈다. 이러한 정세에서 국내혁명조직들과 인민들에게 필승의 신념을 안겨주고, 그들을 항일민족해방투쟁에 나서도록 하려면, 무장투쟁을 국내로 확대 발전시켜 적들에게 심대한 정치군사적 타격을 주고 반일인민유격대의 위력을 널리 시위하는 것이 매우 절실했다.

    김일성은 조성된 정세와 혁명발전 요구를 깊이 통찰하고 아무리 정세가 복잡하고 안팎의 원수들의 책동이 악랄해도 민족적 임무에 충실한 것이 국제주의적 임무에도 충실한 것으로 되며, 조선의 혁명가가 조선의 해방을 위해 싸우는 것은 그 누구도 방해할 수 없는 신성불가침의 권리로 보고, 의연하게 국내진출 준비를 적극적으로 밀고 나갔다. 그는 반일인민유격대 왕청대대 2중대 성원 40명과 각 중대에서 선발된 10명의 지휘관들과 정치일꾼들로 국내진출대오를 편성했다. 그리고 국내진출의 유리한 환경을 만들기 위해 소부대들을 두만강연안일대 여러 곳에 파견해 적들의 경비진을 교란하고 주목을 딴 데로 돌리도록 유인했다.

    김일성은 1933년 3월 초순 소왕청 마촌을 떠나 온성군 타막골 건너편에 있는 양수천자의 솔골에 도착했다. 이곳에서 국내에 파견했던 선발대를 일주일 동안 기다리면서, 이 일대를 혁명화해 반유격구로 꾸려놓았다. 1933년 3월 11일, 김일성은 국내 진출 대오를 이끌고, 일제의 삼엄한 경비망을 뚫고 두만강을 건너 조국 땅 온성지구에 진출했다. 이날 왕재산에 오른 그는 그곳에서 온성지구 지하혁명조직 책임자 및 정치일꾼 회의를 열고 국내 형편과 혁명조직 활동 정형을 보고 받았다. 그리고 '무장투쟁을 국내에로 확대발전시키기 위하여'라는 연설을 했다.

    그는 연설에서 무장투쟁을 국내로 확대 발전시켜나가기 위해서는 우선 이미 창설한 두만강 연안의 유격구와 잇닿아 있는 국내의 넓은 지역에 반유격구를 더 많이 창설하고 공고화하기 위한 투쟁을 더욱 강력히 전개하여야 한다고 밝혔다. 그리고 반유격구를 형성하기 위해서는 유격대가 국경연안일대에서 전투 활동을 더욱 강력히 전개하는 것과 함께 국내 지하혁명조직들에 광범한 군중을 결집하고, 군중을 혁명화하기 위한 투쟁을 강력히 전개할 것을 제기했다. 또한 유리한 산림지대의 자연조건을 이용해 필요한 곳들에 비밀연락 장소를 비롯한 여러 가지 활동거점을 마련해야 한다고 강조했다. 그는 또한 노동동맹에 기초한 반일민족통일전선의 기치아래 전 민족을 하나의 정치적 역량으로 튼튼히 묶어 세우기 위한 방안과 당 창건 준비 사업을 힘차게 밀고 나가기 위한 과업도 밝혔다.

온성진출과 왕재산회의는 항일무장투쟁을 국내로 확대 발전시켜 나가는 활동의 서막으로 되었으며, 우리나라 항일민족해방운동 발전에서 또 하나의 이정표로 되었다.

양수천자 습격전투

김일성부대는 왕재산회의 이후에도 두만강 연안에서 정치군사 활동을 활발히 벌였다. 이 지역에서 정치군사적 활동을 활발히 벌이는 것은 무장투쟁을 국내로 확대 발전시켜 나가는 데에 있어서 매우 중요했다. 유격대가 정치군사 활동을 적극화하면 일제에 정치군사적 타격을 줄 뿐 아니라, 국내민중들에게 승리에 대한 신심을 갖게 해 주어 대중 의식화 조직화를 촉진할 수 있다.

김일성부대는 이러한 목적하에서 1933년 4월 초 양수천자 습격전투를 조직했다. 당시 양수천자는 두만강을 사이에 두고 온성과 잇닿아 있는 곳으로 온성, 도문, 훈춘, 왕청과 같은 큰 주민지역을 가까이에 두고 있으며 비교적 교통이 편리하고 지리적으로나 군사적으로 중요한 요충지였다. 일제는 이곳에 영사관 경찰과 위만군을 비롯한 많은 병력을 배치하고 마을들과 주변 산들을 훑고 다니면서 유격대와 이곳 지하혁명조직들의 활동을 저지시키려고 발악하고 있었다. 습격전투에 앞서 정찰조를 파견해 적정을 구체적으로 파악하고 그에 기초해 전투대오를 타격대상물 수에 맞게 여러 개의 조로 편성하고, 매조에 구체적 임무를 하달했다.

전투대오가 양수천자 부근의 무명고지에 모두 도착하자, 대원들을 휴식시키고 재차 지형을 관철하고 매 조의 전투임무를 확정지었다. 그리고 모든 조들이 자기 위치를 차지하자 전투개시를 알리는 신호총을 높이 울렸다. 신호총소리와 함께 습격조들은 타격대상물들에 일제히 집중사격을 퍼부었다. 적들은 갈팡질팡하다가 떼거지로 쓰러졌고 요행 살아서 도망치려고 담장에 기어오른 자들도 유격대원들의 명중탄에 맞고 그 자리에 너부러졌다. 적에 대한 소탕전이 한창 벌어지고 있을 때 정치선동대들이 거리와 마을들에 삐라를 뿌렸다.

양수천자 습격전투는 완벽한 승리로 끝났다. 이 전투의 승리는 무장투쟁의 국내확산을 저지하려고 발악하던 적들에게 커다란 타격을 주고, 왕재산 회의 방침을 관철해 나가는 데 매우 유리한 조건을 만들어 주었다. 김일성부대는 1934년 2월 중순과 10월 중순에도 양수천자 전투를 벌여 일제경찰과 위만군, 자위단을 소탕했다. 이 밖에도 무장투쟁을 국내로 확대발전시키는 데 유리한 조건을 만들어 주기 위해 반일인민유격대 소부대 소조들이 온성, 회령, 경원, 경흥, 무산을 비롯한 북부국경일대에 끊임없이 진출하여 적들의 병영, 경찰관주재소, 면사무소, 도선장 세관들을 습격파괴하고 악질적인 경찰 및 일제주구들을 처단하는 전투 활동을 적극적으로 벌여 나갔다. 1933년 회령 성북리전투, 9월 경원 용당나루전투, 10월 종성군 운암동부근전투, 1934년 2월 경원군 옹기동 경찰관주재소 습격전투, 3월 온성군 장덕나루 경찰관파출소 습격전투 등 수많은 전투를 벌여 나갔다.

육읍일대 진출

김일성은 역사적인 왕재산회의 이후 무장투쟁을 국내로 확대 발전시키기 위해 육읍일대에 여러 차례 진출해 혁명조직들과 정치일꾼들의 사업을 이끌어주었다. 그는 "왕재산회의가 끝난 후 우리는 경원(샛별)의 유다섬과 박석골, 종성군 신흥촌 금산봉을 비롯한 국내 여러 곳에 진출하여 회의도 하고 강습도 하고 정치공작도 하였다"고 회고했다. 이렇게 여러 번에 걸쳐 국내진출을 한 주요 목적은 국내 혁명조직 책임자들과 정치일꾼들에게 지하혁명투쟁에서 견지해야 할 원칙과 방법을 일깨워 주는 데 있었다.

김일성 부대는 1933년 3월 하순 국내진출을 위한 만반의 준비를 하고, 소왕청 마촌을 떠나 경원군 유다섬에 진출했다. 이곳에서 지하혁명조직 책임자들의 회의를 열고, 왕재산회의 방침을 관철하기 위한 대책들을 협의했다. 그리고 5월 하순 종성군 신흥촌에 진출해 지하혁명조직책임자들을 만나 왕재산회의 방침관철을 위한 방향과 대책들을 논의했다. 그리고 1933년 8월 경원군 박석골에 진출해 정치강습을 진행했다.

김일성은 종성군 신흥촌 금산회의에서 진행한 연설에서 조성된 정세를 분석하고 종성을 비롯한 육읍일대를 반유격구로 튼튼히 꾸리는 것이 중요하다고 밝혔다. 그리고 특히 종성일대를 반유격구로 튼튼히 꾸리는 것은 두만강연안에 창설된 유격구를 보위하고 무장투쟁을 국내로 확대발전시키는데서 매우 중요한 의의를 가지며 그 사업은 한시도 미룰 수 없는 과제로 된다고 강조했다. 또한 지하혁명 활동에서 중요한 것은 첫째로 최대의 은밀성을 보장하는 것이며, 둘째로 대담성을 발휘하는 것이며, 셋째로 임기응변의 지략을 소유하는 것이며, 넷째로 비밀을 눈동자와 같이 지키고 언제나 높은 혁명적경각성을 견지하는 것이라고 덧붙였다. 또한 반일인민유격대와 유격구에 대한 지원 사업을 더욱 강화하기 위한 당면 과업들을 제시했다.

4
반일부대와의 연합전선 실현의
일등공신 동녕현성 전투

오의성과의 담판

　김일성부대가 왕청에서 활동할 당시 가장 고통스러웠던 것은 반일부대와의 관계에서 생긴 심각한 대립문제였다. 일제의 간교하고 집요한 민족이간 책동이 더욱 극심해졌고, 반일부대 두령들이 빈번하게 동요하고 있었던 때에 유격구 안의 좌경소비에트노선의 해독적인 후유증으로 인해 항일유격대와 구국군과의 관계는 교전 직전의 상태에까지 이르게 됐다.

　1932년에 천신만고 끝에 항일유격대와 구국군과의 관계를 개선하고, 항일유격대의 합법적 공개적 활동공간을 확보했다. 그런데 유격구 안의 소비에트의 좌경적 시책은 반일부대의 항일유격대에 대한 불신을 증폭시켰다. 유격대내 좌경기회주의자들은 중국반일부대와의 사업도 극좌적으로 했다. 그들은 '구국군과는 하층 통일전선 사업만 해야 한다'라느니, '구국군 병사들로 하여금 자기 두령을 죽이고 반변해 나오게 해야 한다'라느니 하면서, '지주, 자산계급인 장관들을 타도하라!', '병사들은 반변을 일으켜 유격대로 넘어오라!'는 구호를 외치고 있었다. 이러한 구호는 반일부대와의 상층 통일전선을 파괴하는 해독적인 결과를 초래했다.

　유격구의 좌경적 시책은 구국군의 부패변질을 앞당기는 촉진제 역할도 했다. 일제는 반일인민유격대와 구군국과의 연합을 파괴하기 위해 구국군들의 항일유격대에 대한 불신을 악용해 구국군에 대한 귀순공작을 집요하게 벌였다. 이로 인해 1933년 1월에 훈춘현 토문자에 주둔하고 있던 반일부대두령 왕옥진이 부대들을 거느리고 적들에게 투항하였다. 이해 2월에는 소왕청에 있던 관부대의 반수가 귀순하여 만주국보위단과 공안국에 채용되었으며, 같은 달 대황구근처에서 활동하던 마계림부대 장병 수십 명도 투항하여 하마탕자위단에 합류하였다. 일제는 노흑산일대에 웅거하고 있던 악명 높은 토비대장 동산호를 매수하여 1933년 4월 하순 이광의 별동대를 전원 참살하게 하였다. 이와 함께 일제는 '조선사람이 만주를 빼앗으려 한다.', '공산당은 구국군을 무장 해제시키려 한다.'는 등 터무니없는 악선전을 퍼뜨려, 유격대와 구국군을 이간질했다.

이러한 요인들로 인해 반일인민유격대와 구국군 사이는 교전 직전의 험악한 관계로 되돌아갔다. 반일인민유격대는 구국군의 행패가 심해 밤에만 활동하고 낮에는 행군조차 하지 못하는 형편이었다. 구국군과의 관계를 개선하지 않고서는 유격투쟁을 제대로 벌여나갈 수 없었다. 구국군과의 관계를 적대적 관계로부터 동맹관계로 바꾸는 게 조선의 민족해방운동에서 운명적인 문제로 다시 부각됐다. '반일부대들의 무분별한 소동을 어떻게 막으며, 그들을 어떻게 반일연합전선으로 견인할 것인가?'하는 과제를 풀어야 했다. 이 문제를 풀지 않으면 수만명의 반일부대들을 적으로 만드는 파국적인 상황이 초래될 위험성이 농후했다.

김일성은 간도 땅 구국군의 실권을 틀어쥐고 있었던 구국군 전방사령인 오의성을 찾아가 담판하기로 결심했다. 이 결심을 국제당 파견원 반성위에게도 얘기했다. 그는 담판의 필요성은 인정하면서도 김일성이 직접 가는 것은 너무도 위험하기 때문에 결코 모험해서는 안된다고 강하게 만류했다. 반성위가 훈춘으로 떠난 후 그는 1933년 5월 하순 소왕청 마촌에서 두만강 연안 혁명조직 책임자와 반일인민유격대 지휘관 회의를 열고 이 문제를 논의했다. 이 회의에서 반일연합전선 노선은 반혁명세력에 대한 혁명역량의 우세를 보장하기 위한 기본전략의 하나라고 밝히고, 구국군 부대의 완고한 두령들과 토비근성을 버리지 못한 산림부대들이 많은 제한성을 갖고 있지만, 그들이 반일을 지향하는 한 인내성 있게 그들을 반일연합전선으로 끌어당겨야 한다고 강조했다. 그러면서 반일부대와의 사업에서 병사대중과의 통일전선을 기본으로 하면서도, 상층과의 사업도 잘해야 한다고 말하면서, 자신이 직접 오의성을 찾아가 담판을 짓겠다는 결심을 제출했다. 참가자들은 너무 위험하니 직접 가서는 안된다고 반대했지만, 김일성의 결심을 꺾지는 못했다. 결국 호위 성원 100명을 동행하는 조건으로 오의성과의 담판에 가는 것으로 결론이 났다.

김일성은 1933년 6월 하순 100여명의 대원과 함께 오의성이 머물고 있는 라자구로 떠났다. 태평구에 도착한 후 반일인민유격대의 라자구 입성에 관한 성명을 발표하고 오의성부대에 전령병을 파견했다. 다음 날 라자구에서 회담을 하는 데 동의한다는 통보를 받고, 1개 중대는 태평구 마을에 배치하고, 남은 50명을 대동하고 붉은 기를 앞세우고 나팔을 불면서 위풍당당하게 라자구시내로 입성했다.

오의성사령과 김일성의 장기간에 걸친 담화가 이어졌다. 담화는 성공적으로 진행됐다. 오의성은 공산당에 대한 이러저러한 소문들을 질문하고, 이에 대해 논리정연한 답변이 있었다. 이 과정에서 유격구내에서 중국인 지주들의 땅을 마구잡이로 빼앗은 행위에 대해서는 잘못을 인정했다. 담화를 통해 오의성은 김일성의 사리정연하고 공명정대한 견해에 감동했다. 그는 김일성의 포용력과 크나큰 담력에 경탄을 금치 못하면서, 김일성을 '김사령'이라고 존대했다. 그리고 김일성부대에 대해 양반공산당이라고 칭송했다.

담판에서는 반일인민유격대와 반일부대의 일상적 연계를 보장하고 두 군대의 공동행동을 보장하는 데서 조절자적 역할을 담당할 '반일부대 연합판사처'라는 상설적인 기구를 두기로 합의했다. 판사처 반일부대측 대표로는 중국 사람인 왕윤성을 내세우고, 유격대측 대표로는 조동욱을 선발하였으며, 사무실은 라자구에 설치하되 오사령의 지휘부 가까이에 두기로 하였다. 이 담판이 성공함으로써 항일민족해방운동 앞에 가로 놓였던 가장 큰 장애가 제거됐고, 조중 두 나라 민족의 무의미한 대립과 유혈이 종식됐으며, 반만항일의 거세찬 흐름이 하나의 전선으로 합류하게 되었다. 김일성 부대는 이어서 구국군에서 가장 완고한 세력인 채세영 부대를 비롯한 다른 반일부대들과의 연합전선 형성도 성공했다.

반일연합전선을 형성하기 위한 오의성과의 담판을 통해 반일인민유격대는 자기의 주체적인 힘이 강해야 공동전선도 형성할 수 있다는 사실을 새롭게 깨닫게 되었다. 만일 김일성부대가 1932년 남북만원정과 왕청을 중심으로 하는 1933년 크고 작은 전투들에서 자체의 군사적 실력을 충분히 발휘하지 못했거나, 유격대를 승승장구하는 무적의 철군으로 발전시키지 못했다면, 오의성은 김일성부대를 거들떠보지도 않고 문전박대했을 것이다. 오의성과의 합작이 순조롭게 진행된 것은 김일성부대의 힘이 강했고, 정치도덕적 풍모가 구국군보다 우월했기 때문이다. 또한 열렬한 애국심과 국제주의적 우애, 자기위업의 정당성에 대한 확고한 신념이 그들을 공감시켰기 때문이다. 이를 통해 통일전선을 위한 최상의 수단은 '주체적 힘'이라는 것을 명백히 확인할 수 있었다.

동녕현성전투

김일성은 오의성과의 담판에서 성공한 후 오사령의 기간부대인 사충항여단과의 통일전선을 모색하기 위해 그를 찾아갔다. 호진민의 소개장을 갖고 사충항을 찾아가니 사충항여단장은 아무런 겉치레도 없이 만사를 제쳐 놓고 김일성을 만나주었다. 그는 왜놈을 잘 치는 김대장이 자기네 부대에 온 것은 경사라고 하면서 따뜻하게 반겨주었다. 그 사람에게는 반공기질도, 군벌기질도 없었고, 아주 소탈하고 점잖은 사람이었다.

동녕현성 전투(1933년 9월 6일)

담화 중에 사충항은 김대장 부대가 일본군대와의 싸움에서 연전연승하는 것은 조선사람의 자랑이자 동양 민중의 자랑으로 된다고 했다. 이때 김일성은 사충항에게 동녕현성을 치자고 제의했다. 사충항은 "나는 오래전부터 우리의 측근에 김대장네 유격대와 같은 강력한 우군을 두고 싶었소, 오늘부터 우리는 한 형제요, 김대장의 원수이자 나의 원수고 김대장의 벗이자 나의 벗이요"라고 말하면서 이를 적극적으로 호응했다. 김일성은 사충항 여단장과의 담판의 성공을 축하하는 의미에서 힘차게 포옹했다. 이렇게 동녕현성 전투 구상이 시작됐다.

당시 김일성이 동녕현성전투를 구상한 것은 그곳이 한때 반일부대가 차지하고 있다가 적들에게 빼앗긴 지대이므로 먼저 여기를 공격해 반일부대 두령들과 병사들의 사기를 북돋아 주기 위해서였다. 김일성은 사충항과 동녕현성 전투 합의이후 곧바로 전투준비에 들어가지 않고 몇 달 동안 치밀한 준비를 했다. 김일성이 라자구 담판이후 동녕현성을 즉시 공격하지 않고 두 달 이상의 준비기간을 설정한 것은 이 전투의 의의를 특별히 중시한 까닭이다. 이 전투는 항일유격대의 합법화를 완전히 실현하기 위한 돌파구였고, 구국군과의 통일전선 협약도 이 전투의 승패에 따라 그 운명이 결정될 것이었기 때문에, 그만큼 중요했고, 그만큼 또 신중하게 준비하지 않을 수 없었다. 이 전투를 잘하면 반일부대들과의 연합전선이 반석 같은 기초 위에 설 것이다. 그러나 만약 패전으로 끝나면 라자구 담판의 성과는 허실로 돌아가고 막 새롭게 형성되

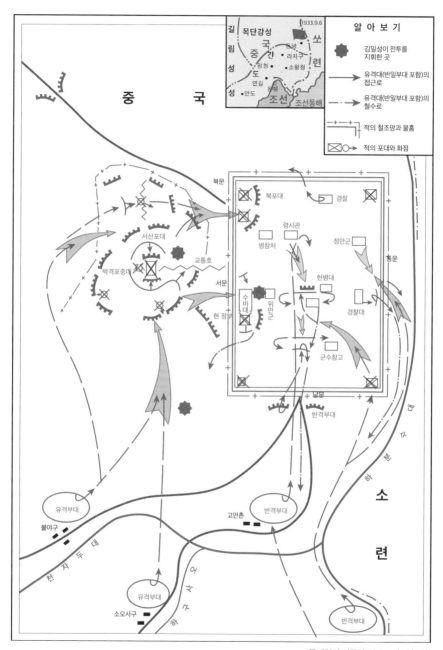

동녕현성 전투약도(1933년 9월 6일)

기 시작한 연합전선도 붕괴를 면치 못할 것이다.

라자구 담판 이후 반일부대 연합판사처는 구국군과의 사업을 맹렬하게 벌였다. 판사처 일꾼들은 인접 산림대들 속으로도 침투해 그들을 반일연합전선에 끌어들이기 위한 적극적인 활동을 펼쳤다. 이러한 활동과 준비를 거쳐 1933년 9월 초 라자구부근 로모저하에서 동녕현성 전투를 위한 작전회의가 열렸다. 이 회의는 반일부대 연합판서처가 실무를 맡아 진행했는데, 여기에는 오의성, 사충항, 채세영, 이삼협을 비롯한 반일부대 지휘관들과 김일성이 참석했다. 이 회의에서는 오의성의 제의에 따라 김일성이 제출한 작전계획을 만장일치로 채택했다.

동녕현성은 소련과 만주의 국경지역에 자리 잡고 있는 큰 성시(성으로 둘러싸여 있는 시가지)로 군사적 요충지였다. 그곳에는 이시다가 이끄는 일제 관동군 500여명과 경탄장이 지휘하는 1개 연대 정도의 위만군 병력이 있었고, 그 밖에도 위만경찰들과 자위단 무력이 집중적으로 배치돼 있었다. 거기에다 대포를 비롯한 현대무기로 장비된 견고한 성새 속에 들어 박혀 있었다. 이 때 작전회의에 참가했던 반일부대 어떤 지휘관들은 동녕현성을 점령할 수 있는 가능성은 30% 밖에 없다고 비관적으로 말했다. 그들은 회의석상에서도 공격자의 역량이 방어자의 역량보다 3배가 되어야 한다는 것은 공인된 군사교범의 요구인

동녕현성전투 당시 기관총을 걸었던 건물과 동녕현성시가

데 적의 병력에 보다 우리 측의 병력이 너무 약하다고 걱정했다. 이에 대해 오의성을 비롯한 다른 사람들은 그것은 이청천이 다녔다는 일본의 육군사관학교 같은 데서나 통할 수 있는 헛소리이니 참고할 가치가 없다고 하면서 그런 소극적 임전태도를 비난했다. 구국군이 언제인가 동녕현성을 치다가 실패한 적도 있었던 만큼 일부 지휘관들이 무적황군을 자칭하는 일본군의 신화에 겁을 집어먹고 과대평가하는 것도 무리는 아니었다.

김일성은 동녕현성전투를 위해 왕청, 훈춘, 연길에서 각각 1개 중대의 병력을 뽑아 라자구로 집결하도록 조치했다. 왕청과 훈춘의 유격대는 8월 말 라자구에서 감격적인 상봉을 했다. 하지만 연길중대는 동녕현성전투가 있었던 날까지 도착하지 못했다. 김일성은 전투에 참가하는 유격대원들에게 "구국군이 장차 어떤 길로 나가는가 하는 것은 이번 전투에 달려 있다. 유격대가 선봉에서 잘 싸우면 구국군이 우리를 따라오는 것이고, 제구실을 똑똑히 하지 못하면 구국군이 우리를 저버리게 될 것이다. 그러므로 동무들은 일상생활과 전투행동에서 항상 모범이 되어야 한다. 이번 전투는 총 몇 자루나 쌀 몇 포대를 위한 전투가 아니라 통일전선을 위한 싸움이다. 우리는 이 전투에 통일전선의 명줄을 걸고 있다. 전리품은 구국군이 다 가지라고 하자. 그들이 약담배를 가지든 무엇을 가지든 우리는 상관하지 말자. 그러나 정치도덕적 측면에서의 양보란 있을 수 없다는 것을 모두 다 명심하자."고 당부했다.

동녕현성 전투를 위한 작전회의 결정에 따라 반일부대 연합판사처 성원들은 부대편성에 들어갔다. 아무 부대에서는 몇 명, 아무 부대에서는 얼마 식으로 동녕현성 전투에 참가시킬 병력 수를 부대별로 할당했다. 이리하여 조중 반일연합부대가 편성됐다. 연길, 왕청, 훈춘지구에서 활동하고 있는 각각 1개 중대 병력의 반일인민유격대와 1000명에 달하는 반일부대로 구성된 연합부대는 9월 초 라자구를 떠나 동녕현성 방향으로 행군했다. 행군도중 노흑산에서 왕청 유격대와 훈춘 유격대의 연환모임을 열어 재차 동녕현성 전투의 목적과 정치군사적 의의를 확인했다. 조중 반일연합부대는 행군을 계속해 동녕현성 부근 고안촌, 오사구 일대에 진출해 적정을 재확인하고 전투계획을 최종 확정했다.

고안촌부근 주민들과 지하조직 성원들과 담화를 통해 동녕현성에 있는 위만군 연대장이 비록 만주국에 복무하나 반일감정이 강한 사람이며 위만군과 일본 수비대의 관계가 속으로 알력이 매우 심하다는 것을 알아냈다. 그리고 이 연대장은 현성 안에 있는 중국인 상점 주인들과 가깝게 지내며, 그들의 말을 잘 듣는다는 것도 알아냈다. 김일성은 지하당성원들이 중국인상점 주인들에게 영향을 주는 방식으로 위만군 연대장을 전취했다.

동녕현성전투는 1933년 9월 6일 밤 9시에 시작되어 9월 7일 낮에 끝났다. 동녕현성 전투에서 주공방향은 서문 밖 능선에 2층으로 축성돼 있는 서산포대였다. 이 포대에는 여러 정의 중기관총과 경기관총들이 배치돼 있었다. 포대와 일제 관동군 본대 사이에는 깊은 교통호와 지하 비밀통로가 배치돼 있어 필요할 때 예비대가 계속 투입되어 공격을 견제할 수 있게 되어 있었다. 김일성은 왕청중대를 주공방향에 진출시켜 서산포대를 점령하도록 임무를 하달했다. 밤 9시 적진에 은밀히 접근한 유격대 파괴조는 김일성의 공격 총성신호가 울리자마자 서산포대를 향해 일제히 집중사격을 시작했다. 적들은 교통호와 지하비밀통로를 통해 역량을 끊임없이 증강했다. 몇 시간 동안 치열한 화력전이 전개됐다. 김일성은 서문으로 시내에 돌입한 유격대로 하여금 적 병영을 봉쇄하는 한편 일부 역량을 포대 북쪽으로 우회시켜 적의 화력을 분산시킨 다음 파괴조를 발동시켜 맹렬한 작탄공격으로 서산포대를 점령토록 했다. 동틀 무렵이 다 되어서야 포대는 입을 다물었다. 주력부대는 일본군 수비대 병영을 강철그물 같은 봉쇄망으로 둘러싸고 적들의 저항을 가차 없이 좌절시켰다. 일본군은 북문으로 도망쳤다.

　편의대로 가장하고 시내에 미리부터 들어가 있던 구국군 부대들과 동문과 남문을 거쳐 성시에 돌입한 구국군 부대들도 자기 위치를 차지하고 전투를 했다. 위만군 부대 본영에서는 대표를 보내 협동해 일제침략군을 치자는 제의에 동의를 표시했다. 합작이 실현되려는 찰나 채세영 휘하의 일부 부대들이 위만군이 장악하고 있던 상점들을 마구 털고 주민 가옥에 달려드는 바람에 위만군은 약속을 취소하고 질풍 같은 기세로 조중연합군을 공격해 나섰다. 그러자 적의 맹공격에 겁을 집어먹은 구국군 일부 부대들은 점령구역을 내던지고 현성 밖으로 달아나기 시작했다. 하지만 김일성부대는 시가전을 결사적으로 진행하면서 점령구역을 확대하고 적들을 현성 한쪽에 몰아넣었다. 구국군도 이에 고무되어 병기공장을 점령하고 군수품 적치장들을 습격했다. 시가전으로 여러 시간 동안이나 계속됐다.

　연합작전의 목적이 기본적으로 달성됐다고 판단한 김일성은 9월 7일 낮에 철수명령을 내렸다. 유격대는 시내에서 주동적으로 철수해, 현성 밖으로 빠져 나오는 구국군 부대들을 화력으로 엄호했다. 이때 김일성은 사충항 여단장이 중상을 입고 성시 안에 쓰려져 있다는 보고를 받았다. 사충항부대의 장병들을 말할 것도 없고 그의 부관마저 그를 돌보지 않고 제 혼자 살길을 찾아 성문을 빠져나가 버렸던 것이다. 김일성은 최춘국에게 사충항을 구출할 것을 명령했다. 명령을 받은 최춘국은 성시로 다시 들어가 명령을 결사적으로 집행했다. 김일성부대 유격대원들은 죽음을 무릅쓰고 구해낸 사충항을 등에 업고 나오는 최춘국을 화력으로 엄호하면서 무사히 빠져 나왔다.

　동녕현성전투는 항일유격대의 대담무쌍한 활약으로 대승리로 끝났다. 이 전투에서 500여명의 적을 살상하고 많은 군수물자들을 노획했다. 그러나 더 중요한 것은 구국군들이 이 전투를 겪고 나서 조선의 항일유격대들을 완전히 신임하게 됐다는 것이다. 반일인민유격대들은 동만 땅에서 지난날처럼 또 다시 붉은 기를 들고 다니며 보무당당하게 합법적으로 활동하게 되었다. 이 전투는 구국군의 의식 속에 조선유격대원들의 참모습을 인상 깊게 심어주었다. 그 후부터 중국의 반일부대들은 항일유격대를 해치는 놈들만 있으면 자청해 따라다니면서 냅다 족쳤다. 사충항은 의식을 회복한 직후 "1933년 9월 7일은 내가 두 번째 생명을 받은 날이다. 지금까지의 생명이 부모들이 준 것이라면 9월 7일부터의 생명은 김일성사령이 준 것이다. 김일성사령은 나의 생명의 은인이고 항일유격대는 우리 구국군의 첫째가는 형제들이다."라고 말했다. 그의 입을 통해서 항일유격대가 얼마나 희생정신이 높은 군대이며, 얼마나 동지적 의리에 충실한 군대인가 하는 전설 같은 소문들이 만주 각지로 퍼져 갔다.

실로 동녕현성전투는 반일부대들과의 협동 밑에 진행된 대규모적인 연합작전으로서 연합전선형성을 전면적 단계에 발전시키는데서 획기적 계기를 열어놓았다. 또한 조중민중들을 서로 이간시키고 반일인민유격대와 반일부대들을 서로 대립시켜 반일혁명역량의 단결을 파괴하려던 일제침략자들에게 커다란 정치군사적 타격을 주었다. 김일성은 동녕현성 전투이후에도 반일부대를 적극적으로 끌어 들여 1934년 6월 라자구 전투를 비롯해 적의 주요 거점들에 대한 대규모적인 진공작전을 펼쳐 승리함으로써 반일연합전선의 위력을 떨쳤다.

5
유격구 방위전의 위대한 승리

유격구를 난공불락의 보루로!

1931년 겨울 명월구 회의에서 발표된 '일제를 반대하는 무장투쟁을 조직 전개할 데 대하여'에는 "유격구역에서는 유격대를 정치군사적으로 성장 발전시킬 뿐 아니라 적위대, 소년선봉대 등 반군사조직들을 확대강화하고 전체 민중들을 무장시켜 유격근거지를 보위하도록 하여야 합니다."라고 유격구 전민방위체계(유격구에 있는 군대와 주민들 전체가 함께 참여하는 방어체계) 구축에 대한 방침이 제출되어 있었다.

여기에 밝혀져 있는 유격구 전민방위체계를 수립하기 위한 방도는 무엇인가? 그것은 상비무장력인 유격대 역량강화, 전민무장화 실현, 유격구 전민감시경계체계와 비상동원체계 수립, 유격구의 요새화 실현에 있다. 이것은 유격전쟁의 민중적 성격과 유격구 방위의 특성에 전적으로 맞고, 숫적 기술적으로 우세한 적의 침공을 군민의 단합으로 격파하고 유격구를 굳건히 지킬 수 있게 하는 유일한 방도였다.

김일성은 유격구 전민방위체계를 구축하기 위해 반일인민유격대를 확대강화하는 사업에 힘을 기울였다. 1933년 2월 소왕청 마촌에서 열린 당 및 공청 지도핵심성원들의 회의에서 유격대를 빨리 늘리며, 정치군사적으로 강화할 데 대한 방침을 제시하고, 왕청 2중대를 비롯한 여러 부대를 찾아 이 사업을 이끌어 나갔다. 특히 반일인민유격대를 자주적인 유격전법으로 무장시키기 위해 그동안 무장투쟁과정에서 획득한 군사경험에 기초해서 1933년 4월에 『유격대동작』을 집필하고, 11월에 『유격대상식』을 집필 발표했다. 유격대동작에는 유격대의 정신도덕적 품성으로부터 유격전의 일반원칙에 이르는 근본적인 문제들이 밝혀져 있고, 습격전, 매복전, 방어전, 행군, 숙영 등 유격대의 전투행동조직과 사격, 무기관리, 규율에 이르는 유격대동작의 모든 원칙과 방법들이 간명하게 규범화되어 있었다.

무장투쟁 초기에 유격대를 정치군사적으로 강화하는 데서 나타난 문제점 중의 하나는 부대의 지휘와 관리에서 발로된 극단적 군사민주주의였다. 이 문제로 인해 1933년 가을 훈춘의 대황구에서 13명의 유격대원이 몰살당하는 사태가 발생했다. 그런데 이것은 부대의 지휘권을 부대책임자에게 주지 않고 민주주의적 토론을 거쳐 다수결에 따라 결론을 내리도록 규정했던 그릇된 방침 때문이었다. 적들이 갑자기 공격해 들어올 때 부대지휘관의 전적인 책임아래 판단과 결론을 내리고 부대원들은 부대지휘관의 지휘에 무조건적으로 따라야 한다. 그런데 유격대 초기에는 그놈의 군사민주주의 미명아래 대오를 책임진 중대장에게 아무런 결론권이 없었다. 그러한 급박한 정황에서도 민주적 토론을 통해 다수결에 따른 결론에 따라 행동할 것을 요구하는 것은 그들을 죽음으로 몰아가는 자살행위이며, 이적행위였다. 당연한 이치임에도 불구하고 유격대의 초기 시절에는 그러한 행위들이 민주주의라는 미명아래 횡횡했다.

김일성은 1933년 10월 왕청현 십리평에서 열린 동만유격대 지휘관들과 정치위원들의 회의에서 부대의 지휘와 관리에서 극단적 군사민주주의를 극복할 데에 대한 문제를 제기하고 그 방도를 뚜렷이 제시했다. 유격대오 안에서 부대지휘의 기본은 지휘관의 결심이고 엄격한 중앙집권적 규율과 질서를 확립하는 것이며, 부대 지휘관리 방법은 정치사업을 앞세우는 것이라는 점을 명백히 했다. 그리고 부대 안에는 상하관계의 구별이 명백해야 하며 지휘관은 상부의 명령집행에서 견결해야 하며 일단 채택한 결심은 철저히 관철해야 한다고 밝혀 주었다. 그리고 '민주주의에 기초한 개인책임제'의 원칙에 의해 부대를 지휘 관리하며 유격대오 안에 정연한 명령체계를 확립하고 강철같은 규율을 확립해야 한다는 점을 명백히 밝혔다. 이렇게 무장투쟁 초기에 부대의 지휘 관리에서 발로된 극단적 군사민주주의가 극복되고, 유격대오 내에 정연한 군사규율과 질서가 확립됨으로써 유격대의 전투력이 높아지게 됐다.

김일성은 유격구에서의 전민방위체계를 세우기 위해 반일인민유격대를 강화하는 한편 전민무장화를 실현하기 위해서도 적극적인 노력을 벌여 나갔다. 먼저 반군사조직을 튼튼히 꾸리고 유격구의 혁명 군중을 무장시키는 사업을 벌여 나갔다. 1933년 2월 하순 마촌회의에서 적위대를 보다 광범한 청장년을 망라시킬 수 있는 반일자위대로 개편하도록 했다. 그리고 3월 소왕청 유격구적위대를 반일자위대로 개편하는 사업을 직접 이끌어 나갔다. 또한 전민무장화에 필요한 무기문제를 해결하는 데서도 남의 힘을 빌리지 않고 어디까지나 자체의 힘에 의거하는 원칙하에서 문제를 해결해 나갔다. 그래서 병기창 사업을 특별히 중시하고 밀림의 병기창을 세웠다. 그 결과 밀림의 병기창에서는 야장간의 철공도구를 가지고, 권총, 보총 등을 훌륭히 수리 재생했으며, 화약도 제조하고 연길폭탄과 같은 작탄도 자체로 만들어 냈다. 또한 전민방위체계를 세우기 위해 유격구를 요새화하는 사업도 적극적으로 추진해 나갔다.

마촌 작전- 전민항쟁으로 승리한 소왕청 방위전투

일제는 1933년 봄 토벌작전의 치욕적 패배를 만회하려고 1933년 동기토벌을 치밀하게 준비했다. 일본 내각에서 파견된 고위관리들이 간도 땅에 기어들어와 군대, 헌병, 경찰, 외사부문 수뇌들과 함께 동만 유격근거지들에 대한 동기토벌계획을 최종적으로 확정했다. 이 문제는 도쿄의 내각회의에서까지 논의되었다. 일제는 만주문제를 놓고 벌인 일련의 회의들에서 '만주의 치

1933년 4월 17일 오전부터 19일 새벽까지 왕청현항일유격대는 이곳에서 1500여명의 일본군과 격전을 벌리었다. 항일유격대는 마촌상공에서 두대의 일본군비행기가 미친듯이 폭격을 진행하는 정황에서 《적들이 진공하면 우리가 물러서고 적들을 유인하여 깊이 끌어 들이며 력량을 집중하여 각개격파하는》전술을 사용하였다. 3일간의 반토벌전투를 거쳐 400여명의 적을 섬멸하고 대량의 무기와 탄약 등 군수품을 로획하였으며 우리유격대 수십명전사들도 전투에서 희생되었다.
이번 전투는 소왕청(마촌)유격근거지에서 적은 력량으로 많은 적을 이겨낸 규모가 가장 크고 영향력이 심원한 전투이다.

1933年4月17日上午至19日清晨，汪清县抗日游击队在此与1000余名日军步兵和500余名日军骑兵展开了激战。在马村上空两架日军用飞机狂轰滥炸的情况下，抗日游击队采取"敌进我退，诱敌深入，集中兵力，各个击破"的战术。抗日游击队利用有利地形，英勇作战，经过三天的反讨伐战斗，歼敌400多名，缴获了大量的武器弹药和军需品。我游击队数十名战士也献出了宝贵的生命。这场战斗是在小汪清（马村）抗日游击根据地以少胜多，规模最大，影响深远的战斗。

1933년 4월 뾰족산 전투 전적지

안은 간도로부터!'라는 목소리가 터져 나왔다. 그들은 간도의 치안이 만주국 건설의 대업에 지대한 관계를 가질 뿐 아니라 일본제국 변경의 안녕에도 극히 밀접한 관계를 갖고 있으므로 만주국을 위해서나 일본자체를 위해서도 최대의 긴급사라고 했다.

일제는 만주국을 조작해 낸 후 이 일대의 치안유지를 위해 여러 가지 주요대책을 수립했다. 간도임시파견대를 대신해 관동군 사단을 새로운 토벌 역량으로 내세웠으며, 현 단위로 무장한 행정경찰대를 편성하고 고등사법 경찰과 산업경찰을 설치하는 등 경찰 조직을 입체화하고 대대적으로 확장했다. 반항분자의 근절소탕과 민심의 안정책을 도모하기 위한 일만 합동자문 기관으로서의 치안유지회가 중앙은 물론 성과 현을 단위로 만주 전역에 조직돼 활동을 개시하였고, 형형색색의 간첩주구단체들이 출현해 항일무장투쟁 세력에 검은 촉수를 뻗쳤다. 그리고 새로 보갑제도를 도입해 주민대중들의 손발을 더욱 철저히 얽어매놓았다. 재향군인들로 이루어진 일본인 무장 이민의 대대적인 유입과 자위단 역량의 확대도 동북 3성 일대에 뿌리 깊게 존재하고 있는 반만항일세력에게 위협으로 되었다. 일제는 토비 공작에 종사하는 현지 고등경찰관들에게 즉석에서 상대를 처형할 수 있는 임전격살의 권리까지 부여했다. 이러한 모든 사실들이 실증하는 바는 무엇인가? 그것은 일제가 조선의 항일무장투쟁 세력들을 얼마나 두려워했는지를 잘 보여준다. 일본의 어느 헌병장이 조선항일유격대의 활동을 진압하는 데 따라 간도치안의 9할이 좌우된다고 한 것은 결코 엄살이 아니었다. 그러므로 일제는 그 어떤 값비싼 대가를 치르더라도 동만의 항일유격구를 지상에서 쓸어 없애버리려고 발악했다.

일제는 1933년 여름 항일유격대의 공격에 만신창이 된 간도임시파견대의 일부를 조선으로 소환하고, 그 대신 히또미부대를 비롯한 수많은 관동군 정예부대들을 동만 각지에 투입했다. 조선강점군의 기본 역량은 유격구 토벌작전에 즉각 투입될 수 있도록 북부국경지대에 집중적으로 배치됐다. 도합 일만 수천 명에 달하는 막대한 병력이 간도의 유격구를 포위하고 동기 토벌을 개시했다.

적들은 항일유격대의 참모부가 자리 잡고 있는 소왕청 유격구를 주타격대상으로 설정하고 이 일대에 관동군, 위만군, 경찰, 자위단으로 구성된 5000명의 무력을 동원했다. 산병전이 출현한 이후 전쟁에서 이런 정도로 조밀하게 배치된 실례는 러일전쟁 당시 여순공방전 밖에 없었다. 여기에 비행대들도 즉각 출동 대비태세를 갖추고 명령만을 기다리고 있었으며, 간도 특무기관의 특별수사대도 유격구 일대로 파견했다.

그런데 당시 소왕청 유격구에는 2개 중대의 항일유격대 밖에 없었으며, 식량도 얼마 남지 않았다. 대포와 비행기로 무장한 강적을 2개 중대의 역량으로 격파할 수 있다고 믿는 사람은 단 한명도 없었다. 유격구 민중들 앞에는 마지막 한 사람이 남을 때까지 싸우다 죽느냐, 아니면 유격구를 포기하고 적들에게 굴복하느냐 두 갈래 길만이 놓여 있었다. 유격전술의 견지에서 보면 이러한 대결전은 피하는 것이 상책이었다. 그런데 대결전을 피하면 적들이 두만강지역 유격구들을 집어 삼켜버릴 위험성이 농후했다. 만약 반일인민유격대가 유격구를 지켜내지 못하면 민중정권 하에서 자유와 평등을 누리던 혁명 군중이 엄동설한에 굶어 죽고 얼어 죽고 총에 맞아 죽을 것이 뻔했다. 유격구를 잃는다면 민중들은 다시는 반일인민유격대를 신뢰하지도 쳐다보지도 않을 것이다. 반일인민유격대는 싸우다 죽을지언정 굴복할 수 없다고 단단히 결심했다. 하지만 싸울 방도가 쉽게 나오지 않았다.

1933년 가을도 깊어져 갔다. 소왕청 유격구에는 다가올 적들의 공세에 대한 근심과 걱정이 지배했다. 유격구 주민들은 숨을 죽이고 반일인민유격대를 쳐다보고 있었다. 군대의 표정이 어떤가에 따라 주민들의 얼굴은 밝아지기도 하고 어두워지기도 했다. 김일성은 타개책을 찾고 또 찾았다. 그러나 타개책은 쉽게 보이지 않았다. 궁리에 궁리를 거듭하던 어느 날, 마을의 촌로인 이치백 노인이 찾아와 자기 집에서 밤참이나 먹자고 청했다. 그의 청을 받아들여 이치백 노인의 집에 가서 밤참을 먹고, 반성위(코민테른 파견원)가 묵었던 방에서 함께 나란히 잠자리에 들었다. 이치백 노인은 잠을 잘 이루지 못하고 내처 한숨만 쉬었다. 그래서 두 사람은 누워서 이런저런 얘기를 나눴다. 이치백 노인이 잠을 이루지 못했던 것은 유격구의 앞날에 대한 근심걱정 때문이었다. 김일성은 '적은 수천 명이 되는데, 소왕청을 지키는 군대는 그 백분의 일도 되지 않으니 어찌하면 좋겠냐'고 노인에게 자신의 근심을 털어놓았다. 그러자 노인은 근엄하게 말했다.

《병졸이 부족하면 나두 대장의 부하가 되겠네. 우리 소왕청에 나처럼 불질을 할 줄 아는 늙은이들이 한둘이 아닐세. 총만 한 자루씩 쥐어주면 강화진위대 찜 쪄 먹게 싸울 수 있네. 전에 우리가 살던 중경리 근처에 독립군들이 파묻고 간 총과 총알이 있을 것 같은데 그걸 찾아내기만 하면 포수나 독립군출신 영감들은 말할 것도 없구 청년사업이요 뭐요 하면서 왔다 갔다 하는 우리 사위 중권이 같은 패들두 무장시킬 수 있지 않겠나. 모두가 싸움꾼이 돼서 너 죽고 나 죽고 해볼 판이지. 총이 없으면 하다못해 놈들의 멱다시를 잡구 배지개를 뜨면서라도 근거지를 지켜내야 할 게 아닌가.》

노인의 이 말을 들은 김일성은 전민항쟁만이 닥쳐온 난국을 타개할 수 있는 유일한 출로라는 것을 확신했다. 격전의 일선에 유격대와 함께 배치하려고 생각했던 자위대나 소년선봉대와 같은 반군사조직 뿐 아니라 비무장인원들까지 전부 동원해 도처에서 결사전을 벌인다면 싸움에서 주도권을 쥘 수 있겠다는 자신감이 들었다. 김일성은 소왕청 방위전투는 '적군 대 항일유격대와의 싸움'이 아니라 '적군 대 유격구내 전체군민과의 싸움'으로 되어야 한다고 결론을 내렸다. 김일성은 이때 '그렇다, 민중이 싸운다면 싸우는 것이고, 이긴다면 이기는 것이다. 전쟁의 승패는 민중의 의지에 달려 있으며, 민중을 얼마나 잘 조직 동원하느냐에 달려 있다.'는 새로운 깨달음을 얻었다.

1933년 10월 십리평에서 적들의 동기 토벌 대응 전략을 마련하는 회의가 열렸다. 여기에서 김일성은 전민항쟁 전략에 기초해서 유격구 방어전을 힘차게 전개하며, 적 배후교란 작전을 올바로 결합해 최종승리를 획득하는 새로운 전략 전술적 방침을 제시했다. 그것은 적의 역량이 분산되어 있을 때는 힘을 합쳐 습격 소멸하고, 적이 역량을 집결하여 쳐들어올 때는 분산하여 도처에서 적의 후방을 교란하는 전략전술이다. 이 방침이야말로 수적으로나 군사기술적으로 비할 바 없이 우세한 적을 완전히 수세에 몰아넣고 도처에서 호된 타격을 줌으로써 적들의 침략 기도를 여지없이 꺾어 버릴 수 있는 가장 적극적이며 지혜로운 방안이었다. 이 회의를 마치고 소왕청 전체주민들에게 전민항쟁을 호소했다.

소왕청 전체주민들은 전민항쟁 호소에 적극적으로 호응해 나섰다. 주민들은 이 전투적 호소를 받들고 조직별, 계층별로 격전준비에 일치단결해서 떨쳐나섰다. 반일자위대와 청년의용군은 유격대와 함께 방어진지를 차지했고, 총을 쥔 청장년들은 최전방방어선의 급한 고지들에 돌무더기를 쌓아놓았다. 왕청의 명포수들은 마촌에 달려와 독립군 출신 노인들과 함께 포수대를 만들어 전방으로 출동했다. 작식대(식사준비담당 유격대)와 담가대에 망라된 여성들도 최전선으로 달려갈 준비를 했고, 아이들은 널빤지에 못을 박아 적 군용차들이 지나갈 도로들에 파묻었다.

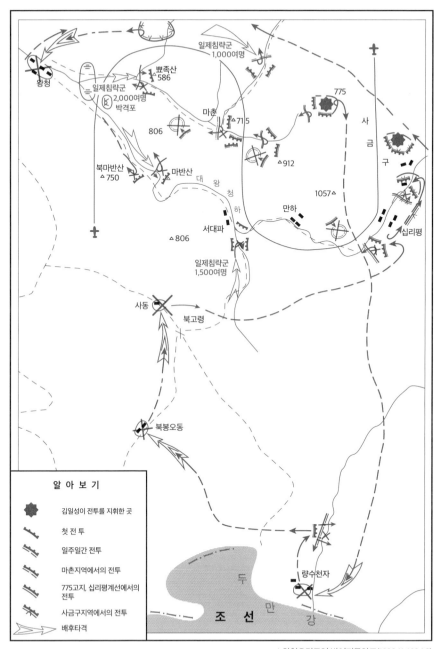

일제침략군
1,000여명

뾰족산
586

일제침략군
2,000여명
박격포

왕청

마촌

806

△715

912

775

사
금
구

1057△

북마반산
△750

마반산

대
왕
청
하

만하

십리평

△806

서대파

일제침략군
1,500여명

사동

북고령

북봉오동

알 아 보 기

김일성이 전투를 지휘한 곳

첫 전 투

일주일간 전투

마촌지역에서의 전투

775고지, 십리평계선에서의
전투

사금구지역에서의 전투

배후타격

두
만

강

조 선

량수천자

소왕청유격구역 방어전투약도(1933.11-1934.2)

적들은 11월 17일 보병, 포병, 항공대의 협동작전으로 왕청, 자피거우, 청구자령 3개 방향에서 포위진을 치면서 소왕청 유격구역을 공격해 왔다. 적의 비행대들은 유격구의 군대와 정부의 지도기관이 자리 잡고 있던 마촌과 이수구를 계속해서 폭격했다. 적들은 종전의 '피스톤식 토벌'(유격구역안으로 쳐들어왔다가도 공격이 좌절되면 되돌아가는 토벌방식)로부터 공격이 실패해도 물러가지 않고 도달한 계선에 그대로 주저 않아 숙영 하면서 한걸음, 한걸음 전진해 차지한 지대를 공고히 해가면서 넓혀 나가는 '보보점령전술'로 이행했다.

영웅적인 소왕청 방위전투는 유격구역의 관문인 뾰족산과 마반산 쑥밭골 초소에서부터 시작되었다. 김일성의 지휘아래 군민들은 적을 20m안팎의 근거리까지 접근시킨 다음 갑작스러운 집중 사격과 작탄세례, 돌 세례를 안겨 달려드는 족족 모조리 섬멸했다. 적들은 파도식으로 악착스럽게 달려들었으나, 유격구역 전초기지를 한걸음도 넘어서지 못했다. 마반산 계선의 방어자들은 높은 속도의 기동력으로 유격구역을 우회 공격하는 적 기병들을 대왕청하의 물줄기가 굽어 도는 곳에서 통쾌하게 족쳤다.

포수들도 화승대를 들고 전장에 달려 나왔다. 나이 많은 영감들이기는 하였지만 그들의 사격술은 대단하였다. 적 장교들만 골라가며 쏴 눕히는 그 탄복할만한 솜씨는 현대 저격수들의 솜씨와도 견줄 만했다. 부녀회원들은 주먹밥과 더운물을 이고 연속해서 전호로 들락날락했다. 열 살 안팎의 아이들도 싸움터에 찾아와 북을 두드리고 나팔을 불면서 전투원들의 사기를 높여 주었다.

마촌작전 과정에 이채를 띤 것은 돌벼락 작전이었다. 유격구의 군대와 민중들은 뾰족산과 같은 전초진지들에 돌무더기들을 마련했다가 토벌대가 달려들 때마다 떼죽음을 안겨주었다. 경사가 급한 산벼랑으로 돌사태가 쏟아져 내릴 때 전장을 들었다 놓는 벼락치는 듯한 소리와 포연을 방불케 하는 자욱한 먼지구름은 침략군의 간담을 서늘케 하였다. 기병대열을 와해시키고 차와 포의 전진을 저지시키는 데서는 이 돌벼락작전이 커다란 기여를 했다.

그러나 적들도 결코 물러설 수 없다는 기세로 계속해서 달려들었다. 숱한 패배에도 불구하고 뾰족산과 마반산 진지로 연속 쳐들어왔다. 그때 김일성은 전면적 방어전으로부터 유인기만전술을 위주로 하는 신축자재한 기동과 적극적인 방어활동에 의한 소모전으로 이행하도록 했다. 새로운 전술적 방침에 따라 유격대원들은 반군사조직성원들과 함께 전초진지들에서 철수하여 유격구역의 종심깊이로 적들을 끊임없이 유인하면서 매복전, 저격전, 숙영지야간 습격전, 불무지작탄전 등의 천변만화한 전법으로 적들을 피동에 몰아넣고 통쾌하게 때렸다. 여기에서 불무지작탄전은 조금 생소하다. 그런데 사실 알고 보면 매우 우습다. 불무지작탄전이라는 것은 코 흘리는 아이들도 할 수 있는 것이었는데 그 효율이 100%였다. 유격구 방어자들이 진지를 옮길 때마다 다음 계선으로 철수하면서 불무지(우등불이나 모닥불을 피워 놓은 무더기)들에 작탄(손으로 던져 터뜨릴 수 있는 폭탄)들을 파묻게 하였다. 적들은 유격대의 방어진을 차지하기 바쁘게 불무지 앞에 모여들어 언 몸을 녹이곤 하였다. 그럴 때마다 작탄이 폭발하여 적들을 작살내곤 했다. 이것은 여러 가지 전투형식으로 적의 병력을 끊임없이 섬멸하고 주동에 서서 교전상대를 싸움에 부단히 끌어들임으로써 적에게 일분일초의 안정도 허용하지 않는 특이하고 자유분방한 전법이었다. 만일 유격대가 이런 전투형식을 제때 택하지 않고 천편일률적인 방어전술에만 매달렸다면 숫적 우세와 전투기술기재의 우세를 믿고 거머리처럼 악착스럽게 달라붙는 적의 공격 앞에서 유격대는 지리멸렬되었을 것이다.

적들은 만신창이 되어 허덕이면서도 새로운 병력을 보충하면서 계속 완강하게 버텼다. 적들은 인원도, 무기도, 식량도 보충받을 데 없는 유격대와 유격구역주민들을 장기전으로 섬멸해보려고 꾀하였다. 유격구내 형편은 더욱더 어려워졌다. 전사자들과 부상자들이 늘어나고 총과 탄알이 모자랐으며 식량까지 떨어져가고 있었다. 엄동설한에 몸을 녹일만한 집 한 채 변변한 것이 남지 않았고 적을 눈앞에 두고 있는 조건에서 모닥불마저 마음대로 피울 수 없었다. 뭔가 결정적인 국면전환이 필요했다. 그것만이 유격대와 유격구 주민들을 구원할 수 있었다. 김일성은 유격구 방위전과 함께 종심작전(적들의 종심에서 강력한 교란작전을 벌이는 것. 백과사전에 보면 1936년 소련의 전략들에 의해 완성된 전술이라고 나와 있지만, 이미 1933년대에 유격구 방어전투에서 창안되어 실제 활용되고 적용되었던 전술)만이 유일한 출로라는 결론에 도달했다.

유격구 사수에만 매달리는 방어일변도의 경향으로는 유격구를 구원할 수 없다. 적들의 역량이 분산되었을 때는 힘을 합쳐 적들을 습격 섬멸하고 적들이 역량을 결집해 쳐들어 올 때에는 반대로 우리가 역량을 분산해 도처에서 적의 후방을 교란해야 승리할 수 있다. 그러나 동만당과 현당의 대부분의 간부들은 적들이 집결해 쳐들어 올 때에는 무턱대고 우리도 집결해서 적을 방어해야 유격구도 지켜 내고 민중들도 보호할 수 있다고 주장했다. 이들은 김일성의 새로운 전술인 배후타격전술을 수용하려 하지 않았다.

유격근거지가 초토화되고 희생자와 전사자들이 속출하자 김일성은 동장영, 이상묵, 송일을 비롯한 특위와 현의 간부들을 만나 적후교란전을 벌일 것을 강력하게 주장하였다. 그런데도 일부 지도간부들은 용단을 내리지 못하고 있었다. 이때 김일성은 "군대는 내가 책임졌으니 내 결심대로 하겠다." 고 선언하고, 유격대를 모아놓고 다음과 같이 말했다.

《우리는 방어에만 매달리지 말고 적의 뒤통수도 쳐야 한다. 누가 적구로 가겠는가? 갈 사람은 나를 따라서라. 많이 요구하지 않는다. 절반만 적구로 나가고 절반은 유격구에 남아 인민들을 보호해야 한다. 적구로 나갈 사람들은 나와 같이 오늘 밤중으로 포위망을 뚫자. 포위망만 뚫으면 살길이 열린다. 적의 거점들과 지탱점들을 연이어 깨면 소문이 난다. 소문을 내면서 여기에서도 치고 저기에서도 치면 후방이 녹아날까봐 산골 안에 들어왔던 토벌대들이 다 달아난다.》

김일성은 유격대를 두 패로 나누었다. 한패는 최춘국의 지휘하에 십리평을 지키게 하고, 다른 한패는 김일성이 직접 거느리고 적구로 나갔다. 1500여명에 달하는 근거지 주민들은 공청원들의 인솔하에 라자구로 피난을 보냈다. 1934년 2월 적의 포위망을 뚫고 적 후방으로 깊이 들어갔다. 예측대로 적 후방은 텅 비어 있었다. 김일성 부대는 배후교란작전을 개시했다. 작전방침은 작은 토벌거점들에 대한 습격전을 기본으로 하면서 비교적 큰 토벌거점들에 대한 공격을 배합하는 것이었다.

맨 처음으로 양수천자의 일제 경찰 및 위만군, 자위단을 습격 소탕했다. 우리의 벼락같은 기습에 위만군과 자위단이 녹아나고 일본영사관 경찰병영이 완전히 점령되었다. 양수천자에서 적후교란전의 첫 총성을 울린 김일성부대는 멀리 사라지는 척하다가 제자리에 돌아앉아 신남구라는 곳에서 이동하는 적 자동차수송대를 습격소탕하고 많은 밀가루와 군수물자를 노획했다. 부대는 2월 16일 북봉오동의 위만군과 경찰, 자위단 전원을 살상하거나 포로로 붙잡았다. 북봉오동에서 승리의 개가를 올리고 북고려령을 넘어 사동방향에 진출한 김일성부대는 동골에 있는 산림경찰대를 공격하여 병영의 적들을 모조리 사살하거나 생포하였다. 적의 동기토벌을 분쇄하는 데 결정적으로 이바지한 최후의 싸움은 도문 - 목단강사이의 철길을 끼고 있는 주요군사요충지 대두천에서 벌어졌다. 적 토벌대로 변장한 김일성부대는 100여리의 험산준령을 강행군으로 단숨에 돌파한 다음 3개의 조로 나누어 대두천의 경찰서와 자위단실을 습격하고 군수창고에 불을 질렀다.

이 전투가 있은 다음부터 적들은 유격구를 조이고 있던 포위망을 해제하고 90일전의 출발지점으로 퇴각하였다. 적들은 암(일제가 유격구를 지칭하여 부른 말)을 제거하지 못하였다. 연 석 달 동안 유격구의 존립을 위협하던 동기토벌의 운명은 서산낙일로 끝나고 말았다. 마촌작전으로 불린 소왕청 근거지방위전투는 유격대의 승리로 끝났다. 이것은 하나의 기적이었다.

김일성부대는 대두천전투 후 요영구 방향으로 철수했다가 마촌에 돌아와 소왕청유격구방위전투를 총괄 평가했다. 그때 마촌에서는 소개지에서 돌아온 주민들이 잿더미 위에 집을 새로 짓고 있었다. 어떤 노인은 유격구에 들어온 후 70번째로 집을 짓는다고 하였다. 살아도 유격구에서 살고 죽어도 유격구에서 죽겠다고 결심한 간도의 조선 민중들의 생명력은 이처럼 억척스러운 것이었다.

이런 민중의 지지와 후원이 없었더라면 유격대는 적의 대토벌을 격파하지 못했을 것이다. 마촌작전의 승리는 군민일치의 열매이며 전민항쟁의 결실인 것이다. 어려울 때일수록 곤란을 맞받아나가는 공격정신과 그에 기초한 독창적인 변화무쌍한 전법은 마촌작전의 승리를 가져온 결정적인 요인으로 되었다. 마촌작전의 전 과정은 혁명정권의 토양위에서 백절불굴하는 우리 민족의 의지와 기개를 안고 거목처럼 우뚝 솟아오른 유격구정신의 연소과정이었다. 이 정신은 비행기나 대포로써도 정복할 수 없는 견인불발의 힘을 가지고 소왕청 대지를 피로써 지켜낼 수 있게 하였다.

마촌작전을 통하여 적들은 심대한 군사적 정치도덕적 참패를 당했다. 그 대신 항일유격대의 군사적 권위는 비할 바 없이 높아졌다. 항일유격대는 이 작전을 통하여 유격전법의 골격이 될 수 있는 새로운 전법들을 무수히 창조했으며, 장차 대부대 활동으로 이행할 수 있는 군사 조직적, 전술적 기초를 마련하였다. 항일유격대는 적의 어떤 침공도 격파할 수 있는 풍부한 경험을 갖게 되었다. 마촌작전은 소왕청을 고수함으로써 인접현의 유격구들에 가해진 위기를 해소하는 데도 기여했으며 항일무장투쟁을 중심으로 한 전반적 항일민족해방운동을 앙양시키는데도 큰 공헌을 하였다.

6
혁명의 꽃

유격구 안에는 각계각층의 다양한 대중조직이 있었으며, 그 대중조직들에서 유격대 민중들은 혁명의 주체로서 무럭무럭 성장 발전해 나갔다. 그 가운데에는 아동단도 있었다. 반일인민유격대의 정력적인 지도와 각별한 사랑을 받으면서 아동단원들은 조선민족해방운동의 믿음직한 미래세대로 자랐다. 이렇게 자라난 아동단원들은 항일의 불바다 속에서 김금순, 전기옥과 같은 소년소녀 영웅들을 수많이 배출했다.

당시 '9살 금순이'로 알려진 아동단원 김금순의 이야기가 대표적이다. 금순이의 일가는 혁명가의 가정으로 항일전쟁의 소용돌이 속에서 참혹한 수난을 당했다. 아버지는 연길현 왕우구에서 지하혁명조직책임자로 활동하다가 민생단으로 몰려 피살됐으며, 어머니는 손에 총을 잡고 근거지를 지키다가 싸움터에서 장렬하게 전사했다. 김금순은 김옥순과 함께 연길지방 민중들이 특별히 아끼고 사랑하던 재능있는 아동단 유희대원이었다. 그들은 조직으로부터 혁명군중이 많이 집결해 있는 왕청에 가서 근거지 민중들에게 노래와 춤을 보급하라는 과업을 받고 1933년 소왕청 마촌으로 왔다. 그들은 10살 안팎의 아직 어린 소녀들이었다. 특히 금순이는 나이에 비해 몸이 몹시 왜소했다. 그가 유희대의 선두에서 배낭을 메고 발을 잽싸게 놀리며 달랑달랑 걸어갈 때면 그 순결하고 재롱스러운 모습 앞에서 누구나 다 웃음을 참을 수 없게 된다.

어느 날 김일성이 마촌 아동단학교 아이들을 불러 그들의 생활형편을 살필

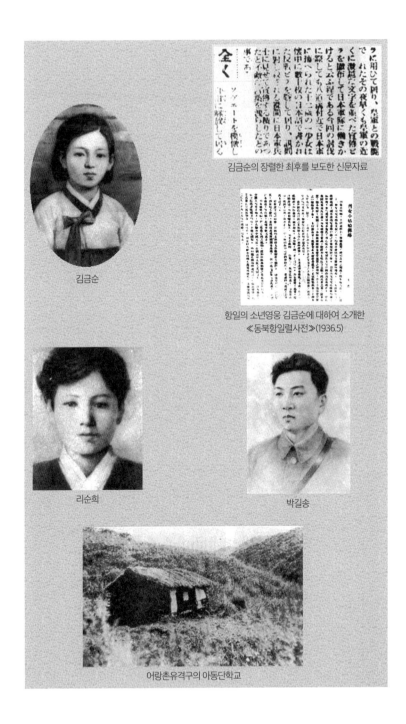

김금순의 장렬한 최후를 보도한 신문자료

항일의 소년영웅 김금순에 대하여 소개한
≪동북항일렬사전≫(1936.5)

김금순

리순희

박길송

어랑촌유격구의 아동단학교

때였다. 원래 아동단원들은 배낭 속에 한주일분의 식량을 상시적으로 휴대하고 다니게 되어 있었다. 그런데 그날 배낭검열을 했을 때 학교에서 내준 미숫가루를 먹어버린 아이들이 많았다. 하지만 금순이만은 한 숟갈도 손대지 않고 한주일분을 그대로 고스란히 간수하고 있었다. 이를 칭찬하면서 어떻게 참았느냐고 질문하자, 금순이는 "다른 애들이 미숫가루를 먹을 때 난 눈을 꼭 감고 있었어요, 그래도 먹고 싶으면 밖으로 나가지요. 밖에 나가도 먹고 싶으면 우물에 가서 물을 한 두레박 마시고 오군 했습니다. 그럼 미숫가루를 먹은 것만치나 배가 불렀거든요."라고 답변했다.

처음 왕청사람들을 금순이를 '깜장 금순이'라고 불렀다. 눈동자가 새까맣다고 해서 그런 별명을 지어 붙였던 것이다. 조금 후에는 '마춘 콩새'라는 새로운 별명이 하나 생겨났다. 콩새처럼 몸집이 작고 귀여운 어린이라는 뜻에서 붙인 별명이었다. 금순이는 사람들이 '깜장 금순이'라고 불러도 '예'하고 '마춘 콩새'라고 불러도 '예'하고 대답했다. 그는 하루에 별명을 열 번 이상 들어도 절대로 화를 내지 않았다. 금순이가 무대에서 탭춤을 추는 날은 왕청사람들의 명절이었다. 그가 발을 재게 놀리며 다리와 다리사이로 수건을 뽑는 동작을 되풀이할 때마다 관객들은 발을 구르며 환성을 질렀다.

그러던 금순이가 어느 날 아버지, 어머니가 적들에게 희생되었다는 소식을 들었다. 그는 김일성의 무릎에 엎드려 기절할 정도로 울었다. 그때 김일성은 그 소녀에게 "금순아, 마음을 굳게 먹어라. 네가 슬픔을 이겨내지 못하고 주저앉는다면 원수들은 너까지도 이 세상에서 없애치우려 할 것이다. 왜놈들은 지금 이 간도 땅에서 조선사람들을 멸족시키려 하고 있다. 그러나 우리 조선민족이 그렇게 쉽사리 놈들에게 생명을 내줄 수 있느냐. 너는 어떻게 하나 훌륭한 혁명가로 자라서 원수를 천백배로 갚아야 한다."고 달랬다. 그 후부터 금순이는 웃음이 적고 말이 적은 소녀로 변했다. 대신 그 전보다 더 열정적으로 아동단 생활을 했고, 유격대의 제반 활동에 참여했다. 금순이를 핵심으로 하는 아동단유희대는 석현, 도문의 희막동과 같은 적 통치구역까지 나가서 맹활약을 했다. 왕청 아동유희대의 명성은 동만의 판도를 벗어나 머나먼 북만에까지 퍼져나갔다.

1934년 여름 주보중은 왕청지방의 아동유희대를 북만으로 초청했다. 조선인민혁명군은 그 초청을 쾌히 수락하고 박길송을 단장으로 하는 공연단을 북만으로 파견했다. 아동공연단은 1934년 9월 23일 왕청현 요영구 대북구에 자리 잡고 있던 아동단 학교에서 출정식을 갖고 북만으로 향해 출발했다. 그들은 험준한 노야령 산줄기도 어렵지 않게 돌파하였고 토비들의 활동구역도 무난히 통과하였다. 비가 내리면 머리 위에 우산대신 솔가지와 자작나무껍질을 쓰고 행군하였다. 밤에는 자기네끼리 야전밥통에 밥을 지어 대충 끼니를 때우고 모닥불 옆에서 보초를 서가며 노숙하였다. 몇몇 아이들은 배탈을 만나 산중에서 막심한 고생을 하였다. 더구나 유희대가 잡은 노정은 달구지가 다니게되어 있는 왕청 - 노야령의 큰길이 아니라 유격대 통신원이나 다니는 실오리같이 가늘고 험한 지름길이었다. 그러나 수백 리의 노정에서 낙오자는 단 한명도 생기지 않았다.

아동유희대가 북만 땅에서 첫 공연의 막을 올린 것은 마창에 주둔하고 있던 채세영부대였다. 마창에서의 첫 공연은 금순이의 연설로부터 시작되었다. 금순이의 연설은 채세영과 함께 공연을 본 150명에 달하는 구국군장병들로부터 열화와 같은 박수갈채를 받았다. 연설이 끝나자 그들은 "밤알만한 처녀애가 어쩌면 저렇게도 말을 잘할까! 저 애를 봐서라도 우리가 항일을 잘해야겠다."고 하면서 흥분을 감추지 못하였다. 채사령은 감격한 나머지 그에게 귀걸이와 손목걸이까지 걸어주었으며 순회공연을 잘할 수 있도록 유희대에 두 대의 마차까지 내주었다.

한주일로 예정되었던 공연은 반일부대장병들의 요청으로 자꾸만 연장되었다. 유희대는 주보중의 부대에 가서도 공연을 하였다. 채세영은 그들에게 솜저고리, 다부산자, 목도리, 돼지, 닭, 당면, 밀가루를 비롯하여 두 달구지나 되는 선물을 보내주었다. 매 아이들에게 가방을 하나씩 메워주고 총까지 선물하였다.

그해 가을 요영구유격구에는 금순이의 어머니가 살아있다는 기적 같은 풍문이 떠돌았다. 그 소식을 들은 금순이가 머리카락에 들국화송이들을 여러 개 꽂고 요영구 골짜기를 나비처럼 팔랑팔랑 날아다녔다. 금순이네 가정 내막을 잘 알고 있는 근거지의 군중들은 한사람같이 흐뭇한 심정에 휩싸여 그를 바라보았다. 아동단 조직에서는 어머니를 만나고 싶어하는 금순이의 간절한 소망을 풀어주기로 하였다. 나이는 어리지만 도리에 밝고 집단주의정신이 강한 금순이는 처음에 조직의 이 배려를 잘 받아들이려 하지 않았다. 부모를 만나보고 싶어하는 아이들이 한둘도 아닌데 자기 혼자만 그런 특전을 받을 수 없다는 것이었다.

1934년 가을 금순이가 전각루에서 유희대 활동을 마치고 아동단 학교로 돌아왔을 때 요영구 혁명조직에서는 적구에 보내는 극비문건을 전달한 연락원을 찾고 있었다. 어떤 사람이 가장 안전하고 합리적이겠는가 하는 문제를 놓고 심중한 논의를 거듭하다가, 금순이가 선발되었다. 금순이는 혁명조직이 그 누구에게도 맡기지 않는 중요한 연락임무를 자기에게 준 것을 자기자신에 대한 최대의 믿음으로 고맙게 받아들였다. 금순이가 적구로 내려가는 날 한성희(아동단 학교 선생)는 그를 물가에 데리고 나가 마치 시집가는 새색시의 차림새라도 보아주듯이 세수도 시켜주고 머리도 빗어주고 신발끈도 매어주고 치마의 주름살도 펴주었다. 도토리알 세 개를 핀으로 꿰여 리본 대신 머리에 꽂아주기도 하였다. 그날 아동단원들은 동구 밖까지 따라 나가 금순이를 배웅했다. 금순이는 조직이 준 임무를 완벽하게 수행한 다음 어머니가 계신다는 곳으로 발길을 돌리다가 어른들과 함께 일본헌병대에게 체포되었다.

그들은 금순이가 유격구에서 왔다는 것을 알고 은근히 쾌재를 불렀다. 중요한 정보자료들을 알아낼 수 있는 '새끼공산당'이 굴러들었다고 생각했던 것이다. 아마 그들은 금순이가 요영구에서 왔다는 사실까지도 다 알아냈던 것 같았다. 요영구는 동만지도부가 자리 잡은 곳이니 잘만 구슬리면 큼직큼직한 비밀들을 얼마든지 뽑아낼 수 있다고 타산했다. 실제 금순이는 유격구 비밀을 많이 알고 있었다. 적들은 어떻게 하나 그에게서 흥미로운 정보자료들을 있는 힘껏 비틀어 짜내려고 하였다. 그러나 금순이는 항일혁명의 풍랑 속에서 강철로 단련된 불굴의 어린 투사였다. 우리민족의 어린 딸은 살점이 떨어지는 고문을 당하면서도 입을 열지 않았다. 입을 연 것은 오직 교형리들을 욕하고 저주할 때뿐이었다. 악랄한 일제는 금순이가 혁명군의 비밀을 불지 않는다는 단 한가지 이유만으로 그를 죽이려 했다.

금순이는 온몸이 피투성이가 되어 사형장으로 끌려갔다. 사형장으로 끌려가는 어린 금순이를 보고 사람들은 눈물을 흘렸다. 그러나 금순이는 오히려 자기를 동정하고 불쌍히 여기는 아버지, 어머니, 오빠, 언니들을 향해 이렇게 외쳤다. "아버지, 어머니들, 왜 우십니까? 울지들 마세요. 혁명군아저씨들이 꼭 원수를 쳐없앱니다. 조국이 해방되는 날까지 굳세게 싸워주십시오!" 불을 토하는 것 같은 이 최후의 절규에는 9살밖에 되지 않는 그의 생애가 짤막하게 함축되어 있었다. 사형장에서는 "일제놈들을 타도하라!", "조선혁명 만세!"를 부르짖는 금순이의 앳된 목소리가 우렁차게 울려 퍼졌다.

코민테른계열의 잡지와 중국과 일본의 출판물들은 세계 피압박민족들의 해방투쟁역사에서 전례를 찾아볼 수 없는 이 어린 영웅에 대하여 앞을 다투어 보도하였으며 「어린 열녀의 약전」이라는 제목으로 금순이의 영웅적 생애를 격찬하였다.

3

조선인민혁명군의 북만 원정

조선 인민 혁명군으로 개편
제1차 북만원정

1
조선인민혁명군으로 개편

군 건설을 새로운 단계로!

동기토벌의 포화가 멎은 뒤 김일성은 반일인민유격대를 인민혁명군으로 개편해야 할 필요성을 절감하고 다른 지방의 유격대 지휘관들과 함께 그 방도를 심중하게 검토했다. 각 현에 조직돼 있는 유격대 연대들을 하나의 군으로 통합하는 문제는 조성된 정세의 요구로 보나 유격대 자체발전의 합법칙성으로 보나 더는 미룰 수 없는 초미의 과제로 부각됐다. 반일인민유격대를 조선인민혁명군으로 개편하는 것은 성장 발전된 유격대에 대한 통일적 지휘를 통해 그 전투력을 높이며, 일제의 대규모적인 공세에 보다 능동적으로 대처할 수 있게 하는 가장 효과적인 방안이었다.

1933년 적의 동기 토벌을 분쇄하기 위한 방어전에서는 각 지방에 산재하고 있던 유격부대들이 옆 지역에 있는 유격부대와의 어떤 협력이나 원조도 없이 홀로 싸웠다. 그 당시 상황을 보면 각 유격구 마다 토벌시기가 달랐다. 이러한 상황에서 각 현과 구에 있는 유격부대들을 통일적으로 움직이는 단일한 지휘체계가 있고 참모기구만 있었으면 모든 유격대들이 서로 손발을 맞춰가며 상호협력의 강력한 무기로 싸움을 보다 용이하게 할 수 있었을 것이다. 그런데 유격대에 대한 지도가 현과 구 단위로 이루어지고 있던 당시 조건에서는 이런 능동적이고 적극적인 협조 관계가 이루어질 수 없었다. 이것은 동기 토벌당시 유격대 지휘체계가 현실발전의 요구에 부응하지 못하는 제한성을 갖고 있었다는 것을 의미했다.

적의 동기토벌을 격파하기 위한 마촌작전을 비롯해 동만 각지에서 펼쳐진 유격구 방어전에서 얻은 교훈은 무엇이었는가? 앞에서도 얘기했듯이 적의 동기토벌을 분쇄하기 위한 방위전의 전 과정에서 각 지방에 산재하고 있던 유격부대들이 옆 지역 유격대와의 협력체계나 상호원조도 없이 고립된 채 홀로 싸웠다. 동기토벌을 승리로 끝낸 후 유격대 지휘관들은 이 점을 가장 뼈아프게 느꼈다. 효율적인 활동과 투쟁을 위해서는 수시로 변화되는 전투정황에 맞게 중대 상호 간의 협력이 절실하게 필요하며, 이러한 협력을 조직하자면 그를 총괄할만한 지휘, 참모기구가 있어야 한다는 것, 그렇게 하자면 지휘체계를 단일화해야 한다는 것이었다. 이러한 문제를 해결하려면, 각 지역에 산재해 있는 유격부대들을 통합해 정연한 군 체계를 갖추어야 한다.

그때까지만 해도 유격대의 지휘는 각급 당 군사부가 하게 되어 있었다. 물론 한 개 현에 무력이 한두 중대밖에 없던 유격투쟁의 초창기에는 전투도 작은 규모로만 했으므로 현과 구를 단위로 군대를 지휘하는 체계도 그런대로 괜찮았다. 하지만 유격대의 대오가 확대되고 특히 적들의 토벌역량이 백단위로부터 천 단위나 만 단위로 껑충 뛰어 올라간 조건에서는 작은 전투만 골라가며 할 수 없었다. 전투란 교전일방의 의사에 의해서만 진행되는 것이 아니다. 적들이 역량을 끊임없이 증강해 가면 싸움을 걸어오는 조건에서는 그에 대응하지 않을 수 없는 것이다. 적들이 대부대로 유격구를 공격할 때 유격대가 힘을 합치지 않고 흩어져서 각자 싸운다면 어떻게 승리할 수 있겠는가? 이러한 현실과 조건에서는 각 현에 흩어져 있는 유격대들을 하나로 묶어 통일적인 지휘체계를 수립하지 않고서는 승리의 길을 열어나갈 수 없는 것이다. 이러한 요구를 가장 잘 실현할 수 있는 길은 반일인민유격대를 통합해 대부대 혁명군으로 개편하는 것이었다.

김일성은 이미 마촌 작전을 전후로 한 시기에 이 문제에 대해 심사숙고하면서 각 유격대 지휘관들과 당조직의 책임일꾼들, 그리고 동만특위서기(동장영), 국제당파견원(반성위)과도 진지한 협의를 계속해 왔었다. 이 과정에서 반일인민유격대를 대부대 혁명군으로 통합 개편하자는데 견해의 일치를 봤다. 동장영은 동만에 조직돼 있는 반일인민유격대는 조선사람이 주동이 되어 조직한 무장력이며, 그 구성에서도 조선 사람이 압도적 다수를 이루고 있으며, 중국 땅에서 조직된 것이긴 하지만 궁극적으로는 조선의 민족해방혁명을 목적으로 하는 혁명적 무장력으로 되어야 할 것이라고 하면서 이 구상을 적극 지지했다. 국제 파견원이었던 반성위도 이 구상에 전적인 지지를 표했다.

이렇게 반일인민유격대의 대부대 혁명군으로의 개편작업이 시작됐다. 1934년 3월 9일 왕청현 마촌에서 반일인민유격대 군사정치 간부회의가 열렸다. 이 회의에서 김일성은 '반일인민유격대를 조선인민혁명군으로 개편할 데 대하여'라는 연설을 통해 반일인민유격대의 조선인민혁명군으로의 개편을 제기했다. 이 연설에서 조선인민혁명군으로 개편하는 데서 항일무장투쟁이 정규무력을 상대로 유격전의 방법으로 진행되고 있는 특성을 반드시 고려해야 한다고 하면서 조선인민혁명군을 정규적 무력 체계인 3,3제에 따라 사단, 연대, 중대, 소대, 분대들을 갖추며, 기본 전투단위인 중대를 강화하는 원칙에서 편성할 것을 제기했다. 그리고 부대편성에서 유격전의 원칙을 철저히 관철할 수 있도록 하며, 조선인민혁명군 사령부의 통일적인 지휘를 원만히 실현할 수 있게 해야 한다고 했다.

이러한 방침에 따른 개편사업은 1934년 3월부터 5월 사이에 이루어졌다. 우선 각 현에 있는 유격대 대대를 연대로 발전시켰다. 그리하여 간도 유격대의 총 무력은 5개 연대에 달했다. 각 연대는 유격대에 대한 당적 지도를 사명으로 하는 정치부를 두고, 작전, 정찰, 통신임무를 담당한 참모부서와 피복, 양식, 군의 사업을 담당하는 후방처를 설치했다. 왕청연대는 동만지방 연대무력의 시초로 됐으며, 항일유격대를 인민혁명군으로 개편하는 제1단계 준비사업이 낳은 산아들 중 첫 번째 산아로 되었다. 항일유격대를 인민혁명군으로 개편하는 데서 2단계 목표는 사단체계를 갖추는 것이었다. 각 현에서 연대들이 조직되고 그 역량도 빠른 속도로 불어가는 조건에서 사단을 조직하는 것을 한시도 지체할 수 없었다. 사단조직의 목표는 조선 인민혁명군 산하에 2개 사단과 1개 독립연대를 선차적으로 꾸리고 그 성과를 확대시켜 장차 수개 사단무력을 건설하자는 것이었다. 이런 목표하에서 연길과 화룡에 있는 연대들로 조선인민혁명군 제 1사가 꾸려지고, 왕청과 훈춘에 있는 연대를 기본으로 조선인민혁명군 제 2사가 꾸려졌다. 그리고 왕청, 연길, 화룡연대의 일부 역량으로 독립연대가 조직됐다. 사단에는 2~3개의 연대가 있었으며, 연대는 3개의 중대와 1개의 기관총 소대로 구성되었다. 그런데 부대의 실정과 활동지대의 특성에 따라 3개 이상의 중대를 가진 연대도 있었다.

조선인민혁명군의 결성소식을 접한 유격구 주민들은 앞을 다퉈 군대를 지원하고 도처에서 성대한 축하모임을 진행했다. 왕청의 여성들은 축기를 만들어 조선인민혁명군에 주었고, 공청에서는 아동유희대 축하공연을 준비했으며, 여러 가지 체육경기도 벌렸다. 연길의 삼도만 유격구에서는 적 통치구역 대표까지 참가한 1,000명의 군중대회와 시위가 있었다. 유격구 민중들은 조선인민혁명군 편성에서 조국광복의 앞날을 더욱 뚜렷이 확신하게 됐으며, 군대와 일심동체가 되어 항일대전에 뛰어들 굳은 결의를 다졌다.

항일유격대는 반일인민유격대를 조선인민혁명군으로 개편함으로써 보다 넓은 판도에 자유롭게 진출해 적극적인 대부대 활동을 전개할 수 있는 넓은 길을 열어놓았다. 만일 반일인민유격대를 조선인민혁명군으로 개편하지 않았거나 연대나 사단과 같은 대부대의 군사력을 제때 마련하지 않았더라면 암운에 덮인 조국을 밝히며 높이 타오른 보천보의 횃불도 마련하지 못하였을 것이며 무송, 간삼봉, 홍두산, 이명수, 대홍단, 홍기하 등 국내와 만주도처에서 적의 정예부대들을 죽음의 함정으로 몰아넣은 연전연승의 기쁨도 맛보지 못했을 것이다. 동기토벌에 이어 유격구를 위협하던 악명 높은 위공작전도 파탄시키지 못했을 것이다. 반일인민유격대를 조선인민혁명군으로 개편한 것은 단순한 명칭의 교체나 실무적인 재편성이 아니라 무장대오의 군사조직체계를 개선하고 대오를 양적 질적으로 강화하는 군 건설의 새로운 단계를 의미하였다. 조선인민혁명군은 간도와 동변도 일대, 백두산을 중심으로 한 조선반도 전역에서 가장 강대한 무장력으로 발전하게 되었다.

조선인민혁명군은 경우에 따라서 동북인민혁명군이라는 이름을 가지고도 활동하였다. 조선인민혁명군이 만주인민혁명군이나 중국인민혁명군이 아니라 동북인민혁명군이라는 명칭으로도 활동한 것은 반만항일을 투쟁목적으로 내세우고 있었던 중국공산주의자들에게 있어서도 적합한 것이었다. 결국 동북인민혁명군은 조선인민혁명군으로서의 사명과 함께 중국공산주의자들의 반만항일 위업에 이바지하는 혁명무력으로서의 사명도 동시에 감당하였다.

조선인민혁명군이 길림성 간도에 3,000명이 있다고 쓴 《동방잡지》(1935.3)

당시의 출판물들은 간도에 조직된 인민혁명군을 『동북인민혁명군』이라는 이름으로가 아니라 『조선인민혁명군』이라고 썼다. 1935년 상해 상무인서관에서 발행된 『동방잡지』는 동북에서의 빨치산 투쟁에 대하여 쓰면서 간도에 조선인민혁명군이 3,000명 있다고 했으며 이것을 프랑스 파리에 있는 구국출판사에서 발행한 『동북항일열사전』에 그대로 전재하였다. 또한 1958년 소련과학원 동방학연구소에서 출판한 도서 『조선인민의 항일무장투쟁』과 1965년에 일본의 법률문화사에서 출판한 도서 『조선역사와 풍토』에서도 조선인민혁명군이라는 호칭을 그대로 썼다.

후에 동북항일연군이 편성된 다음 조선인민혁명군 부대를 2군이라고 부른 것도 무리는 아니었다. 조선인민혁명군은 성격에 있어서 조중양국 민중의 국제적인 반일통일전선체로서의 성격을 지니고 있었으며 제2군안의 조선인들은 조선독립을 위해 투쟁하는 독자적 임무를 수행하면서 중화민족의 해방운동을 국제주의적 기치아래 지원하였다.

반일인민유격대를 조선인민혁명군으로 개편한 후 반일공동투쟁의 성과를 위하여 간도지방에서 공헌영, 채세영, 사충항, 이삼협 등이 이끌던 항일의용군은 제2군의 군대 호를 가지고 있던 조선인민혁명군과 연합하였는데 이것을 『동북화한인민혁명군』 (동북조중인민혁명군) 이라고도 하였다. 이런 공정을 거쳐 사실상 동만 땅에서는 1930년대 전반기에 벌써 조중 항일무력의 연합이 확고히 이루어지게 되었다.

주보중은 자기의 글에서 "항일련군 제2군은 동시에 〈조선인민혁명군〉이였다. …항일유격전쟁 중 중조인민은 공동사업을 위하여 선혈로 얽혀져있었다."라고 함으로써 조선인민혁명군의 실체를 인정하고 공동투쟁 노정에서 역사적으로 존재하였던 조중 항일무력의 연합을 격찬하였다. 소련의 유명한 중국 및 조선문제전문가였던 웨. 랍포르트는 1937년에 소련의 국제정치잡지 『태평양』에 쓴 「북부조선지역에서의 빨치산운동」이라는 글에서 "…조선빨치산들의 대부분은 통합되어있고 자기의 중앙을 가지고 있으며 인민혁명군이라고 부르고 있다."고 썼으며 "조선빨치산과 만주빨치산 간의 현존하는 연계와 접촉의 확대는 일본군국주의자들에게 매우 큰 불안을 주고 있으며 바로 그것으로 하여 일본은 국경지역에 커다란 주목을 돌리고 있다."고 하였다.

반일인민유격대를 조선인민혁명군으로 개편하는 과정에 조선인민혁명군 당위원회가 새로운 당 지도기관으로 출현했다. 그 이전까지는 지역의 당 조직이 군대안의 당 조직까지 지도하는 체계였다면 조선인민혁명군 당위원회는 군대안의 당 조직에 대한 지도뿐 아니라 지역에 있는 당 조직에 대한 지도도 동시에 담당했다. 이것은 반일인민유격대가 조선인민혁명군으로 개편되고 무장투쟁이 강화된 현실적 요구에 맞게 전반적 조선의 민족해방운동에 대한 당적 지도를 성과적으로 실현하기 위해 절박하게 요구되었다. 조선인민혁명군 당위원회 형식으로 통일적 당지도기관을 조직하는 것은 유격전을 기본으로 하여 무장투쟁이 벌어지고 혁명의 사령부가 군대 안에 있으며 한 지역에 머물러있지 않고 끊임없이 유동하면서 전반적 민족해방운동을 이끌어야 했던 당시의 구체적 실정을 그대로 반영한 것이었다.

1934년 5월 31일 왕청현 다홍왜에서 조선인민혁명군 당위원회 결성을 위한 회의가 개최되었다. 회의에는 조선인민혁명군 부대 당 조직들과 지방 당 조직들에서 선거된 대표들이 참가하였다. 회의에서는 김일성을 수위로 하는 조선인민혁명군 당위원회의 결성이 선포되었다. 조선인민혁명군 당위원회는 무장투쟁과 당 창건 준비사업, 반일민족통일전선운동, 반일대중투쟁 등 전반적 조선의 민족해방혁명을 승리로 이끌어나갈 조선혁명의 참모부였다.

조선인민혁명군 당위원회가 결성됨으로써 인민혁명군당위원회를 최고영
도기관으로 하는 당조직기구체계가 확립되었으며 각급 당 조직들에 대한 유
일적 지도를 확고히 담보하는 통일적인 당조직지도체계가 철저히 서게 되고,
당 조직 건설사업과 항일무장투쟁을 더욱 힘 있게 추진시켜나갈 수 있게 되
었다.

위공작전을 파탄내다

1933년 동기토벌에서 참패를 당한 일제는 실패의 원인과 책임을 규명하는
시끌벅적한 소동을 벌인 끝에 1934년 봄부터 보다 악랄한 새로운 토벌계획인
이른바 '위공작전'이라는 것을 들고나왔다. 적들의 위공작전은 군사적 포위와
정치적 폭압, 경제적 봉쇄를 배합하여 유격구를 소멸하려는 악랄한 작전으로
서 유격구의 민중과 군대를 굶겨 죽이고 얼어 죽이고 쏘아죽이고 태워 죽이는
것을 목적으로 삼고 있었다. 일제는 이 작전을 위하여 집단부락을 만들어 군
대와 주민을 분리하고 중세기적인 십가연좌법과 오가작통법과 같은 '보갑제'
(한패 안의 주민들이 법을 위반하였을 때에는 함께 책임지고 공동으로 처벌받게 하는 제도)로 모든 민족
해방운동세력을 적발숙청하려고 하였다. 적들은 위공작전을 준비하면서 유
격구 주변에 관동군 정예부대들과 조선강점군 부대들을 대대적으로 끌어들
이고 위만군부대들을 증강했다.

김일성은 군사령부를 소왕청 마촌에서 요영구 유격구로 옮기고 적 위공작
전을 돌파하기 위한 조선인민혁명군의 1934년 춘기작전을 조직 지휘했다. 일
제가 위공작전을 확대하고 있는 긴박한 정세에 대처해 일제히 춘기작전으로
넘어가야 한다고 강조하고, 조선인민혁명군 부대들은 유격구 방어에 계속 힘
을 넣으면서도 대규모 집중된 역량으로 유격구 주변에 분산 배치된 적들, 군
수물자 수송을 담당하고 있는 적들, 적들의 군사적 거점과 집단부락들을 도처
에서 연속 타격해 적들을 피동에 몰아넣자고 호소했다.

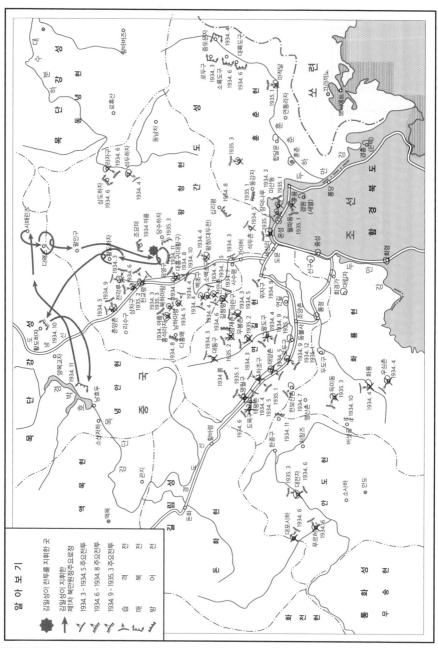

적 위공작전을 돌파하기 위한 전투약도(1934.3~1935.3)

그리고 1934년 3월 하순 조선인민혁명군 한 부대를 이끌고 왕청현 천교령 전투와 전각루전투, 4월 상순 백초구전투를 비롯해 수많은 전투를 통해 적들의 위공작전의 작전기도를 첫걸음부터 파탄시켜 냈다. 이에 고무된 조선인민혁명군 다른 부대들은 3월과 4월에만도 중국 왕청현 소백초구전투, 대두천전투, 석두하자전투, 남하마탕전투, 연길현 의란구전투, 차조구전투, 화룡현 우심촌전투, 훈춘현 로두구 금광골전투 등 유격구주변의 적의 군사적 거점들과 집단부락건설장들에 대한 습격전투들을 과감히 벌려 적들에게 커다란 타격을 않기였다.

조선인민혁명군은 춘기작전에서 거둔 성과를 공고히 하고 주동에 튼튼히 서서 적의 위공작전을 격파하기 위하여 1934년 여름부터 적에 대한 하기공세로 넘어갔다. 이를 위해 1934년 6월 초 중국 왕청현 다홍왜 유격구역에서 조선인민혁명군 군정간부회의가 열렸다. 이 회의에서 김일성은 일제의 위공작전을 격파하기 위한 하기공세로 넘어갈 데 대한 작전 방침을 제시하고 그 성과적 수행을 위해 2개의 타격집단을 편성하였다. 이때 '이 공세의 중심적 지향은 유격구역을 안도현 서북부와 왕청현 동북부로 확대하는 것'이라고 밝히면서 유격구를 안도현 서북부로 확대하는 과업은 인민혁명군 제1사와 독립연대에 맡기고 왕청현 동북부로 확대하는 과업은 인민혁명군 제2사에 맡겼다.

인민혁명군 1사(사장 주진)와 독립연대(연대장 윤창범)로 하여금 안도현 대전자 - 푸르허 일대에 대한 공격을 선행하게 해 적의 주의가 그쪽으로 쏠리게 하고, 6월 하순 조선인민혁명군 2사 4, 5연대의 일부와 반일부대들을 인솔하고 라자구 방면으로 진출하였다.

라자구는 500호 정도 주민세대로 이루어진 그리 크지 않은 고장이었다. 이곳은 일제의 만주강점 후 적의 군사적 거점으로 급속히 발전해 1932년부터는 간도임시파견대의 중요기지로 되었다. 일제는 이 파견대가 철수한 후 증강된 1개 대대 이상의 병력을 라자구에 상주시켰고 수백 명의 위만군을 주둔시키고 있었다. 적들은 라자구에 토성을 쌓고 철조망을 치고 물홈까지 파놓았으며, 서산에는 견고한 포대와 진지를 구축하고 거기에 박격포를 비롯한 여러 가지 화력기재를 배치했다. 또한 일정한 기간 외부와의 연결이 끊어져도 전투를 계속할 수 있게 식량과 군수품도 충분히 마련해 놓고 있었다.

라자구전투때 붉은기를
꽂았던 사산포대의 망루

라자구전투를 지휘하던 집

한흥권

최금산

조도언

라자구 전투 관련자료들 (유격대의 타격에 녹아난 일제의 패배상을 보도한 자료)

라자구 공격에 앞서 라자구근처에 있는 삼도하자와 사도하자를 차지했다. 김일성은 삼도하자에서 조선인민혁명군과 반일부대 연환모임을 갖고, 반일 부대 지휘관들과 라자구 공격을 위한 작전회의를 가졌다. 라자구 공격작전에 참여한 반일부대는 공헌영부대, 사충항부대, 채세영부대, 이삼협부대였다. 이 작전회의를 하던 중 작전지도가 바람에 날아갔다. 그러자 이태경 노인이 자 그마한 돌멩이로 한쪽 끝을 바쳐 놓았다. 이태경 노인의 집안은 그 돌멩이를 복돌이라고 하면서 가보로 보관하다가 1958년 북측 답사단이 그 지역에 갔 을 때 후손이 그것을 내놓았다. 그래서 그 복돌은 지금 북측 조선혁명박물관 에 보관돼 있다.

김일성부대는 1934년 6월 26일 밤 라자구에 대한 공격을 개시 했다. 김일 성의 공격개시 신호에 따라 공격부대들은 폭우를 무릅쓰고 설정된 방향에 따 라 과감한 전투행동에 돌입했다. 그런데 문제가 발생했다. 서산포대에 들어박 힌 적들의 필사적인 저항으로 전투는 3일 동안이나 계속됐다. 지휘관들의 부 상으로 사기가 떨어진 일부 반일부대들이 무질서하게 퇴각하기 시작했다. 이 퇴각을 저지시키지 못하면 전투는 실패로 끝날 위험이 농후했다. 서산포대를 점령하느냐 못하느냐 하는 것은 라자구 전투의 승패를 좌우하는 결정적 고리 로 되었다. 이때 김일성은 불비 속에 엎드려 있는 인민혁명군 대원들을 향해 "동무들! 무슨 일이 있더라도 서산포대를 점령하자! 혁명을 위해 최후의 피 한 방울까지 다 바쳐 싸우자!"고 호소하며, 싸창(모제르 총의 북한식 표현으로 연발식 소총) 으 로 적을 쏴 눕히면서 우박처럼 쏟아지는 적들의 탄막을 헤치면서 앞으로 돌진 했다. 전체 대원들은 결연히 일어나 사령관의 뒤를 따라 돌진해 들어갔다. 그 리하여 난공불락을 자랑하던 서산포대는 30분 만에 점령되고 포대 꼭대기에 붉은 기가 휘날렸다. 그 깃발을 본 반일병사들도 신심을 되찾고 총 돌격전에 뛰어들었다. 치열한 전투는 끝나고, 김일성부대가 승리했다. 라자구시가는 김 일성부대에 의해 완전히 장악됐다.

라자구를 지키던 일본군은 관동군에 보내는 마지막 전문에서 김일성 등 2,000의 합류비에게 6일 주야 동안의 포위공격을 당해 이제는 다 죽게 됐다고 비명을 지르면서 "탄약은 이미 다 떨어지고, 우리들의 운명은 경각에 달했다. 하지만 우리들은 국가를 위하여, 만주건국을 위하여 전력을 다했음을 떳떳하게 여긴다. 사령관, 이를 용서해라"라고 고백했다.

라자구와 대전자에서의 승리는 조선인민혁명군이 항일전쟁에서 이룩한 첫 성과들 중에서 가장 큰 성과였다. 라자구 진공전투는 적들의 위공작전 기도에 심대한 타격을 주고 놈들을 걷잡을 수 없는 공포 속에 몰아넣었다. 이 전투이후 유격구 주변의 대소 토벌대는 오금을 펴지 못하고 겁이 나서 벌벌 떨었다. 실로 라자구 전투는 왕청유격구 동북부일대의 적을 제압함으로써 유격구 확대에 유리한 국면을 조성하였으며 반일부대와의 연합전선을 더욱 공고히 하는데 크게 이바지하였다. 라자구전투 후에도 김일성부대는 적들의 위공작전기도를 파탄시키기 위해 1934년 7월 왕청현 대흥구전투, 조묘태전투를 통해 적들을 궁지로 몰아넣었다.

1934년 6월부터 8월에 걸쳐 진행된 조선인민혁명군의 하기작전은 유격구에 대한 일제의 포위망에 큰 구멍을 내, 일제의 위공작전에 결정적 타격을 가했다. 또한 라자구와 안도지구를 장악함으로써 이 일대에 유격구를 새로 확대할 수 있는 실제적 조건을 마련하였다. 유격구가 해산된 후 동만의 혁명 군중들 중 적지 않은 사람들이 안도와 라자구 일대에 많이 가서 뿌리를 내릴 수 있은 것은 항일유격대가 일찍부터 군사정치활동을 맹렬하게 벌려 이 지역을 보이지 않는 혁명근거지로 만들었기 때문이다.

2
경박호에서 울린 공동투쟁의 첫 총성
(제1차 북만원정)

1934년 6월부터 8월까지 하기공세를 통해 적들의 위공작전에 결정적 파열구를 낸 김일성부대는 1934년 가을 주보중의 요청에 따라 제1차 북만원정길에 오른다. 조선인민혁명군의 하기공세에 된서리를 맞은 일본군은 병력배치를 다시 하고 항일유격대에 대한 토벌거점을 새로 옮기는 소동을 벌였으며, 장기특별치안공작을 떠벌이며 전례 없는 규모의 군사적 공세를 감행했다. 이러한 때에 영안지역에서 활동하고 있던 중국인 항일유격대 지휘관 주보중이 연락원을 통해 지원을 요청해 왔다.

김일성은 주보중의 요청에 따라 북만원정을 단행하기로 결심하고, 1934년 8월 하순 왕청현 요영구에서 조선인민혁명군 군정간부회의를 열었다. 이 회의에서 조성된 정세에 대처해 일제의 위공작전을 최종적으로 격파하기 위한 작전방침을 제시하고, 이 일환으로 북만원정을 단행할 결심을 밝혔다. 이어 9월 중순 요영구에서 제1차 북만원정을 위한 군사정치일꾼 협의회를 열었다. 이 회의에서는 조선인민혁명군 주력부대의 북만원정을 성과적으로 보장할 데에 대한 문제가 토의됐다. 이 회의에서 김일성은 "중국공산주의자들의 요청에 응하는 것은 중국인민과 반일공동전선을 강화하는 것으로 될 뿐 아니라, 멀리 북만일대에서 유격투쟁을 벌이고 있는 조선혁명가들을 돕는 것으로도 된다."고 그 의미를 밝혔다. 회의이후 북만원정 준비를 다그쳐 왕청, 훈춘, 연길에 주둔하고 있는 조선인민혁명군 연대들에서 각각 한 개 중대씩 선발해 3개 중대 역량으로 원정대를 편성하고, 그들에게 원정의 목적과 의의를 깊이 해설해 주었다.

김일성은 원정준비를 마치고 1934년 10월 하순 170여명의 북만원정대를 친솔하고 뒤틀라즈를 출발해 노야령을 넘기 시작했다. 노야령은 직역하면 늙은 할아버지령이라는 뜻으로 아주 높고 험한 령으로, 동만을 북만과 갈라놓은 큰 령이다. 원정대가 출발할 때 때마침 눈보라가 휘몰아쳤다. 눈보라를 뚫고 노야령을 온종일 올라갔다. 그런데 눈보라 때문에 팔도하자로부터 80리 떨어진 지점에서 길을 잃고 행군을 멈추지 않으면 안되었다. 사정없이 쏟아져 내리는 눈과 혹한 속에서 산길을 헤매다 다음날에야 겨우 자그마한 중국인 부락을 발견했다. 그곳은 영안현 횡도하자 부근이었다.

원정대가 이 마을에 들어서자마자 이웃부락에 와 있던 일본군 토벌대가 불시에 달려들었다. 김일성은 긴박한 상황에서도 침착하게 전투를 지휘했다. 원정대는 이날 전투에서 달려드는 일제침략군을 거의 다 섬멸하고 수많은 무기와 탄약을 노획했다. 이날 일본군 토벌대는 불우했다. 북만지역에서 일본군 토벌대들은 조선인민혁명군과 한 번도 접전해 본적이 없어서 무서운 줄을 몰랐다. 기껏해야 산림대나 토비들만 상대해본 그들은 조선인민혁명군도 그들과 같을 것이라고 착각한 것이 불운이었다. 그날도 그렇게 덤벼들었다가 몰살당하고 말았다. 이 전투는 원정부대가 북만 땅에 들어와 진행한 첫 전투로 적들에게 일대 혼란과 공포를 심어주었다.

첫 전투를 치른 다음날 팔도하자 산막에서 주보중을 만났다. 그 당시 그는 20~30명의 대원을 데리고 팔도하자 산막에서 병 치료를 하고 있었다. 김일성과 주보중은 허심탄회하게 담화를 나눴다. 이에 대해 김일성은 훗날 "나와 주보중과의 상봉은 우리의 항일무장투쟁사에서 새로운 장을 상징하는 하나의 사변이었다. 이 상봉을 시발점으로 하여 조선인민혁명군은 중국인공산주의자들이 영솔하는 유격부대들과의 전면적인 공동투쟁의 길에 들어섰다."고 회고했다.

이 담화도중 주보중은 영안 반일인민유격대의 탄생이 순탄치 않았다고 하면서 그 경위를 설명하고, 자기네 부대를 합법화하자면 반일부대와의 관계를 풀어야 하겠는데, 김일성이 이 문제를 풀어주었으면 한다고 부탁했다. 그러면서 영안지방의 혁명운동 실태를 크게 걱정했다. 주보중은 영안은 혁명바람이 불지 않는 불모지나 다름없다고 한탄하고, 아무리 호소해도 민중들이 곁을 주지 않는다고 하면서 이 일대 민중들을 혁명으로 궐기시키지 못한 것이 자기 자신의 무능이나 불찰에 있는 것처럼 매우 안타까워했다.

김일성은 팔도하자 산막에서 며칠 동안 주보중과 함께 북만지역 항일혁명의 발전방도를 모색했다. 여기에서 그는 주보중에게 두 가지 방도를 제시했다. 첫째는 '민중들 속으로 들어가라!'이며, 둘째는 '총소리를 높이 울려라!'이다. 북만혁명의 고충을 풀 수 있는 돌파구는 민중들 속에 들어가는 것이라고 하면서 민중들을 각성시키고 동원시키는 것만이 북만혁명의 침체상태를 건져 낼 수 있으며, 그러자면 민중 속에 들어가 정치사업을 강화해야 한다고 강조했다. 또한 유격대의 군사활동을 강화해 총소리를 높이 울려야, 반일부대들과의 관계도 적대관계로부터 동맹관계로 전환시킬 수 있고 점중화사건(점중화사건이란 주보중이 평남양과의 통합을 실현하기 전에 생긴 불상사. 평남양의 부대가 내부으로 복잡한 진통을 겪고 있을 때 반란자들은 평남양을 위시한 반대파들에게 술을 먹인 다음 무장해제를 단행하고 도주하였다. 평남양도 싸창없는 신세가 되었다. 평남양은 알몸만 남은 부대를 재건하기 위하여 심복부하들과 함께 귀순을 모색하고 있던 남호두근방의 점중화 부대를 무장해제시켰다. 그리고 그 총으로 자기 부하들을 무장시켰다. 이 사건이 있은 다음부터 북만의 반일부대들은 평남양의 이름과 결부되어 있는 영안유격대를 적으로 선포하였다. 이것이 점증화사건이다.)으로 저락된 평남양부대의 영상도 개선할 수 있다고 밝혀주었다.

왕덕림

동장영

주보중

양정우

왕덕래

김일성과 함께 투쟁했던 중국의 혁명전사들

　김일성은 이곳에서 또한 코민테른 파견원 오평과 만났다. 이 만남에서 조선의 민족해방운동에서 조선혁명가들의 자주적 입장과 주체적 노선, 두만강 연안 유격구 창설과 그 방어전에서 얻은 경험을 비롯한 일련의 문제들을 갖고 폭넓은 대화를 나눴다. 오평은 조선인민혁명군의 입장과 노선에 전적인 이해를 표했고, 이는 추후 코민테른이 조선 혁명과 관련된 견해와 입장을 바로 세우는 데서 중요한 계기로 작용했다.

　며칠 후인 1934년 11월 하순 경박호반의 석두하에서 공동투쟁의 첫 총성이 울렸다. 이 전투에서 북만원정부대는 200여명의 일본군 토벌대를 섬멸하고 3정의 기관총을 비롯한 100여 점의 무기를 노획했다. 이 총성은 북만 유격부대에 승리의 신심을 안겨주고 북만 넓은 지역에 반일투쟁의 불길이 세차게타 번지게 했다. 원정부대는 석두하전투에 이어 방신구전투를 통해 다시 일본군을 호되게 쳐부셨다. 북만일대에서 일제침략군에 대한 조선인민혁명군의강력한 타격은 무적황군이라는 일본군의 신화를 깨뜨렸을 뿐 아니라, 동만유격구에 대한 위공작전을 깨뜨리는 돌파구로도 되었다.

북만원정대는 이어서 평남양부대와 함께 신안진 부근에서 2개 대대의 정안군을 박살내고, 또 어느 반일부대와의 협동작전으로 대해랑하 강변에서 다른 정안군 부대를 족쳤으며, 팔도하자 골짜기의 노전가에서 정안군 기병중대와 보병 6중대를 타격했다. 이러한 혁혁한 전과로 위축되었던 북만 반일부대들이 연이어 김일성을 찾아와 원정대에 합류했다. 김일성은 북만원정 과정에서 마창일대에서 활동하는 채세영반일부대, 강애민반일부대, 삼도하자 일대에서 활동하는 반일부대들과의 연합전선 형성을 이끌어냈다. 그 후 이러한 성과들을 디딤돌로 영안반일유격대를 중심으로 동복인민혁명군 제5군이 건설될 수 있었으며, 북만지역에 있던 대부분의 반일부대들이 그 산하로 들어갔다. 그 결과 영안지구에서 활동하던 중국공산주의자들이 그처럼 고통스러워하던 고충이 풀리고 무장투쟁이 활발히 펼쳐지게 되었다.

북만원정대는 원정기간 영안 민중들 속에 들어가 정치사업을 활발히 펼쳐그들에게 혁명의 씨앗을 심어주었으며, 그들을 반일혁명의 길로 이끌어 주었다. 하지만 처음 북만지역에 갔을 때는 그 지역 주민들의 반응은 매우 냉랭했고 유격대를 만나주지도 상대하려 들지도 않았다. 원정대는 당황했다. 동만지역에서 주민들의 열렬한 지지와 환영 속에서 활동했던 원정대는 예상치 못한사태에 어찌할 바 몰라 했다. 이때 김일성은 사람들에게 정을 먼저 주어야 한다고 하면서, 하모니카 중주단을 결성해 전날 정치일꾼들이 실패하고 돌아온 그 마을에 들어가 하모니카 공연을 하도록 조치했다.

하모니카 중주단은 마을 한복판의 어느 집 마당에서 하모니카 공연을 시작했다. 2중주 '총동원가'로부터 시작해, '아동가', '어디까지 왔니?'로 종목이 바뀌어 공연이 진행되었다. 그때 아이들이 고려홍군이 춤을 춘다고 동네방네 뛰어다니며 소리쳤다. 이렇게 해서 사람들이 모여들기 시작했고, '아리랑'을 연주할 때에는 수백 명의 마을 사람들이 중주단을 에워싸고 흥에 겨워 박수까지 쳤다. 이때 중주단은 마을 사람들 앞에서 항일선전을 하면서 혁명군원호를 호소했다. 이렇게 해서 영안 지역 민중들 마음의 문이 활짝 열리기 시작했고, 그 지역 사람들의 가슴 속에도 혁명의 불씨가 깊이 심어지게 됐다.

원정군은 군중 속에 더 깊이 들어가 여러 가지 형식과 방법으로 영안현 수십 개 마을들을 점차 혁명화해 나갔다. 그리하여 혁명의 불모지라고 하던 북만 땅에 당 대열이 늘어나고 공청과 반일부녀회, 아동단을 비롯한 혁명조직이 급속히 확대되었다.

원정대는 제1차 북만원정을 성공적으로 마치고 왕청지역으로 돌아왔다. 하지만 돌아오는 길은 그야말로 험난하기 그지없었다. 왕청 뒤틀라즈를 떠날 때 170명이나 되었던 원전대오는 돌아올 때 50~60명으로 줄어들었다. 원정 초기 연길중대가 동만으로 돌아갔고, 훈춘중대도 영안 땅에서 되돌려 보냈다. 게다가 석 달 동안 전투에서 원정대는 적지 않은 사상자를 냈다. 부상자들을 모두 안전지대로 후송시키고 나니 원정대오가 1/3로 줄어들었다. 귀환경로 역시 북만으로 들어갈 때와는 달랐다. 북만으로 들어갈 때에는 뒤틀라즈-노야령-팔도하자의 정상통로였지만, 귀환할 때에는 천교령-노야령-팔인구의 우회로였다. 이 길은 적들이 배치된 곳에서 멀리 떨어진 산길이었다. 노야령을 넘는 다른 통로들은 모두 적에게 봉쇄되어 있었다.

그러나 앞에는 수많은 일본군이 가로막고 나섰다. 김일성부대가 북만에서 다시 동만으로 돌아온다는 정보를 입수한 일본군은 돌아오는 모든 통로를 봉쇄하고 수많은 토벌대를 동원해 김일성부대를 절멸시키려고 날뛰었다. 원정대가 행군하면 적들도 행군하고 원정대가 숙영하면 적들도 숙영했다. 원정대를 따라오던 반일부대 병사들은 시련을 견디지 못하고 떨어져 나가고 출발할 때 마련해 두었던 길양식도 다 거덜 났다. 사방을 둘러봐도 인적 없는 황량한 땅이어서 식량이 있을 만한 곳은 어디에도 없었다. 결사대를 조직해 적 숙영지를 기습했지만 노획식량은 얼마 가지 못하고 떨어졌다.

간고한 행군끝에 원정대는 천교령부근에 이르렀다. 천교령은 말 그대로 하늘아래 다리처럼 생긴 아슬아슬한 높은 지대였다. 그런데 여기서 대오는 뜻밖의 시련을 겪게 되었다. 엎친 데 덮친 격으로 김일성이 고열로 앓아누워 생사를 오락가락 하는 위중한 상태에 빠졌던 것이다. 대원들의 온갖 희생과 투쟁으로 김일성이 정신을 차렸을 때는 16명의 대원들만 남아 있었다.

1월말 원정대가 천교령부근의 시패린즈에 있는 어느 목재소에 이르렀을 때 적토벌대가 목재소근처까지 접근해왔다. 그런데 김일성은 계속 고열과 혼수상태에 깨어나지 못하고 있었다. 이 위기에서 어떻게 벗어날 것인가! 한흥권중대장도 대원들도 어찌했으면 좋을지 몰라 마음만 조여들었다. 뚜껑도 없는 양재기를 부엌아궁이에 넣고 물을 끓이고 있던 나이어린 대원은 사령관의 병세도 차도가 없고 포위도 뚫고나갈 가망이 없으니 이제는 일이 다 틀렸다고 흑흑 흐느끼면서 눈물을 흘리고 있었다. 이때 장작을 안고 부엌에 들어선 중국옷차림을 한 노인이 울고 있는 그를 보고 무슨 일로 그러는가 하고 중국말로 다정히 물었다. 대원은 사령관동지를 구원해야 하겠는데 방법이 없어 그런다고 대답하였다. "사령관이 누구시오?" 노인은 다시 물었다. "김일성장군님이십니다."라고 대원은 답했다. 그 얘기를 들은 노인은 몹시 놀라며 "이분이

분명 김일성장군님이신가요?"라고 다시 물었다. 그리고 흥분된 어조로 "나도 조선사람이요. 내가 비록 늙기는 하였소만 어찌 장군님의 존함을 모르겠소. 아, 그런데 장군님께서 중환에 드시다니…"라고 말하면서, "젊은이, 너무 상심 말게. 하늘이 무너져도 솟아날 구멍이 있네…"라고 말했다. 그리고 적의 포위를 뚫고 나갈 묘책을 제시했다.

그 묘책은 다름 아니라, 조금 후에 목재소 주인이 말파리를 타고 오는데, 그는 이 지방에서도 큰 세력가이므로 그를 내세우기만 하면 토벌대들도 함부로 덤벼들지 못할 것이다. 그러니 주인을 붙잡아 놓고 다짐을 받은 다음 말파리에 태워 함께 보초선을 빠지라는 것이다. 그리고 적 포위망을 벗어나면 목재소 주인을 태운 말파리만 영안쪽으로 가게하고 유격대원들은 슬쩍 길을 꺾어 노야령 쪽으로 빠지라는 것이다. 대원들은 노인과 약속한대로 영안에서 갓 도착한 중국인 목재소주인에게 반일선전과 함께 요구조건을 들이대 순응하게 하고 식사도 푸짐히 한 다음 다섯 채의 말파리에 나누어 타고 어둠을 타서 영안방향으로 떠났다. 다리목에 거의 이르니 보초병이 어둠속에서 "누구야?" 하고 소리쳤다. 목재상은 원정대가 짜준 각본대로 노동자들이 병이 나서 병원에도 가고 영안시내에 뭘 좀 사러가는 길이라고 대답하였다. 목재상의 목소리를 알아들은 보초병들은 말파리 곁에 다가오지도 않고 가라고 소리쳤다. 이렇게 되어 대오는 아무 일 없이 보초선을 통과하여 다리목에 들어섰다. 대오가 나무다리를 다 건너가자 그쪽에 있던 보초병이 마차를 세우라고 소리를 쳤다. 이렇게 되자 목재소주인은 어리병병하여 말을 못하고 우물쭈물하는 것이었다. 정말 위급한 순간이었다. 그때 소대장이 권총 끝으로 목재소주인의 옆구리를 꾹 찔렀다. 그때에야 그가 정신이 들어 보초병에게 자기도 몰라보는가 하고 크게 소리를 지르며 일이 급한데 수색은 무슨 수색이냐고 호통을 치는 것이었다. 보초병이 목재소주인을 알아보고 그저 덤덤히 서있었다. 그 순간 대원들은 말을 몰아 쏜살같이 빠져나갔다. 이처럼 원정대는 김노인의 기발하고도 희생적인 도움으로 2~3중으로 된 보초소를 무사히 벗어날 수 있었다.

이처럼 위중한 사태에서 어떤 노인의 도움으로 천교령 다리를 무사히 건넜다. 다리를 건너 20리쯤 내려가니 노인이 말한 대로 골안이 있었고, 그 골안에서 자그마한 골짜기가 나 있었는데, 그 골짜기 끝에 조선 사람의 집이 있었다. 일본놈들 꼴이 보기 싫다고 그 깊은 골짜기 끝에 들어와서 만주국에 호적등록도 하지 않고 사는 집이었다. 그 집이 바로 조택주 일가의 집이었다. 원정대 정찰조원들이 이 집을 찾았을 때는 한밤중이었다. 정찰조원들의 말을 듣고 난 조택주 노인은 아들, 손자 등을 떠밀며 김일성대장님께서 병환에 계신다는데 하늘이 무너지면 무너졌지 그분께서 촉한 때문에 고생하시다니 될 말이냐, 어서 가서 모셔오라고 불같은 영을 내렸다. 그리고 며느리(최일화)에게는 물도 끓이고 미음도 쑤라고 하였다. 이윽고 중대장과 대원들이 의식을 잃은 김일성장군을 모셔왔다. 노인은 며느리와 함께 사령관의 손발과 온몸을 주무르고, 끓는 물에 꿀을 반 사발가량 타서 들게 했다. 조금 후에 꿀물에 탄 미음을 들도록 했다. 미음을 먹은 후 얼굴에 혈색이 돌기 시작했으며 혼수상태에서 깨어났다. 깨어난 김일성은 노인에게 거듭 사의를 표했다. 그러자 조 노인은 아니라고 하면서, 김대장은 하늘이 내신 장수이니 이 귀틀집에 와 소생한 건 자기 집 덕이 아니라 천명이라고 답했다. 조택주 일가의 꾸준한 지성으로 건강은 빨리 회복되었다. 김일성은 10여일이 지나자 노인 내외의 만류를 물리치고 출발명령을 내렸다. 떠나기에 앞서 "할아버지, 나는 업혀서 이 댁에 왔다가 두 발로 걸어서 유격구로 돌아가게 됩니다, 댁이 아니었더라면 병도 고치지 못하고 살아나지도 못했을 것입니다, 내 언제든지 이 신세를 잊지 않겠습니다."라고 조노인 일가에 대한 고마움을 표했다.

북만원정대오는 이렇게 1935년 2월 중순 요영구 유격구로 돌아왔다. 조선인민혁명군의 제1차 북만원정은 북만에서 활동하는 중국인무장부대들을 도와주었을 뿐 아니라 적의 배후를 타격함으로써 유격구 토벌에 집중된 적의 역량을 분산 약화시키고 놈들의 위공작전을 분쇄한 역사적인 원정이기도 하였다.

조선인민혁명군은 그해 3월 왕청현 천교령 전투와 당수하자전투를 비롯한 여러 전투들을 빛나는 승리로 이끌어 일제의 위공작전을 최종적으로 분쇄했다. 두만강연안 유격근거지는 겹쌓이는 모든 시련을 이겨내고 불패의 성새로, 조선민족해방운동의 책원지로 거연히 솟아있었다.

4

항일민족해방운동의
자주적 입장 고수

민생단 회오리 바람
유격구를 해산과 광활한 지대로의 진출
제2차 북만원정

1
민생단 회오리바람

조선인민혁명군 북만원정대가 생사의 고비를 넘으면서 원정을 마치고 왕청현 요영구 유격구에 돌아온 것은 1935년 2월 중순이었다. 김일성은 돌아온 이후에도 열병의 후유증으로 다시 쓰러져 일주일 동안 고열과의 싸움을 하지 않으면 안 되었다. 그런데 그의 병상으로 '숙반 바람으로 유격구가 만신창이 되었다'는 흉흉한 소문이 들려왔다. 몇 달 전까지만 해도 혁명을 하느라고 왕청골안이 좁다하게 뛰어다녔던 당원들과 공청원들, 부녀회원들이 광란적인 살인각본의 작성자들과 그 집행자들에게 저주를 보내며 자기 자신들이 피로서 개척하고 사수해 온 유격근거지를 버리고 동서남북으로 뿔뿔이 흩어졌다는 소식을 듣고, 김일성은 세상만물이 빙하에 짓눌려 종말을 고하는 것 같은 무서운 절망과 좌절감을 느꼈다.

민생단이란 무엇인가?

민생단은 조선에 대한 일제식민지통치 지능화의 산물이었다. 일제는 조선 사람끼리의 골육상쟁으로 민족해방운동세력을 숙청 소멸하려는 음흉한 흉계를 갖고, 박석윤(간도시찰반), 전성호(연변자치촉진회), 박두영(연길주재 만주국군 군사고문), 김동안(반공특무)을 비롯한 친일세력을 내세워 1932년 2월 연변에서 민생단을 조작해냈다. 민생단은 외형적으로 '민족으로서의 생존권 확보', '자유낙토건설', '조선인에 의한 간도자치'라는 허울 좋은 구호를 내세워 조선사람의 민생문제를 해결하기 위한 단체처럼 떠들었다. 하지만 사실은 조선민족의 반일의식을 마비시키고, 조선혁명가들을 모해하여 민중으로부터 고립시키며, 조중민

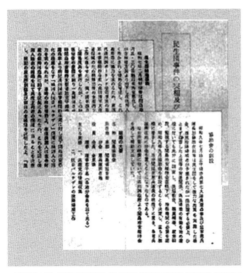

중사이에 쐐기를 박아 민족 해방운동 세력을 내부로부터 와해시킬 것을 목적으로 일제가 만들어낸 간첩주구단체였다. 그 단체가 간첩주구단체라는 것은 그 단체의 간부들의 면면만을 봐도 명백히 알 수 있다.

일제는 민생단 간판을 민생고 해결이라는 구실로 현란하게 장식했으나 동만

≪민생단≫과 ≪간도협조회≫의 조작상황에 대하여 쓴 일제비밀자료

의 혁명조직들은 그 단체의 우두머리들이 일본 영사관 뒷문을 뻔질나게 드나드는 것을 곧 간파했으며, 민생단의 정체를 오래 숨겨둘 수 없었다. 동만지역 민족해방운동 조직들은 혁명적 출판물과 구두강연을 통해 그 정체를 제때 폭로하는 한편 반민생단 투쟁을 전군중적으로 벌였다. 그래서 간판에 현혹되어 멋도 모르고 민생단에 들었던 사람들은 다 조직을 탈퇴했으며 주구로 전락돼 암해공작에 나섰던 자들은 군중들의 손에 적발 처단됐다. 그 결과 민생단은 창립 후 얼마 못가 해체의 쓴맛을 보지 않으면 안됐다. 적들은 유격구 내에 민생단의 거의 박아 넣지 못했다.

그러면 어떻게 되어 '민생단이 없는 반민생단 투쟁'이 계속될 수 있었으며, 민생단 아닌 사람들이 민생단으로 몰려 떼죽음을 당하는 사태가 당과 민중정권이 있는 간도의 유격구 내에서 3년 동안이나 지속할 수 있었는가?

그 근본적 원인은 일제의 모략책동에 있었다. 민생단은 1932년 4월 조선주둔군의 간도파병과 함께 신임 총독 우가끼의 뜻에 따라 해체됐다. 하지만 그

것은 형태상으로 자취를 감춘데 불과했다. 민생단은 해체됐지만 그것을 부활시키기 위한 운동은 김동안, 박두영 등을 축으로 비밀리에 전개됐다. 1934년 봄, 연길 헌병대장 가또 하꾸지로와 독립수비보병 제 7대대장 다까모리 요시는 박두영을 비롯한 친일주구들과 함께 간도의 치안문제를 협의하면서 민생단 조직을 부활시키기로 합의했다. 이것으로 민생단 모략공작의 두 번째 단계가 시작됐다. 그들은 민생단 조작이 만주성위 산하 동만특위를 상대로 하는 사상모략시책임을 명백히 하고, ①조선인 유격대에 대한 강력한 자체붕괴분단시책, ②조선인유격대에 대한 양도차단시책, ③ 조선인 유격대에 대한 적극적인 투항귀순권고, ④ 투항귀순자에 대한 보호, 정주감시시책,⑤ 투항귀순자에 대한 직업훈련, 생업알선을 활동의 기본 골자로 내세우고, 연길헌병대가 모략활동 전체를 통괄하도록 하였다. 1934년 9월에는 민생단 활동이 강화되는데 따라 생기게 될 '귀순투항자들을 일괄처리하며 귀순자의 배후관계, 위장귀순유무 확인, 세뇌교육을 목적'으로 하는 특수기관으로 간도협조회를 만들어 내고, 여기에 민생단을 통합하였다. 김동한을 우두머리로 하는 간도협조회는 동만특위의 반민생단 투쟁을 교묘하게 이용해 여러 가지 음모를 벌였다.

일제의 음험한 모략가들이 항일유격대를 상대로 한 사상모략 공작의 기본 바탕으로 삼은 정치적 요점은 동만 항일유격대의 조직구성과 지휘체계에서의 특수성이었다. 그들은 인민혁명군이 조중 두 나라 공산주의자들의 공동의 무장력이라는 점을 하나의 본질적인 약점으로 간주하였다. 일제의 모략가들은 제 나름으로 중국인간부들은 조선인당원들을 신용하지 않고 부단히 감시하고 있기 때문에 조선인당원들과 대립하고 있다고 보았으며 바로 이 특수성을 이용해 조중 두 나라 공산주의자들 사이에 쐐기를 박으려고 하였다. 조선사람이 만주에서 피를 흘리는 것은 조국의 독립과 민족해방과는 전혀 인연이 없다, 그런데 그대들은 무엇을 위해 기를 쓰고 싸우는가, 왜 역량 상 우세한 조선사람들이 중국 사람들에게 매여 무의미한 싸움에서 피를 흘리는가, 빨리 각성하라, 투항귀순의 길은 열려있다, …이러한 사상을 열심히 주입하는 것을 민생단 사상모략공작의 주요한 선전요령으로 삼았다.

일본제국주의자들은 민생단이 해체된 후 특무들과 주구들을 발동시켜 유격구들에 민생단원들이 수없이 침투된 것처럼 소문을 내돌리면서 견실한 간부들과 혁명가들을 모해하였으며 그들로 하여금 서로 상대방을 의심하고 경원시하게 만들었다. 적들 자신도 '간도공산당파괴경험'이라는 비밀문건에서 처음에 민생단을 10명씩 조직하여 유격대 안에 들여보냈으나 다 붙잡혀 죽게 돼 더는 침투시킬 수 없었기 때문에 조선사람과 중국사람, 노동자와 농민, 상부와 하부 간에 서로 믿지 못하게 하고 서로 이간시키는 전술을 써서 공산주의자들끼리 싸우게 하였다고 실토하였다.

극좌적으로 흐른 반민생단투쟁

반민생단투쟁은 일제의 간첩주구들이 유격구 내로 침투해 들어오는 것을 막고, 일제의 모략책동을 분쇄하기 위한 투쟁이었다. 간도의 조선인민족해방운동 세력들은 민생단 설립 초기부터 반민생단투쟁을 견결하게 펼쳐 그들의 의도를 무력화시켰었다. 그런데 어떤 시점에서부터 반민생단투쟁이 유격구내에 격렬하게 펼쳐지면서 극좌적으로 진행되어 견결한 혁명가들이 민생단의 이름으로 처형되는 비극적인 사태가 발생하였다. 이렇게 반민생단투쟁이 극좌의 길을 걷게 된 것은 만주성위나 동만특위, 각급 현당과 구당조직의 책임자 자리를 차지하고 있던 형형색색의 좌경기회주의자들과 종파사대주의자들의 정치적 야망 때문이었다.

좌경기회주의자들은 공산주의 대열 안에서 지도적 지위를 독차지하고 상승일로의 길로 전진하고 있던 조선민족해방운동을 자기들의 정치적 야망을 실현시키는데 종속시키려 했다면, 파벌근성에서 해방되지 못한 사대주의자들은 그들의 지지와 묵인 속에서 종파적 목적달성에 장애가 되는 모든 사람들을 대오로부터 사정없이 제거하고 자파세력을 확대하는 데 이 투쟁을 악용하려고 했다. 남들이 차지하고 있는 방석을 빼앗을 구실을 마련해 준 것이 바로 민생단이었다. 그들은 너는 민생단이니 자리를 내놓아야겠다거나 죽어야겠다고 선언하면 끝이었다. 일제가 퍼뜨린 민생단침투설은 당과 대중단체, 군대의 모든 책임적 자리를 자파일색으로 갈아치우고 싶어 하는 사람들의 패권주의와 출세욕에 불을 붙여 주는 인화물질 같은 것이었으며, 그들이 민생단의 이름을 걸고 올리는 천정부지의 숙반실적은 유격구의 혁명역량을 모조리 교살해 치우려는 모략가들에게 끝없는 이득을 가져다주었다.

결국은 적아가 합세하여 유격구를 마구 짓뭉개 놓은 셈이다. 이런 기괴한 결탁은 세계의 어느 혁명전쟁사에서도 찾아볼 수 없었다. 반민생단투쟁이 이처럼 파쇼국가의 군법이나 중세기의 종교형벌조차 무색할 정도로 황당하고 가혹하고 졸렬한 방법으로 진행되게 된 것은 일제의 간악한 모략과 그에 속아 넘어간 동만특위의 일부 사람들의 정치사상적 암둔성과 그들이 추구한 목적의 비열함에 기인한 것이었다. 그리하여 반민생단투쟁이 극좌적으로 진행됐다. 동만 유격구에서 '민생단 없는 반민생단투쟁'이 계속됐으며 민생단이 아닌 견실한 조선 민족해방투사들이 민생단으로 몰려 떼죽음을 당하는 사태가 벌어졌다. 이 때 민생단으로 몰려 떼죽임 당한 사람은 2,000명이나 됐다. 무지한 살육으로 왕청의 강들과 고동하의 물이 선혈로 물들었고 간도의 골짜기 마다 통곡소리가 그칠 날이 없었다. 유격구 민중들은 남녀노소를 불문하고 동요했으며, 각성이 덜 된 군중들은 자연히 혁명을 버리고 적구나 무인지경으로 떠났다.

반민생단투쟁의 오류를 바로잡기 위한 투쟁
극좌적으로 흐른 반민생단투쟁은 우리나라 항일민족해방운동에 돌이킬 수 없는 엄중한 폐해를 초래하고 있었다. 김일성은 반민생단투쟁에서 좌경적 편향이 나타난 초기에 벌써 그 폐해와 엄중성을 제때 간파하고, 이 투쟁에서 견지해야 할 원칙과 방도를 명백히 밝혔다. 적을 고립시키고, 민족해방운동대 오의 통일단결을 강화하고, 광범한 군중을 혁명의 편에 튼튼히 묶어세우는 방향에서 진행할 것을 근본원칙으로 제기했다. 또한 민생단 혐의자를 다루는 원칙과 방도도 명백히 밝혀놓았다. 충분한 근거와 과학적인 사실자료에 엄격히 의거할 것, 선입견을 배제하고 혁명적 실천을 통해 검열할 것, 독단을 경계하고 광범한 군중의 의사를 존중할 것, 민생단에 들었더라도 주동을 치고 피동을 포섭하여 교양 개조하는 원칙에서 다룰 것 등이었다. 또한 반민생단투쟁을 반종파투쟁과 밀접히 결합해 진행하여야 한다는 점도 강조했다.

이렇게 좌경적 편향을 바로잡기 위해 노력하는 한편, 억울하게 민생단 누명을 쓰고 박해당하는 수많은 사람을 구원해 민족해방혁명의 길에 다시 서도록 이끌어 나갔다. 유격투쟁 초기 북만진출 길에 오른 김일성부대가 왕청지방에 잠깐 머물러 있었던 1932년 10월 어느 날, 요영구 당사업을 지도하다가 현당과 구당 일부 일꾼들이 반민생단투쟁을 혁명적 원칙과 배치되게 극좌적으로 진행하고 있는 사실을 직접 목격했다. 현당에서 온 좌경분자들은 1구당 소속 당세포비서가 적구공작에 나갔다가 며칠 늦게 유격구로 돌아온 것을 문제삼아 그를 민생단으로 내몰아 심문하고 있었다. 그를 민생단으로 취급할 근거가 전혀 없다는 것을 알고, 심문을 중단시키고 현당과 구당 간부들에게 똑똑한 근거도 없이 공작상의 오류를 갖고 아무 사람에게나 민생단 감투를 씌우지 말 것을 촉구했다. 신문은 일단 중지되었으나 좌경적인 현당 간부들은 김일성이 요영구를 떠나 마촌으로 가자 끝내 그를 학살하고 말았다. 이 사건은 민생단문제와 관련된 좌경분자들과의 투쟁의 발단으로 되었다.

좌경적인 반민생단투쟁이 1933년에 들어서면서 동만 유격근거지 각지에서 매우 험악하게 벌어졌다. 이 해에 조선인 군정간부들과 혁명가들이 민생단 올가미에 걸려 수없이 많이 희생됐다. 민족배타주의자들과 종파사대주의자들은 마촌의 이수구 골짜기 안에 민생단감옥이라는 것까지 만들어 놓고 견실한 혁명가들을 가두어 넣고 매일같이 심문하면서 죄인 다루듯 했다.

　김일성은 이 사태를 알고 분격을 금할 수 없어 그자들을 데리고 감옥으로 갔다. 거기에는 지난날 적들과 용감히 싸운 유격대 지휘관들도 있었다. 그들에게 동무들이 민생단에 들었다는 것이 사실인가를 묻자, 그들은 별로 주저함이 없이 사실이라고 시인했다. 그들 속에 있는 유격대 중대장 장포리(장룡산)에게 "장포리, 민생단이라는 거야 일본놈들을 옹호하는 것이고 또 일본놈들이 만들어 낸 반동조직인데, 네가 민생단이라면 그놈들을 100명이상이나 쏘아 잡았다는 게 이상하지 않는가? 목에 칼이 들어와도 말이야 바른대로 해야 할 게 아닌가, 솔직하게 말해보라."고 추궁하자, 그는 그때야 오열을 터뜨리며 "대장동무, 나야 무슨 까닭으로 민생단이 되겠소. 아니라고 대답해도 들어주지 않고 자꾸 두드려 패니 다른 수가 없어 민생단이라고 했소."라고 억울함을 하소연했다. 그 이야기를 듣고 좌경분자들에게 장포리를 비롯한 죄없는 유격대 지휘관들을 석방하라고 오금을 박아 놓았다. 그리고 유격대 안에 있는 민생단은 정치부의 승인 없이 마음대로 잡아가지 못한다고 선포했다.

　그러자 좌경분자들은 유격대에도 민생단이 많이 침투된 것처럼 소문을 퍼뜨리고 김일성과 대원들 사이에 쐐기를 박으려고 했다. 어느 날 모간부가 김일성 부대에 찾아가 동만당 조직부장이 김일성에게 보내는 편지를 전해주었다. 편지를 뜯어본 김일성은 깜짝 놀라지 않을 수 없었다. 어디서 입수한 자료인지는 알 수 없었으나 조직부장은 한봉선이라는 대원이 민생단원이고, 김일성까지 죽이려고 하고 있으니, 죄상으로 보아 마땅히 체포해야 할 대상이니 당장 잡아내야겠다고 했다. 그러나 김일성은 아무리 생각해도 그가 민생단일 리 없다고 판단하고 몇 가지 과제를 주어 실천적으로 검증하고 민생단이 아니라고 보증했다.

1933년 2월 다홍왜에 주둔하고 있던 왕청지구 유격대 한 중대에서 있었던 일이다. 민족배타주의자들과 좌경사대주의자들은 전투에서 용감하고 대가 바른 끌끌한 대원들로 구성된 이 중대를 눈에 든 가시처럼 여기면서 그 중대원 모두를 민생단으로 몰아 중대를 해산시키려 했다. 이 사실을 알게 된 김일성은 직접 중대에 내려가 실태를 자세히 살핀 다음 민생단으로 몬 대대 참모장을 해임하고, 지금 대내에서 적의 주구인 진짜 민생단을 잡을 대신에 동지들을 민생단으로 모는 것은 바로 적을 돕는 이적행위라고 하시면서 마음을 크게 먹고 혁명을 위하여, 조선독립을 위하여 싸워야 한다고 대원들을 위로 고무했다. 그리고 20일 동안 그 부대에 머물면서 중대를 전투력이 강한 모범중대로 키우고, 그 중대를 데리고 수많은 전투를 진행해, 싸움마다 커다란 승리를 거뒀다. 이것은 항일혁명대오를 허물어버리려고 악랄하게 책동하는 좌경배타주의자들과 종파 사대주의자들에 대한 커다란 타격으로 되었다.

다홍왜 회의에서 천명한 원칙적 입장

반민생단투쟁의 오류를 극복하기 위한 활동으로 주춤하던 왕청 지역의 반민생단투쟁은 김일성이 제1차 북만원정을 떠난 사이에 더욱 극좌적으로 진행됐다. 제1차 북만원정에서 돌아온 김일성은 왕청유격구 내에서 벌어지고 있는 반민생단투쟁의 실태를 보고 동만당지도부에 회의소집을 요구했다. 그가 회의소집을 요구한 것은 이 사태는 결코 집단적 회의에서의 공식적인 결정을 통해서 원칙적으로 해결되어야 풀릴 수 있다고 봤기 때문이다. 그런데 때마침 만주성위 순시원도 회의 소집을 발기하고 있었다. 그래서 예상보다 빨리 1935년 2월 24일부터 다홍왜에서 회의가 열리게 됐다.

그렇다면 왜 만주성위 순시원은 회의 소집을 발기했는가? 여기에는 깊은 내막이 있었다. 1935년 2월 이전에 중국공산당 만주성위는 각급 당부와 전체 당원들에게 전당을 볼세이크화하기 위해 숙반공작투쟁(반민생단투쟁)을 강하게 전개하여 당내에 침입한 반혁명분자들을 모두 제거하고 파쟁주의, 민족주의, 사회개량주의를 청산 구축할 데 대한 비밀지령을 하달했다. 이 지령이 하달된 후 동만 각급 당 조직들에서는 반민생단투쟁이 더욱 극좌적으로 무자비하게 전개됐다. 이때 만주성위 순시원 종자운은 동만지역 조선사람들중 민생단이 70%에 이른다는 허황하기 이를 데 없는 보고서를 제출했었다. 이 보고를 받은 만주 성당은 당연히 대표를 동만 지역에 파견해 수습책을 강구하려 했을 것이며, 이에 따라 다홍왜회의가 소집되게 된 것이다.

김일성이 다홍왜회의(대황위 회의)에 참석하기 위해 떠나려 할 때 주변에 있던 모든 사람은 다 말렸다. 유격대 한 중대장은 "대장동지, 만주성당에서도 파견원이 오고 공청만주성위에서도 파견원이 왔다는데 어쩐지 심상치 않습니다. 진리가 아무리 대장동지편에 있다고 해도 어쨌든 대장 동지는 혼자이고 그들이 다수를 차지하고 있지 않습니까?"하고 회의 참석을 말렸다. 그러나 "동무들, 이 길은 죽든지 살든지 떠나지 않으면 안 되는 길이다. 내가 만일 다홍왜로 가지 않는다면 그것은 스스로 자멸을 가져올 뿐이다. 우리 앞에는 조선공산주의자들의 운명을 구원하고 조선혁명을 위기에서 건질 수 있는 가장 심각한 기회가 왔다. 대결은 피할 수 없고 흑백은 반드시 가려져야 한다."고 단호하게 말하고, 회의장으로 떠났다.

동만당단특위 연석대회로 불리는 다홍왜회의는 제8구 농민위원회 사무실에서 2월 24일부터 3월 3일까지 열렸다. 여기에는 만주성당 파견원 위증민, 왕윤성, 주수동, 조아범, 왕덕태, 왕중산을 비롯한 동만당단특위 간부들이 대거 참석했다. 김일성은 회의가 시작된 지 이틀 지나서야 참석했다. 회의에 참가한 좌경배타주의자들과 종파사대주의자들은 동만의 조선사람들은 거의 다

반민생단 투쟁을 둘러싼 격렬한 논쟁이 펼쳐졌던 다훙왜(대황위) 회의 가 열렸던 장소

민생단이거나 그 혐의자들이며 조선 사람들은 간부로 될 수 없고 민족해방의 구호를 들어도 안 된다는 그릇된 주장을 들고나왔다.

회의가 진행되다가 논쟁이 열기를 띠기 시작한 것은 종자운이 동만에 있는 조선 사람들의 70%, 조선 혁명가들의 80~90%가 민생단이거나 그 혐의자이며, 유격구가 민생단의 양성소라고 제기하면서부터였다. 그가 발언을 하자, 다수가 그 견해를 지지했다. 어떤 사람들은 숙반공작위원회를 강화해야하겠다는 발언을 했고, 어떤 사람들은 민생단 숙청은 혁명으로 대내의 반혁명을 포위 섬멸하는 특수전이라는 미사여구를 늘어놓았으며, 어떤 사람들은 민생단이 뿌려놓은 씨종자들을 보다 철저히 무자비하게 뿌리째 뽑아내야겠다고 입에 거품을 물었다.

그 때 김일성은 그들에게 다음과 같은 질문을 들이댔다.

《동만에서 활동하는 조선혁명가들의 대부분이 민생단이라면 이 회의에 참석하고 있는 나와 기타 조선동지들도 다 민생단으로 된다는 말인데 그렇다면 당신들은 지금 민생단과 마주앉아 회의를 하는가? 우리가 민생단이라면 무엇 때문에 감옥에 가두거나 죽이지 않고 여기에 불러다놓고 정치를 상론하는가? 동무들이 찍어놓은 그 숫자 속에는 싸움터에서 전사한 혁명가들도 포함되는가? 만일 포함된다고 가정하면 그들이 항일전쟁에서 목숨을 바친 것을 무엇이라고 설명할 수 있겠는가? 그러면 일본놈들이 자기편 사람들을 수없이 죽인 것으로 되는데 그들이 모처럼 키워놓은 민생단원들을 그렇게 죽일 필요가 있었겠는가? 이 회의장을 호위하고 있는 1중대의 80~90%도 민생단으로 보는가?》

이렇게 질문공세를 들이대자 회의장은 갑자기 조용해졌다. 이어서 다음과 같이 말했다.

《다 알다시피 어떤 물질이든지 본래의 구성요소와 다른 요소가 80~90%이상을 차지하게 되면 그 물질은 다른 물질로 변하게 된다. 이것은 과학이다.

동만에 사는 조선 사람의 70%가 민생단이라는 것은 노인들과 아녀자들을 제외하고 다 민생단이라는 말과 같은데, 그렇다면 동만에서는 민생단이 혁명을 하고 있으며 민생단이 자기 상전을 반대하는 혈전을 벌이고 있단 말인가?

어떤 사람들은 동만에서 활동하고 있는 조선공산주의자들의 대부분이 민생단이라고 공공연히 말하는데 이것 역시 이치에 맞지 않는 소리이다. 그들이 만일 민생단이라면 무엇 때문에 3년 동안이나 만성적인 봉쇄상태에 놓여있는 유격구들에서 엄동설한에 집도 없이 입을 것도 입지 못하고 먹을 것도 제대로 먹지 못하면서 적들과 힘에 겨운 싸움을 하여왔겠는가?

조선혁명가들의 80~90%는 고사하고 그 십분의 일인 8~9%만 민생단이라고 하여도 우리는 이 자리에서 마음 놓고 회의를 할 수 없을 것이다. 왜냐하면 이 회의장주변에서는 지금 조선사람들로 편성된 1중대가 완전무장을 하고 우리들에 대한 경위임무를 수행하고 있기 때문이다. 이 자리에는 몇 해 째 적들이 소멸하지 못해 애를 쓰는 동만지방의 이름난 혁명가들과 지도핵심들이 다 모여 있다. 당신들의 주장이 옳다고 한다면 1중대 성원들도 거의나 민생단이겠는데 그들이 좋은 총기를 가지고 있으면서도 우리를 습격하여 일망타진하지 않는 것이 이상하지 않는가?

1중대는 원래 당신들이 '민생단 중대'라고 선포했던 불우한 중대이다. 우리가 20일가량 중대에 직접 내려가서 자세히 조사해 본데 의하면 중대전원을 민생단으로 볼 근거는 하나도 없었다. 오히려 20일간의 지도검열과정을 통해 1중대는 모범중대로 되었고 여기서 7중대가 새롭게 태어나기까지 하였다. 실천투쟁을 통해 검열된 결과를 놓고 보더라도 동만유격구들에 사는 조선사람들이나 조선혁명가들의 대부분이 민생단이 아니라는 것은 너무나도 명백한 사실로 되고 있다.

보고에서는 유격구를 민생단의 양성소라고 하고 당, 단 조직도 민생단조직이라고 하면서 이용국은 민생단 왕청현당책임자, 김명균은 민생단 왕청현 조직 및 군사책임자, 이상묵은 민생단동만당 조직책, 주진은 인민혁명군 1사 민생단 책임자, 박춘은 인민혁명군 민생단 참모장이라고 하였는데 그렇다면 동만당이나 왕청현당이나 인민혁명군 1사를 모

두 민생단 조직으로 보아도 되겠는가? 동만당간부들을 민생단의 조종자, 지도자들이라고 보아도 무방하겠는가?》

계속해서 동만 조선사람 대부분을 민생단이라고 낙인찍는 것은 조선 사람들에 대한 모독이며 이 견해는 이번 회의에서 당장 시정되어야 한다고 강력히 주장했다. 그러자 조아범이 갑자기 일어나 무턱대고 민생단이 없다고 하는 것은 주관이라고 하면서 "감옥에는 지금 수백 명의 민생단 혐의자들이 갇혀 있으며, 그들이 자기 입으로 민생단에 들었다고 자백하고 자백서까지 쓰고 있는데 그것들은 무엇을 의미하는가? 그런 증거자료들을 인정하지 않는다는 말인가?"하고 반박했다.

이에 대해 김일성은 "당신들이 말하는 그 자백이나 자백서라는 것을 우리는 인정하지 않는다. 그 증거자료들이라는 것이 대부분 고문장에서 강제적 방법으로 받아낸 것들이기 때문이다, 나는 감옥에 가서 자백을 했다는 혐의자들을 수십 명이나 만나보았는데 자기의 자백을 인정한 사람은 한명도 없었다, 당신들이 민생단이라고 몰아대는 혐의자들의 대다수는 숙반의 집행자들에 의해 가해지는 육체적 고통에 견디지 못해 가짜 자백을 한 사람들이다, 당신들은 지금 민생단 아닌 민생단을 마구 만들어 내고 있다."고 폭로 규탄했다.

그러자 조아범은 "부뚜이(아니다)!"라고 외치면서 자기주장을 고집했다. 그러자 김일성은 "무엇이 아니란 말인가?"하고 주먹으로 방바닥을 꽝 내리쳤다. 이어서 "간도의 조선 사람들은 지금 당신을 주시하고 있다. 당신이 직권을 악용하여 사람잡이를 망탕 했기 때문이다. 안도유격대 정치위원 김정룡이 누구한테 죽었는가? 화룡현당 서기 김일환은 누구 손에 죽었는가? 오늘 이 자리에서 솔직히 대답해보라. 길림시절의 조아범은 포악하지도 않았고 탐위욕도 없는 사람이었다. 김일환이 죽었다는 소문을 듣고 나는 분해서 울었다. 그 사람이야 당신의 혁명선배가 아닌가. 당신이 그를 구제하지는 못할망정 어떻게 죽이기까지 한단 말인가."라고 격렬하게 규탄했다. 계속해서 다음과 같이 말했다.

《동무들, 이제 더는 인간의 운명을 걸고 도박을 하지 말라. 인간을 인간답게 대하고 동지들을 동지답게 대하며 민중을 민중답게 대하라. 우리는 인간애와 동지애, 민중애의 무기를 가지고 이 세상을 개조하고 변혁하기 위해 일어난 투사들이 아닌가. 이 사랑의 무기가 없다면 우리가 부르주아지들이나 마적들과 다른 것이 무엇이겠는가? 이 이상 숙반의 이름을 걸고 사람들을 우롱한다면 인민이 영원히 우리를 외면할 것이며 후대들이 우리를 용서하지 않을 것이다. 민생단의 누명을 쓰고 억울하게 희생된 수천 명 열사들의 죽음을 보상하는 길은 오직 우리가 이 무의미한 살육을 중단하고 사랑과 믿음과 단합의 정치로 모든 힘을 항일로 집중시키는 것이다. 적들이 던진 민생단의 미끼를 뱉어 버리고 우리의 대오에서 종파주의, 배타주의, 모험주의가 발붙일 틈을 주지 말라. 이것만이 지난 몇 해동안 민생단으로 생긴 상처를 가시고 민중을 구원하고 혁명을 구원하며 조중 두 나라 공산주의자들의 국제주의적 유대를 새로운 높이에로 발전시킬 수 있는 길을 열어줄 것이다. 우리 두 나라 혁명가들의 진정한 화합은 상대방에 대한 존중과 상호이해, 계급적 믿음에 기초해야 하며 형제적 우애를 바탕으로 해야 한다. 우리가 제일 경계해야 할 것은 공동투쟁에서 패권을 추구하는 것이다. 어느 일방이 이기를 추구하거나 그 이기를 위해 상대방을 희생시킨다면 그러한 합작은 공고한 것으로 될 수 없다. 한마디로 말하여 우리의 화합은 믿음과 사랑을 원동력으로 할 때 영원히 불패의 것으로 될 것이다.》

이같은 사리정연한 논리 앞에서 좌경배타주의자들은 움츠러들었으며 많은 사람들이 그의 주장에 공감을 표시하기 시작하였다.

이어서 간부문제에서도 치열한 논쟁이 펼쳐졌다. 당시 중국공산당 만주성위에서는 만주성당이 동만당 지도부의 간부선발과 배치에서 종래의 조선인중심주의로부터 중국인중심주의로 전환하라는 비밀지령을 하달하였었다. 이지령의 요점은 지난날 조선사람들이 민족운동에서도 실패하고 공산주의운동에서도 실패하고 또 동요하거나 반동화되기 쉬운데다가 언어풍속이 다른 것으로 하여 '소수민족의 혁명기초'가 공고하지 못하고 '소수민족의 영도에 의한 독립운동과 공산주의운동의 성공이 불가능'하므로 '동만에 있어서 조선인의 기초를 중국인의 기초로 전환'해야 한다는 것이었다. 이 지령의 요구에 의하면 동만특위 서기이하 주요간부들은 모두 만주성위에서 임명하며 조선사람은 특수한 경우를 제외하고 인민혁명군 중대장급 이상의 지휘관으로 될수록 등용시키지 말라는 것이었다.

이러한 주장에 대해서는 논리정연하게 반박했다.

《조중 두 나라 공산주의자들은 공동의 원수 일제를 반대하는 투쟁에서 승리하는 그날까지 함께 싸워야 할 숭고한 임무를 지니고 있는 것만큼 조중인민의 전투적 단결과 반일공동투쟁을 강화하는데 부합되게 간부문제를 해결해야 하며 마르크스 - 레닌주의적인 입장에서 혁명에 대한 충실성과 능력을 위주로 하여 간부를 선발 배치하는 원칙을 견지하여야 한다.

당신들도 인정하다시피 조선사람들은 동만지방에서 공산주의운동을 개척한 선구자들이다. 동만지방에서 간부들과 당원들의 구성을 보아도 압도적 다수는 조선사람들이 차지하고 있다. 이런 현실을 보지 않고 공동투쟁을 몇 해 동안 해오다가 소수민족에 대한 다수민족의 지도이니, 다수민족간부에 의한 소수민족간부의 교체니 하는 주장들을 새삼스럽게 들고 나오는 것은 무엇 때문인가.

　국적이나 소속, 인구의 다수가 간부선발의 기준으로 되여서는 안될 것이다. 소수민족이건 다수민족이건 간부의 표징을 갖추었으면 간부로 되는 것이고 갖추지 못했으면 간부로 되지 못하는 것이다.》

　《동만에서 활동하고 있는 조선혁명가들의 절대다수는 그 어떤 종파에도 관계하지 않은 참신한 새 세대들이다. 우리가 일심전력으로 키워낸 기본계급출신의 젊은 공산주의자들이 인민혁명군의 주력을 이루고 있다는 것은 당신들도 잘 알고 있는 사실이다. 이 젊은 세대는 당, 정부, 대중단체에서도 간부로 활약하고 있다. 지난날 민족주의운동에 참가했거나 파벌에 속하였던 사람들도 있지만 그들도 다 혁명적으로 개조되었다.》

　《어떤 사람들은 지금 조선민족은 과거 독립운동과 공산주의운동에서 실패한 소수민족으로서 독립운동과 공산주의운동에서 성공이 불가능하다느니, 혁명투쟁에서 동요성이 많고 반동화되기 쉬운 민족이라느니 하면서 간부로 쓸 수 없다는 논거를 들고 나오는데 이것은 모두 조선인간부들을 제거하기 위하여 꾸며낸 허황한 논거에 지나지 않는다.

　이러한 배타주의적 입장으로부터 출발하여 당신들은 이미 동만의 군정관계 간부들중에서 당신들과 함께 여러 해 동안 한 전호에서 충실하게 싸워온 조선공산주의자들을 수십 수백 명 제거하거나 민생단으로 몰아 학살하였다. 수많은 지도핵심들이 소수민족이라는 이유로 자기 자리를 내놓았는데 아직도 더 제거해야겠는가. 당신들이 만일 지금과 같이 조선사람들을 배척하고 학대하는 길로 집요하게 나간다면 우리는 그러한 곁방살이를 더는 하지 않을 것이다》

이어서 조선혁명가들이 내세우고 있는 '민족해방'이라는 구호를 어떻게 평가할 것인가 하는 것도 논쟁거리로 됐다. 중국 땅에서 활동하고 있는 조선 혁명가들이 조국해방의 구호를 들고 싸우는 것이 국제당의 1국 1당제 원칙에 부합되는가 부합되지 않는가, 그 구호가 민생단이 표방했던 '조선인에 의한 간도자치'라는 반동적 구호와 본질상 동일한가 동일하지 않은가 하는 것이었다. 많은 사람들은 조선공산주의자들이 내세우고 있는 민족해방의 구호가 민생단에서 만들어낸 '조선인에 의한 간도자치'의 구호와 같으며 국제당의 1국1당제 원칙에도 모순된다고 하였다. 김일성은 조선의 민족해방혁명을 다른 큰 나라 혁명의 부속물로밖에 보지 않는 이런 견해를 용인할 수 없었다. 이에 대해 다음과 같이 반박했다.

《'조선인에 의한 간도자치'의 구호는 일제가 조중 인민을 이간시키고 공산주의자들의 대열을 내부로부터 분열시켜 저들의 식민지통치에 유리한 조건을 마련할 목적으로 민생단에 쥐여 준 구호이다. 그것이 간도의 조선공산주의자들이 제기하고 있는 민족해방의 구호와는 아무런 인연도 없다는 것은 논의할 여지조차 없다. 우리가 내세운 민족해방의 구호는 일제의 식민지통치를 전복하고 조국을 광복하며 우리 인민이 착취 없고 압박 없는 자주적인 새 사회에서 참다운 자유와 권리를 누리게 하려는 목적으로부터 내놓은 구호이다.

그래, 조선공산주의자들이 남의 나라 땅에서 곁방살이를 한다고 하여 자기 조국을 해방하고 자기 인민의 자유와 행복을 위해 싸워야 할 신성한 권리마저 포기해야 하는가. 우리가 자기 나라 혁명을 하지 않고 남의 나라의 혁명만 할 바에야 무엇 때문에 이 만주 땅에 주저앉아 입지도 못하고 먹지도 못하면서 여러 해 동안 조선의 민중을 결속시키고 훈련시키겠는가. 일부 사람들은 중국혁명이 승리하면 조선혁명도 저절로 승리한다고 말하는데 이것은 허황한 소리이다. 매개 나라 혁명에는 자체의 노정이 있고 시간표가 있다. 자체의 역량이 준비되지 못하면 이웃나라의 혁명이 승리한다고 해도 그 승리가 절대 저절로 이루어질 수 없다. 그러므로 모든 나라 공산주의자들은 남들이 자기 나라 혁명을 도와주는 것을 기다릴 것이 아니라 자체의 힘으로 그것을 수행하기 위한 투쟁을 해야 한다. 이것이 바로 혁명에 대한 주인다운 태도이다.

어떤 사람들은 국제당의 1국1당제원칙을 내걸고 조선공산주의자들이 민족해방의 구호를 들지 말아야 한다고 주장하는데 이것은 사실상 다른 나라 공산주의자들로 하여금 자기 나라 혁명에서 손을 떼게 하려는 견해라고밖에 달리 말할 수가 없다. 프랑스에 가서 활동한 중국공산주의자들에게 그 나라의 공산당원들이 중국혁명의 구호를 들지 말라고 했다면 그것을 감수할 수 있었겠는가.

공산주의자들은 그 어디에 가서 활동하건 자기 나라 혁명의 구호를 들고 싸워야 하며 그것으로 그 나라 혁명도 도와주고 세계혁명에도 이바지해야 한다. 조선공산주의자들이 조국의 해방을 위하여 투쟁하는 것은 그 누구도 막을 수 없고 대신할 수도 없는 자주적 권리이며 신성한 의무이다.》

다홍왜회의에서 시작된 논쟁은 그해 3월에 열린 요영구회의에서도 계속되었다. 회의에 참가한 많은 사람들이 자기들 견해의 오류를 시인하고 김일성의 견해를 수긍하고 지지했다. 하지만 의견의 차이가 완전히 해소되지는 못하고, 미결로 남게 되었다. 그래서 회의에서는 두 회의의 논점에서 핵으로 되어 있는 몇 가지 문제들을 국제당에 제소하기로 하고 그에 대한 결론을 받기 위해 만주성당 파견원 위증민과 공청 동만특위 간부인 윤병도를 모스크바에 보내기로 했다.

다흥왜 회의는 조선혁명가들이 자주의 깃발을 들고 조선혁명의 주체노선을 견지하고 그 권리를 옹호고수하기 위하여 벌린 대 사상전이었다. 이 회의에서 좌경 배타주의자들의 그릇된 주장이 논리정연하게 논박됨으로써 반민생단투쟁에서 나타난 오류들이 정확하게 비판되었다. 그리고 그것을 시정하기 위한 원칙적 입장이 제시됐다. 그리고 조선혁명의 자주적 입장과 노선을 부정함으로서, 조선 민족해방운동 자체를 아예 부정하고 말살하려는 좌경 배타주의자들의 흉계를 분쇄했다. 이 투쟁이 없었더라면 자주의 깃발이 내려졌을 것이며, 그렇게 되었더라면 만주지역에서 펼쳐졌던 우리 민족의 민족해방운동 자체가 종말을 고했을 것이다. 실로 조선 민족해방운동의 운명 그 자체를 두고 펼쳐진 대토론이었으며, 대사상전이었다.

2
유격구를 해산하고
광활한 지대로 진출하자!

유격구의 사수냐 해산이냐

숙반(반민생단 투쟁)의 회오리가 남긴 파멸적인 결과에 온 동만이 비탄의 눈물을 흘리며 갈 길을 모색하고 있을 때 조선인민혁명군 지도부는 '해방지구 형태의 고정된 유격근거지를 해산하고 광활한 지대에 진출해 적극적인 대부대 활동을 펼쳐 나가자'는 새로운 노선을 제기하고 1935년 3월 요영구 회의(3월 21일부터 27일까지 진행된 조선인민혁명군 군정일꾼 회의)에서 이를 안건으로 제기했다. 이때 열린 요영구 회의에서는 다홍왜 회의에서 아직 완결되지 못한 반민생단 투쟁에서 나타나고 있는 좌경적 편향을 시정하는 문제와 유격구를 해산하고 광활한 지대로 진출할 데에 대한 문제, 이 두 가지 안건이 토론되었다.

유격구 해산하고 광활한 지대로 진출할 데 대한 방침을 결정한 1935년 3월 요영구 회의가 열렸던 장소

조선인민혁명군 총사령관(김일성)은 "반민생단 투쟁은 적들을 철저히 고립시키고, 혁명대열의 통일단결을 강화해 광범한 군중을 혁명의 편에 튼튼히 묶어세우는 방향에서 진행해야 한다. 또한 사람들을 함부로 의심하지 말고 실천을 통해 검열해야 한다. 그리고 배타주의를 철저히 극복해 조중 민중의 단결을 이룩해야 한다. 또한 종파분자들의 반혁명적 책동에 경각성을 높여 혁명대오 내에 어떠한 종파행동이나 적대사상도 발붙일 틈을 주지 말아야 한다"고 다시 강조했다. 이 문제에 대해서는 큰 쟁점이 없이 지나갔다.

다음으로 제기된 것은 유격구 해산 문제였다. '유격구 사수냐 해산이냐'라는 쟁점을 둘러싸고 치열한 논쟁이 펼쳐졌다. 조선인민혁명군 총사령관은 '유격구를 해산하고 광활한 지대에로 진출할 데 대하여'라는 연설을 통해 유격구 해산 문제를 제기했다. 그는 왜 피를 흘려 쟁취하고 지켜왔던 해방지구 형태의 유격구를 해산하자고 주장했는가? 다음과 같은 연설 속에 그 답이 밝혀져 있다.

《오늘 우리의 혁명투쟁은 새로운 발전단계에 들어섰습니다.

1932년에 반일인민유격대를 결성할 당시 우리의 전략적 과업은 유격근거지를 창설하고 그에 의거하여 혁명 역량을 보존 육성하는 한편 무장투쟁을 더욱 확대 발전시킬 수 있는 준비를 철저히 갖추는 것이었습니다.

우리는 지금까지 이 전략적 과업을 수행하기 위하여 두만강연안일대에 해방지구형태의 유격근거지를 창설하고 그에 의거하여 4~5년 동안 피어린 무장투쟁을 조직 전개하였습니다. 반일인민유격대는 간고한 투쟁의 불길 속에서 정치사상적으로 더욱 단련되고 큰 규모의 근거지 방어전투들과 성시공격작전까지 벌일 수 있는 위력한 무장역량으로 성장하였으며 풍부한 전투경험을 쌓게 되었습니다. 그리고 실천투쟁 속에서 청년공산주의자들이 수많이 육성되었으며 종파주의와 좌우경기회주의를 반대하는 투쟁을 통하여 혁명대오의 통일단결이 일층 강화되었습니다. 각계각층의 광범한 군중을 혁명의 편에 묶어세움으로써 무장투쟁과 당 창건을 위한 대중적 지반도 튼튼히 꾸려지고 있습니다. 또한 우리는 일제의 민족이간 책동을 짓부수고 중국인민들과의 반일공동전선을 성과적으로 실현하였으며 세계피압박민중들과의 연대성도 두터이 하였습니다.

참으로 해방지구형태의 유격근거지는 그동안 무장투쟁의 전략적 기지로서의 사명을 훌륭히 수행하였습니다.

오늘 우리 앞에는 이미 이룩한 고귀한 성과와 경험들에 기초하여 혁명투쟁을 한층 더 확대발전시켜야 할 절박한 임무가 나서고 있습니다. 이 임무는 우리들로 하여금 제한된 지역의 유격구를 떠나 보다 광활한 지대에로 진출하여 대규모적인 유격전을 조직 전개할 것을 요구하고 있습니다. 우리의 투쟁을 보다 적극적인 단계에로 발전시켜야만 광범한 조중인민의 지지와 성원에 의거하여 적들에게 커다란 정치군사적 타격을 줄 수 있으며 당 창건사업과 통일전선사업을 줄기차게 밀고나갈 수 있을 것입니다.

유격구를 해산하고 광활한 지대에로 진출하는 것은 조성된 정세의 요구이기도 합니다.

지금 일본제국주의자들은 유격근거지에 대한 공세를 그 어느 때보다도 강화하고 있습니다. 일제는 수만의 정예무력을 동원하여 유격근거지를 겹겹이 포위하고 날마다 토벌작전을 감행하고 있으며 집단부락을 설치하고 중세기적 보갑제를 실시하고 있습니다. 또한 일제는 유격대와 공산주의에 대한 각종 악선전을 강화하는 한편 유격근거지의 군중들에 대한 귀순공작을 꾀하고 있습니다.

이런 정세 하에서 우리가 고정된 유격근거지를 보위하는 데만 몰두하게 된다면 다년간에 걸쳐 육성한 혁명역량을 보존하지 못하게 될 것이며 적과의 싸움에서 피동에 빠지게 될 것입니다. 그러므로 우리는 협소한 유격근거지를 떠나 광활한 지역에 진출하여 유격전을 진행하여야 합니다.

우리가 광활한 지역에 진출하여 적극적인 군사작전을 벌리게 되면 일제는 넓은 지역에 자기들의 토벌 역량을 분산시키지 않을 수 없게 될 것이며 결국 적들은 수세에 빠지고 우리는 주도권을 튼튼히 틀어쥐게 될 것입니다.

우리는 추호의 동요도 없이 조성된 정세와 혁명임무에 맞게 유격구를 해산하고 광활한 지대에로 진출하는 새로운 전략적 임무를 성과적으로 수행하여야 하겠습니다.

금후 조선인민혁명군 부대들은 만주의 광활한 지역과 북부조선일대에 진출하여 대규모적이고 기동적인 유격활동을 벌려 적들에게 커다란 정치군사적 타격을 주는 한편 성장 강화된 조선인민혁명군의 위력을 과시하여야 하겠습니다. 》

회의에 참가했던 많은 사람은 이 방침을 적극적으로 지지했다. 하지만 모든 사람이 다 그에 이해와 공명을 표시했던 것은 아니었다. 일부 사람들은 유격구 해산을 격렬하게 반대했다. 그들은 유격구를 해산하다니 그 무슨 망발인가, 해산해 버릴 유격구라면 애초에 왜 건설했는가, 먹을 것 먹지도 못하고 입을 것 입지도 못하면서 유격구를 위해 3~4년 동안이나 왜 피를 흘려 왔는가, 이것은 우경이며 패배주의라고 힐난하면서 유격구 해산을 반대했다. 그중 가장 격렬하게 반발했던 이광림의 다음과 같은 발언을 보자

《유격구를 해산하고 혁명군이 광활한 지대에로 떠나가면 민중들은 어떻게 살아가는가? 유격구를 해산한 다음에는 민중들을 적구로 내려 보낸다고 하는데 이것은 군대와 일심동체가 되어 생사고락을 같이해온 그들을 사지에 밀어 넣는 것으로 되지 않는가? 유격구라는 군사정치적 지탱점이 없이 혁명군이 유격전을 전개할 수 있겠는가? 유격구에서 혁명적으로 세련된 민중들이 적구로 내려간다는 것은 곧 우리가 손때를 묻혀 키워온 수만 명의 혁명 군중을 잃는 것으로 되지 않는가? 총체적으로는 유격구해산조치가 혁명을 1932년의 원점으로 후퇴시키는 결과를 초래할 수 있지 않겠는가?》

유격구의 사수를 주장하는 이러한 견해를 유격구사수론이라고 부르는데, 유격구사수론은 당시 조성된 주객관적 정세를 고려하지 않은 모험주의적 주장이었다. 당시 조성된 정세 아래에서 해방지구 형태의 고정된 유격구를 사수하면서 일제와 1대 1의 정면대결을 계속한다면 자멸을 초래할 뿐이라는 것은 삼척동자도 다 하는 사실이었다. 유격구에 그대로 틀고 앉아 결사전가를 부르며 종전과 같은 방법으로 근거지를 지키겠다는 것은 혁명을 더 심화시킬 의향은 없이 현상유지나 하자는 것에 불과했다.

당시 조성된 주객관적 정세로 볼 때 유격구를 해산하고 광활한 지대로 진

출해서 대부대 활동을 펼치는 것은 변덕도 동요도 후퇴도 아니었다. 그것은 오히려 일보 전진이라고 할 수 있는 통이 큰 전략적 조치였다. 그것은 일본군의 유격구 봉쇄전략에 파열구를 내고, 유격대가 전략적 방어로부터 전략적 공격으로 선회할 수 있는 그런 혁명적 조치였다.

만일 혁명이 혁신을 배제하고 기존 방침만을 절대화한다면, 그 혁명은 흐름을 멈춘 강물과 같을 것이다. 혁명은 자기가 세운 전략적 목표를 달성하기 위해 새로운 환경과 조건에 맞게 전술을 부단해 갱신해야 한다. 이런 갱신이 없다면 침체와 답보를 면치 못할 것이다. 혁명을 장강의 흐름처럼 줄기찬 것으로 만들 수 있는 힘은 창조와 혁신에 있다.

간도의 혁명근거지들은 1935년에 이르게 되면 물샐 틈 없는 봉쇄상태에 놓였다. 적들은 봉쇄망을 최대한으로 조여 공비숙청(일제가 항일유격대를 가리켜 공비라 하고, 공비숙청이란 항일유격대 토벌을 말한다)에서 결정적 승리를 달성해 보려고 했다. 수천수만에 달하는 정예무력을 동원해 유격구를 겹겹이 포위하고 매일같이 근거지의 모든 생물체를 지상에서 쓸어버리기 위한 토벌작전을 강행했다. 그리고 집단부락정책을 실시해 근거지와 적구 민중의 연계를 완벽하게 차단하려 했다.

대세의 흐름을 외면하고 이미 노출된 유격구를 보위하는 데만 몰두하게 된다면, 혁명군은 결국 군사적으로 피동에 빠지게 되고 적과 끊임없는 소모전에 말려들어 다년간에 걸쳐 육성한 혁명역량을 보존하기는커녕 지리멸렬될 수 있었다. 이미 1933년~1935년 초까지 유격구를 사수하는 투쟁에만 수백수천의 혁명가들과 혁명군중들이 적의 총탄에 쓰러졌다. 협소한 유격구를 사수하는 데만 몰두하는 것은 근거지의 모든 군민을 입체전으로 압살하려고 발악하는 적의 기도에 말려드는 것에 불과했다.

회의참가자들 중 과반수가 유격구사수론을 모험주의라고 비판했다. 이 회의에서는 유격구사수론을 강력하게 고수하던 과격하고 자존심이 강한 사나이들을 끝끝내 설복하고 말았다. 그래서 유격구해산 문제는 회의의 결정으로 채택되었다. 이 회의 결정으로 조선인민혁명군은 유격구의 협소한 범위를 벗어나 만주와 조선의 광활한 판도에서 적극적인 대부대 유격투쟁을 영활하게 벌일 수 있는 시대가 펼쳐졌다. 간도 5개 현에 국한되었던 인민혁명군의 활동무대가 수십 배로 확대되었다. 인민혁명군의 활동무대가 넓어지면 넓어질수록 제한된 지역의 봉쇄에만 매달리던 적들이 곤경에 빠져 허우적거리리라는 것은 두말할 것도 없었다.

요영구회의는 다홍왜회의와 더불어 우리나라 민족해방운동의 자주노선을 확고히 고수하며 조선혁명에서 주체를 세워나가는 데서 또 하나의 이정표로 되었다. 또한 조선인민혁명군이 유격구를 사수하기 위한 전략적 방어로부터 전략적 공격이라는 새로운 단계로 넘어가는 전환적 계기로 되었다.

설복하고, 설복하고, 또 설복하자!

요영구회의 방침에 따라 유격구를 해산하기 위한 작업에 들어갔다. 유격구 해산 작업은 여러 가지 난관에 봉착했다. 유격구 해산 정보를 입수한 적들을 유격구 해산을 방해하기 위해 갖은 수작을 다 부렸다. 군사적 봉쇄를 강화하는 한편, 여론을 호도하기 위한 사상 선전공세를 각방으로 벌였다. 이것은 유격구 해산에서 나서는 첫 번째 난관이었다. 하지만 난관은 거기에만 있지 않았다. 제일 안타까운 것은 유격구 주민들이 유격구 해산을 달갑게 여기지 않는다는 것이었다. 주민들은 어제까지 천당이라고 선전하던 근거지인데 오늘 왜 갑자기 없애 치우지 못한 안달하는가, 이게 도대체 무슨 감투 끈인가, 하면서 유격구를 해산하지 말아 달라고 애원했다. 십리평주민들은 유격구를 해산하지 말아 달라는 진정서까지 작성해 조선인민혁명군에 제출했다.

유격구내에는 유격구해산 문제를 둘러싸고 온갖 유언비어들이 난무했다. 혁명군이 적색구역을 철폐하는 것은 민중보호 부담을 덜기 위해서라는 말도 떠돌았고, 혁명군이 조선의 낭림산을 타고 앉아 국내에서 유격전을 벌이려고 간도를 포기한다는 말도 나돌았다. 어떤 사람들은 혁명군이 너무 지쳤기 때문에 소련이나 중국관내 같은 데 깊숙이 들어가 휴식을 좀 하다가 대열을 늘려 갖고 간도로 다시 올 수 있다고도 했다. 이런 억측에 기름을 부은 것은 적들의 선무공작이다. 유격구에는 이러저러한 억측에도 적들이 선무공작으로 퍼뜨리는 유언비어까지 나돌아 수습할 수 없는 혼란상이 발생했다.

조선인민혁명군은 1934년 4월 중순 요영구에서 군민연환대회를 열고 유격구해산의 절박성과 정당성을 끈기 있게 해설해 주었다. 동만의 각 현과 혁명조직구들에 내려간 특파원들도 같은 성격의 대회를 열고 군대와 주민들을 설득했다. 이렇게 하자 민중들은 해산하지 않으면 망한다는 이치를 어렵지 않게 이해했으며, 유격구 해산을 가장 정당한 조치로 받아들였다.

그런데 해산을 집행하는 실무단계에서 대다수 주민이 적구로 내려가지 않겠다고 뻗댔다. 여기서 풀을 뜯어 먹어도 좋고 짐승 가죽을 우려먹어도 좋다. 적구로 갈 바에야 차라리 유격구에서 굶어죽는 것이 낫다. 어떻게 적구에 내려가 왜놈들에게 시달리면서 살겠는가, 죽어도 유격구를 베고 죽을 테니 우리를 보내지 말아달라고 읍소했다. 조선인민혁명군은 "설복하고, 설복하고 또 설복하자!"는 구호를 내걸고 매일같이 주민들의 집을 찾아다녔다. 구별로도 모임을 갖고, 조직별로도 회의를 열어, 해설에 해설을 거듭했지만 적지 않은 주민들은 적구로 내려가지 않겠다고 그냥 완강히 버텼다. 꾸준한 설복과 여러 차례 회의를 통해 유격구 해산에 올바른 이해에 도달한 주민들은 언제 어디서나 어떠한 역경이 있더라도 혁명군과 함께 조선민족해방운동에 몸 바쳐 투쟁할 결의를 다졌다. 그러나 그럼에도 불구하고 적구로 내려가지 않으려는 많은 사람은 유격 군대에 입대 탄원했고, 이 과정에서 유격 군대는 양적으로 급격히 확대됐다.

조선인민혁명군은 주민들의 열렬한 지지와 성원 속에서 광활한 대지에서의 유격활동에 필요한 준비와 후방물자의 확보, 무장장비 개선을 위해 최선의 노력을 기울였을 뿐 아니라, 적구 소개지로 떠나는 주민들을 안전하게 이동시킬 수 있는 준비사업을 도와주었다. 유격구의 지도일꾼들은 호구조사표에 기초해 어떤 사람은 적구와 국내로 보내고, 어떤 사람은 깊은 산속에 보내 농사를 짓게 했다. 또한 친척들을 찾아갈 수 있는 사람과 없는 사람, 무의무탁 어린이들과 환자들을 구분해 대열을 편성하고 매개 대열에 무장 소조들을 붙여 목적지까지 책임지고 호위해 가게 했다. 또 떠나는 주민들에게 필요한 물자와 돈을 일정 정도 마련해 주었다.

일본군은 이때 유격구 주민들이 밖으로 빠져나가는 것을 막기 위해 유격구에 대한 봉쇄를 강화했다. 조선인민혁명군은 적들에 대한 군사적 공세를 강화해, 봉쇄정책에 파열구를 냈을 뿐 아니라 떠나는 주민들에게 필요한 양식과 돈, 물품들을 확보했다. 김일성은 1935년 4월 요영구 유격구역에 달려드는 적 토벌대들을 소멸하고, 인민혁명군 부대들을 유격구 주변에 파견해 적 토벌거점들을 소탕하게 했다. 각지 조선인민혁명군 부대들은 1935년 5월 초 소삼차구 습격전투를 비롯해 수많은 대소 전투들을 조직해 적들의 군사적 봉쇄를 짓부수고 유격구 해산사업을 군사적으로 담보했다.

1935년 5월에 시작된 유격구해산사업은 그해 11월 초에 마무리된 처창즈 유격구역의 해산을 마감으로 하여 완료되었다.

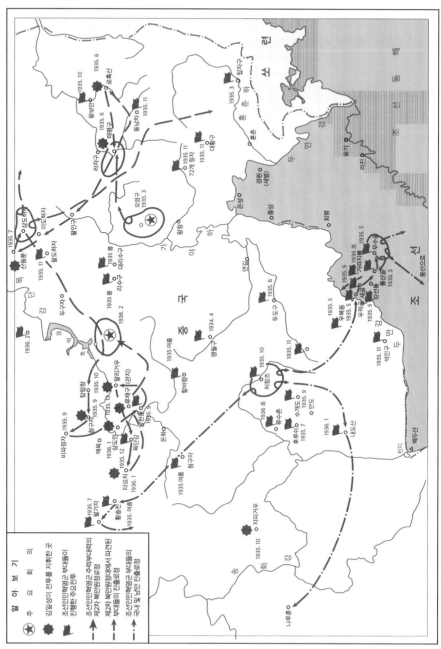

조선인민혁명군의 광활한 지대로의 진출 주요노정도(1935.3~1936.2)

3
제2차 북만원정

유격근거지 해산 이후 조선인민혁명군 각 부대는 북만과 남만, 국내 등 광활한 지대로 진출했다. 그중 일부부대는 국내민중의 반일기세를 고양하고 국내에서의 유격활동 가능성을 타진하기 위해 국내 동북해안과 산악지대에 파견돼 무산 등의 방면에서 활동했고, 다른 일부부대는 서남방면으로 진출해 남만일대에서 활동했으며, 다른 부대들은 고하, 안도, 돈화, 무송 등지에서 활동했다.

조선인민혁명군 주력부대(김일성부대)는 제2차 북만원정 길에 올랐다. 북만원정의 목적은 북만에서 활동하고 있는 조선사람들의 항일의용군 부대들과의 연결을 강화해 그들을 정치군사적으로 돕는 것과 함께 북만의 광범한 민중들 속에 민족해방혁명의 씨앗을 뿌려 반일투쟁의 불길을 세차게 불러일으키자는 데 있었다. 그런데 2차 북만원정에는 이러한 목적만 있었던 게 아니었다. 다홍왜회의와 요영구회의에서 제기되었던 반민생단투쟁 문제 등 미해결된 몇 가지 문제들을 코민테른에 제소하기로 했었는데, 그 책임을 지고 모스크바에 갔었던 위증민과 윤병도를 북만지역에서 만나기로 미리 약속을 해두었기 때문이다. 그들을 만나는 것도 제2차 북만원정의 중요한 목적이었다.

김일성부대는 북만원정을 떠나는데 필요한 준비를 철저히 하기 위해 1935년 6월, 노흑산 전투를 준비했다. 그때 노흑산에는 수백 명의 정안군(위만군 중에서 매국노들의 자식들을 따로 선발해 편성한 악질군대)들이 둥지를 틀고 민중들을 야수처럼 학살하고 있었다. 주력부대는 그 지역 민중들과 긴밀히 연계해서 정안군을 완전 섬멸할 계획을 세웠다. 계획의 요체는 적들을 부락 밖으로 끌어내 전멸시키자는 것이었다. 이 작전계획에 따라 유격대원은 산림대로 가장하고 병영 내의 적을 조선인민혁명군 매복선이 있는 곳까지 유인해 냈다. 적들은 매복선 10m앞까지 다가왔다. 이때 신호총성과 함께 맹렬하게 집중사격을 퍼부으면서 일제히 구호를 크게 질러 적들을 위압했다. 깜짝 놀라고 당황한 적들은 혼란 상태에 빠져 대부분 죽고, 산자들을 비명을 지르며 투항해 왔다. 이 전투에서 주력부대는 대승리를 거뒀다. 적 주격포 1문, 중기관총 1정, 경기관총 1정, 기타 33점의 무기와 많은 포탄을 노획하는 성과를 거둬 북만원정에 필요한 군장비들을 보충할 수 있었다.

1935년 6월 하순 태평구를 출발한 김일성부대는 사도하자와 팔인구를 거쳐 노야령의 험준한 산발을 넘어 7월 하순 북만 땅인 영안현 산동툰 지방에 도착했다. 김일성은 이곳에서 북만에서 활동하는 주보중, 이연록 등 동북항일연군 제5군, 제4군의 중국 지휘관들과 연계를 맺고 공동투쟁을 강화하기 위한 대책을 토의했다. 코민테른은 항일무장력의 공동작전을 보다 적극화할 목적에서 제2군과 제5군 합동지휘부를 구성하고 김일성을 정치위원 겸 위수부대 사령관으로 위촉했다. 김일성은 북만일대에서 수많은 전투를 벌여 조중 두나라 무장력의 연합작전을 보다 높은 단계로 발전시키기 위해 노력했다.

김일성부대가 노야령을 넘어 영안현 산동툰에 도착해 북만 동지들과 회의를 하고 있을 때, 동만에서 '고려홍군'(김일성부대를 지칭)이 왔다는 정보를 입수한 적들은 수백 명의 위만군과 경찰대로 편성된 혼성기마대를 보내 산동툰으로 공격해 들어왔다. 수적으로 아군보다 2배 정도 많은 적들이 쳐들어오자, 주보중을 비롯한 중국 지휘관들은 싸울 것인가 아니면 피할 것인가를 김일성에게 물어왔다. 북만에서 위력을 과시하는 것이 북만원정의 목적 달성에 필수불

가결이라고 생각한 김일성은 싸우기로 결심하고, 싸우자고 답했다. 김일성은 모든 정황과 지형조건을 자세히 살핀 다음 중국 항일무장부대들과의 연합 작전으로 놈들을 격멸 소탕하기로 하고 산동툰전투를 이끌어 나갔다.

마을주민들에게 피해를 주지 않기 위해 적들이 마을에 달려들기 전에 맞받아나가 싸울 수 있도록 진지를 정했다. 그리고 매개 부대에 전투임무를 하달했다. 이때 태평구전투에서 위훈을 떨쳤던 박격포중대 포수들과 중기관총중대 명사수들은 예상되는 적 공격로 방향을 타격하기 위한 사격제원까지 미리 설정해 놓고 발사명령을 대기했다. 원정대는 전방 150~200m 계선까지 적들을 바짝 붙인 뒤에야 일제히 사격을 퍼부었다. 기세등등해서 달려들었던 적들은 치열한 공방전 끝에 숱한 시체를 남기고 달아나고 말았다. 적들은 "공산군이 포까지 가지고 있을 줄은 꿈에도 생각하지 못했다"고 하면서 '고려홍군'이란 말만 들어도 벌벌 떨었다. 이 전투에서 혼이 난 적들은 그 후부터 감히 조선인민혁명군에 달려들지 못했다. 적들은 성문을 꼭 닫고 성 밖으로 나오지 못했으며, 심지어 조선인민혁명군이 편지 한 장을 써 보내도 식량, 기름, 신발을 비롯한 군용필수품들을 꼬박꼬박 보내주곤 했다. 산동툰 전투의 승리로 중국인 항일무장부대들의 전투적 사기와 기세가 부쩍 높아졌다.

김일성부대는 산동툰을 떠나 두구자에 이르러 북만 동북인민혁명군 지휘관들과 반일공동 투쟁 문제를 다시 협의했다. 이후 원정대는 몇 개의 편대로 나뉘어 동북항일연군 5군 활동지역에 나가 공동투쟁을 벌였다. 김일성은 8월 하순 원정부대 주력 편대를 이끌고 경박호를 건너 액목지구에 진출했다. 김일성부대는 액목 땅에서만도 수천 리의 장정을 했다. 청구자, 비파정자, 남천문, 삼도구, 마록구, 신흥툰, 관지, 유채구, 삼과성, 목단강촌, 흑석향, 타요자 등은 김일성부대 북만원정의 무공이 새겨진 전적지들이다. 김일성부대는 액목현 청구자전투, 남천문부근전투, 관지부근 유채구전투를 비롯하여 이르는 곳마다에서 대담무쌍한 전법으로 적들에게 치명적 타격을 입혔다.

김일성 부대에 연전연패한 적들은 완전히 넋을 잃고 갈팡질팡하며 온갖 추태를 다 부렸다. 관희극과 활극 설화도 바로 이때 있었던 실화이다. 관희극이란 청구자 전투에서 겨우 살아남은 두 일제침략군 놈이 숨을 곳을 찾다가 한 농가의 뜨락에 관이 놓여있는 것을 보고 서로 먼저 거기에 들어가 숨겠다고 싸움질을 한데서 생긴 이야기이다. 그리고 활극이란 관지부근전투에서 얼이 빠진 일본수비대 기관총수놈이 밤중에 정신착란을 일으켜 '공산군이다!' 하고 고함을 지르며 기관총을 마구 휘둘러 자기편을 수많이 죽였는데, 이에 놀란 또 한 놈이 정신이 나가 옷을 홀딱 벗어던진 채 '공산군, 공산군!' 하면서 대낮이 될 때까지 온 거리바닥을 뛰어다닌 것을 두고 한 이야기이다.

이처럼 김일성 부대는 광대한 지역에서 적에 대한 습격전투를 벌여 적을 소탕하고, 적의 공격을 성과적으로 격퇴했다. 일제가 축소 발표한 자료에 의하더라도 1935년 한 해에만 무려 1,196회의 대소 전투를 벌여 일제에 커다란 타격을 입혔다.

조선인민혁명군 북만원정대는 단순히 전투만 하는 것이 목적이 아니었다. 전투 못지않게 북만에 살고 있는 민중 속으로 파고들어 가 그들을 의식화 조직화함으로서 민족해방혁명의 대중적 지반을 확대하는 것 역시 중심적인 목표였다. 제2차 북만원정에서 영안 땅 못지않게 중시한 곳이 액목 땅이었다. 그런데 액목지역 주민들 속에 반공풍조가 뿌리깊이 박혀 있어, 기존에 북만에서 활동하던 항일유격대들이 좀처럼 발을 붙이지 못했다. 이렇게 된 데는 8.1폭동(1930년 5.30 폭동이후 좌경종파주의자들은 두달 후에 8.1폭동을 일으켰다) 때문이었다. 그 당시 주민들이 반동군벌의 피해를 입은 후부터 공산주의자라면 딱 질색이었다.

이 사람들을 감화시킨 것은 다름 아닌 노래였다. 이에 대해 김일성은 "북만원정 때 우리에게 곁을 주지 않던 군중을 쟁취한 것도 노래였고 우리를 피해 달아났던 중국사람들을 끌어당길 수 있었던 것도 그들이 사랑하는 '소무가'였습니다."라고 회고했다. 그는 중국인 마을 사람들이 모두 피난가고 집에 숨어 있을 때 마을 소학교 마당에 풍금의 내다 놓게 하고, 직접 풍금을 치면서 길림시절에 배웠던 중국민요 '소무가'(원명은 '소무목양')와 '양귀비의 노래'를 불렀다. 이 두 노래는 중국인의 애국주의적 사상 감정을 잘 반영하고 있는 것으로 하여 중국의 근로민중이 특별히 즐겨 부르는 노래들이었다. 조선인민혁명군 대원들이 노래를 절절하게 부르자 숨어있던 소학교 상급반학생들이 호기심을 가지고 먼저 모여왔다. 뒤따라 교원들과 동네 어른들이 하나둘 모여들었다. 이때 그들 앞에서 중국말로 유창하게 반일연설을 하고 나라와 민족을 사랑하는 조중민중은 모두 다 항일대전에 떨쳐나서자고 호소했다. 연설을 들은 마을 사람들은 비로소 곁을 주면서 '고려홍군'은 비적도 아니고 마적도 아니다. '고려홍군'은 진짜 애국적인 혁명군이며 신사멋쟁이 군대라고 찬사를 아끼지 않았다. 이때부터 이곳 중국민중들도 조선인민혁명군을 적극 도와 나섰으며, 당, 공청, 반일부녀회, 아동단을 비롯한 혁명조직들에 망라되어 혁명투쟁에 적극적으로 나섰다.

유격구를 해산하고 광활한 지대로 진출해 적극적인 군사정치활동을 벌림으로써, 무장투쟁의 대중적 지반이 비할 바 없이 넓어지고 항일무장 역량이 강화되고 확대됐으며 항일무장투쟁을 중심으로 한 전반적인 우리나라 민족해방혁명을 새롭게 앙양시켜 나갈 수 있는 전환적 국면이 열리게 됐다.

3.1운동 100주년 기념 연구서

1930년대 이후
항일무장투쟁 연구 I

초판1쇄	2019년 7월 8일
초판2쇄	2019년 9월 23일

지은이	박경순
발행인	이재교

펴낸곳	굿플러스커뮤니케이션즈(주)
출판등록	2013년 5월 7일 제2013 - 000136호
주소	서울시 마포구 동교로 17길 51, 4~5층
대표전화	02 - 6080 - 9858
팩스	0505 -115 - 5245
이메일	goodplusbook@gmail.com
홈페이지	www.goodpl.net
페이스북	www.facebook.com/goodplusbook

ISBN	979-11-85818-39-9(03300)